Thorsten Mikli

Optimales Absetzen deines Studiums

- Die perfekte Studentensteuererklärung -

2023

4. AUFLAGE

Impressum
Texte: © 2023 Copyright by Thorsten Mikli
Umschlag: © 2023 Copyright by Thorsten Mikli
Verantwortlich für den Inhalt: Thorsten Mikli
Infos: studiumabsetzen@yahoo.com

In diesem Buch wird an einigen Stellen noch die männliche Genderform gewählt. Selbstverständlich sind hier auch weibliche Personen angesprochen.

Ich habe diesen Ratgeber kurzgehalten und auf den klassischen Studierenden zugeschnitten, damit sich der Leser bzw. die Leserin nicht mit ausschweifenden Steuerthematiken zu sehr beschäftigen muss und nur das Wichtigste übersichtlich zusammengefasst wird. Teilweise werden Themen und Schwerpunkte zum besseren Verständnis in diesem Ratgeber wiederholt, um das Wissen bei allen Lesern sicherzustellen.

Tiefere Einblicke in das allgemeine Steuerwesen sollte man infolgedessen mit dem VLH, allgemeiner Steuerliteratur oder einer Fachperson recherchieren.

Inhaltsverzeichnis

Liste der Abbildungen

Tabellenverzeichnis

Nummer **Seite**

Abkürzungsverzeichnung

Abb.	Abbildung
Abs.	Absatz
AfA	Absetzung für Abnutzung
AO	Abgabenordnung
Az.	Aktenzeichen
BAföG	Bundesausbildungsförderungsgesetz
BFH	Bundesfinanzhof
BGBl	Bundesgesetzblatt
BGH	Bundesgesetzhof
BMF	Bundesministerium für Finanzen
Bspw.	Beispielsweise
BStBl.	Bundessteuerblatt
BUKG	Gesetz für die Umzugskostenvergütung
BVerfG	Bundesverfassungsgericht
ELStAM	Elektronische Lohnsteuerabzugsmerkmale
ELSTER	Steuerprogramm
Est	Einkommensteuer
EStG	Einkommensteuergesetz
EStR	Einkommensteuerrichtlinien
EuGH	Europäischer Gerichtshof
EUR	Euro
FG	Finanzgericht
G.d.E.	Gesamtbetrag der Einkünfte
Ggf.	gegebenenfalls
GWG	geringfügiges Wirtschaftsgut
i.d.R.	in der Regel
i.H.v.	in Höhe von
Kfz	Kraftfahrzeug
km	Kilometer
KV	Krankenversicherung
LSt.	Lohnsteuer
LStR.	Lohnsteuer-Richtlinien
MwSt	Mehrwertsteuer
Nr.	Nummer
PV	Pflegeversicherung
S.	Siehe / Seite / Satz
Stpfl.	Steuerpflichtige:r
Tab.	Tabelle
Vgl.	Vergleiche
VLH	Verein für Lohnsteuerhilfe
VMA	Verpflegungsmehraufwand
WISO	Steuersparprogramme für Angestellte
WK	Werbungskosten
Z.	Zeile
z.B.	zum Beispiel
z.v.E.	zu versteuerndes Einkommen

1 VORWORT

Steuern sind für die Meisten von uns ein leidiges Thema. Niemand macht eine Steuererklärung gerne und die Wenigsten haben davon nach dem Studium oder generell seit der Schulzeit eine Ahnung.[1] Der Wissensstand rund um die eigene Einkommensteuer ist auch unter Akademikern eher niedrig. Der Hilferuf nach einer thematischen Anwendung in der Schule wird auch aus diesem Grund immer lauter.[2]

Werbungskosten? Sonderausgaben? Bruttolohn? Zu versteuerndes Einkommen? Wo soll da der Unterschied sein? Wie setze ich Kosten ab? Und welche Kosten lassen sich überhaupt absetzen? Wer sich durch das deutsche Steuergesetz kämpft, muss sich durch 100 Paragraphen mit teils bis zu acht Absätzen inklusive mehrerer Sätze kämpfen. Als weitere Erschwernis kommt die Sprache von Gesetzestexten und die unterschiedliche Auslegung zum Tragen.

Viele beklagen sich über die hohen steuerlichen Abgaben in Deutschland, verstehen dies allerdings als Schmerzensgeld dafür, sich nicht durch die schwierige steuerliche Literatur kämpfen zu müssen. Wer sich jetzt hier auf den Staat verlässt und wahrscheinlich nicht mal eine Steuererklärung abgibt, der muss mit einem entsprechenden Preis in Form der Steuerzahlung rechnen.

Genau das habe ich während einer Seminararbeit in meinem Studium an der Universität zu Köln bemerkt und nach und nach immer mehr Menschen – wie eben jetzt auch euch – geholfen, ihre Steuerabgaben nach dem Studium zu optimieren und sich steuerlich bestmöglich mit dem vermittelten Wissen vorzubereiten.

Das erste Aufeinandertreffen

Doch wie kam es eigentlich dazu? Viele Studierende kennen die Kurse von Finanzanbietern, die nach dem ersten Basiskurs angehenden Akademikern, wie euch und mir, Finanzprodukte andrehen wollen.[3] In einem solchen Kurs saß ich Mitte des Jahres 2013. Dieser weckte mein Interesse an der Thematik, aber erfüllte meine Erwartungen nicht vollumfänglich. Ich besuchte weitere Kurse und Veranstaltungen und vertiefte mein Wissen und schrieb anschließend eine ausführliche Seminararbeit, die davon handelte, welche Behandlung und Sonderstellung Studierende durch die Verlustfeststellung im Steuerwesen besitzen.

Die Sonderstellung der Studierenden im Steuersystem

Studierende besitzen im deutschen Steuerrecht eine gewisse Sonderstellung. Diese liegt darin begründet, dass Studierende ihre Arbeitsmittel, Fahrtkosten, Reiseaufwendungen und andere Ausgaben, die bei Arbeitnehmern oder Arbeitnehmerinnen häufig vom Arbeitgeber getragen werden, selbst zahlen und daher steuerlich bei sich absetzen können. So lassen sich besonders Reisekosten, Spesen und Umzüge als Pauschalen und damit ohne tatsächliche Ausgaben absetzen und demzufolge hohe Werbungskosten in den Steuererklärungen erzielen.

Durch den weiteren besonderen Umstand, dass Studierende von ihrem „Arbeitgeber" (der Hochschule) kein Gehalt beziehen, erschafft sich eine Situation besonders hohen steuerlichen Verlustes.

[1] Vgl. Welt.

[2] Vgl. Schufa und Welt (2).

[3] Vgl. watson; oder diverse Youtube-Videos: Hochschulinitiative-Deutschland.

Dieser Verlust lässt sich im deutschen Steuerrecht über mehrere Jahre summieren[4] und mit den ersten hohen Einkommen durch ein bezahltes Arbeitsverhältnis verrechnen. Durch die Verrechnung des Verlustes aus Studienjahren in den ersten Berufsjahren und der damit verbundenen niedrigeren Steuerlast ergibt sich infolgedessen in den ersten Berufsjahren eine **Steuerrückzahlung**.

Die ersten praktischen Schritte

2014 machte ich meine erste Steuererklärung (bzw. meinen ersten Verlustvortrag) und half anschließend Freunden deren Studium steuerlich abzusetzen. Nach und nach entwickelte sich ein gewisser Ruf über mein Wissen, da das Thema Steuern die Wenigsten in dieser Tiefe interessiert und der Hilferuf danach in den meisten Akademikern schlummert. Ich begann zu experimentieren: Hierbei bemerkte ich, welches Potential hinter diesen Verlustvorträgen steckt und wie oberflächlich das Wissen hierzu in Kursen, dem Internet und in Büchern vermittelt wird.

2015 gründeten wir aufgrund der Menge von Anfragen ein Unternehmen und bemerkten, wie sehr Studierende von den Finanzämtern im Nachgang für unwissend verkauft werden. Viele Studierende wurden hierbei von ihren Finanzämtern nicht korrekt über die gesetzliche Sachlage informiert und so folgten Antworten seitens der Finanzämter wie *„Der Verlustvertrag darf maximal 4 Jahre zurückliegen"*, *„Was Sie als Werbungskosten angeben sind Sonderausgaben"* oder es wurde etwas nicht angerechnet, weil vom Finanzamt offiziell *„vergessen"*. Schockiert über diese Vorfälle, sahen wir uns bestärkt in unserem Vorhaben, Studierende beim Absetzen der Studienkosten zu unterstützen und in ihrem Recht, diese Kosten geltend machen zu können, zu bestärken.

Der Weg zum Ratgeber

Das Interesse und der Ehrgeiz wuchsen mit der Fülle der Aufgaben. Nach meinem Studium hatte ich allerdings neben meiner neuen Vollzeitbeschäftigung in einem Konzern nicht mehr die Energie, mich Wochenende für Wochenende mit Kunden zu treffen, Bescheide zu prüfen, Einsprüche zu verfassen oder Fristen der Kunden einzuhalten. Mein Wissen in dieser Thematik wollte ich hingegen weitergeben und so kam es nun letztendlich zu diesem Ratgeber. Dieser soll Studierende und Absolventen beim Absetzen ihrer Studienkosten und dem Optimieren ihrer ersten Einkommen anreizen und unterstützen. Ich hoffe, mit diesem Ratgeber ein breiteres Publikum zu erreichen und möglichst vielen hilf- und ratsuchenden Studierenden helfen zu können.

Seit der Einführung der zweigliedrigen Studiensysteme wurde vor Gericht gestritten, ob auch Erstausbildungen steuerlich als Werbungskosten absetzbar seien. Leider erfolgte hierbei eine Niederlage für die Studierenden. Der Entschluss im maßgebenden Verfahren vor dem Bundesverfassungsgericht im Januar 2020 bedeutete, dass eine **Erstausbildung** nicht als Werbungskosten absetzbar ist. Das Gericht stellte fest, dass Aufwendungen für ein Erststudium oder eine erstmalige Berufsausbildung[5] nicht als Werbungskosten gemäß § 9 Abs. 1 Satz 1 EStG abgesetzt werden können und zugleich kein Verstoß gegen den allgemeinen Gleichheitsgrundsatz Art. 3 Abs. 1 Grundgesetz vorliegt.

Als Begründung nannten die Verfassungsrichter den engen Zusammenhang zwischen Erstausbildung und dem privaten Bereich des Steuerpflichtigen. Zudem wurde der Einfluss der Erstausbildung auf die Persönlichkeitsentwicklung als Entscheidungskriterium seitens der Richter genannt,

[4] Nur bei Ausgaben für die Zweitausbildung.

[5] Lehre/Ausbildung im Dienstverhältnis oder duales Studium besitzen Sonderrolle.

denn neben der Förderung von beruflichem Wissen, werden auch die sozialen Kompetenzen gefördert und eine Grundlage für eigenständiges Leben geschaffen. Ebenso konnten die Richter keine konkreten Zusammenhänge zwischen Erstausbildung und späterer Berufswahl feststellen. Aus diesen Gründen sind Aufwendungen für den erstmaligen Erwerb von Kenntnissen, die zur Aufnahme eines Berufs befähigen, beziehungsweise für ein erstes Studium, Kosten der Lebensführung und lediglich als Sonderausgaben nach § 10 Abs. 1 Nr. 7 EStG absetzbar.[6] Ausbildungskosten sind demnach nur als Werbungskosten nach § 9 Abs. 1. S. 1 EStG absetzbar, wenn der Steuerpflichtige bzw. die Steuerpflichtige bereits eine Erstausbildung nach § 9 Abs. 6 S. 1 EStG absolviert hat oder das Studium in einem Dienstverhältnis stattfindet (duales Studium oder bezahlte Lehre[7]).

Durch einen anderen Ausgang des Gerichtsurteils hätten viele (ehemalige) Studierende durch eine potenzielle Verlustfeststellung aus Studienzeiten einige Tausender Netto-Einkommen mehr in den ersten Berufsjahren zur Verfügung gehabt. Vor allem Ärzte, Juristen oder Diplom-Absolventen, die im eingliedrigen System studierten oder studieren, haben unter dieser Gesetzgebung gelitten und schauten in die Röhre, da sie nun scheinbar nicht in der Lage sind, etwas von den Aufwendungen des Studiums steuerlich absetzen zu können. Trotz des gerichtlichen Urteils des Bundesverfassungsgerichtes versuche ich auch diesen Studierenden mit meinem Ratgeber zumindest in einem geringen Rahmen unter die Arme zu greifen, damit diese einen Teil der Kosten noch absetzen können.

Unabhängig davon, welchen Studiengang ihr gewählt habt, wünsche ich euch beim Absetzen eurer Studienkosten viel Erfolg und Geduld. Mit diesem Ratgeber habt ihr den ersten Schritt in die richtige Richtung getan!

HINWEIS: Im Steuerwesen unterscheidet man strikt zwischen **Ausbildungskosten** (Kosten einer Erstausbildung) und **Fortbildungskosten** (Kosten jeder folgenden Weiterbildung). In diesem Ratgeber wird in diesen Zusammenhängen dagegen meist allgemein von **Ausbildungskosten** einer Erst- oder Zweitausbildung gesprochen. Falls absetzbare Aufwendungen als Werbungskosten klassifiziert werden, so bezieht sich dies **immer** auf eine Fort- oder Zweitausbildung! Die Aufwendungen der Erstausbildung (Sonderausgaben) und Zweitausbildung (Werbungskosten) werden jedoch identisch ermittelt!

Zur **Vereinfachung** spreche ich in den meisten Fällen von einem Verlustvortrag. Selbstverständlich handelt es sich um eine **Verlustfeststellung** (also auch einem potenziellen Verlustrücktrag). Der Verlustvortrag ist die geläufigere Art das Studium absetzen.

[6] R. 9.2 EStR.

[7] Eure Lehre im **Ausbildungsdienstverhältnis** könnt ihr selbstredend wie ein (duales) Studium absetzen.

2 GRUNDWISSEN UND HÄUFIGE FRAGEN

Dieses Kapitel behandelt die Grundthematik, wieso es ratsam ist, als Student:in eine Steuererklärung abzugeben, obwohl keine oder geringe Einkünfte während der Studienzeit vorliegen. Ebenso werdet ihr hierbei abgeholt, was es mit Steuern auf sich hat und worin die groben Unterschiede eurer Kosten, Einnahmen und Ausbildungen bestehen. Dieses Kapitel dient folglich dazu, euch einen ersten Einblick in die Thematik zu liefern.

2.1 Warum sollte man eine Steuererklärung für die Studienjahre abgeben?

Der deutsche Staat erlaubt seinen Steuerzahlern Kosten, die in Verbindung mit ihrem Beruf stehen, steuerlich als **Werbungskosten** abzusetzen und diese Kosten dem Lohn gegenzurechnen. Das bedeutet, dass ihr als Angestellte:r eines Unternehmens beispielsweise eure Home-Office-Ausrüstung oder den Weg zur Arbeit absetzen könnt. Daraus folgt, dass ihr durch die euch entstandenen Kosten eure Steuerlast vermindert und hierüber eine Steuerrückzahlung erhaltet.

Als Student:in trifft nun der besondere Fall ein, dass der „Arbeitgeber" (die Hochschule) euch nicht bezahlt – ihr jedoch sehr hohe Kosten für eure Arbeit selbst tragen müsst: wie z.B. Studiengebühren, Fahrten zur Uni, Drucker, Arbeitsmittel oder Umzüge. Durch diesen besonderen Fall werden die Kosten für Bildung oder der Berufstätigkeit die Einnahmen übersteigen und es infolgedessen zu einem Verlust kommen. Diesen Verlust kann man über die Jahre aufsummieren und später den Einnahmen gegenrechnen.[8]

Dieser Verlust während der Zweitausbildung ist ein **Verlustvortrag,** den ihr später euren Einnahmen gegenrechnen dürft. Klingt so gut, wie es letzten Endes auch ist. Dieser Sachverhalt spart euch nämlich bares Geld zu Beginn eurer beruflichen Karriere!

2.2 Was verändert die Gerichtsentscheidung des Bundesverfassungsgerichts?

Leider hat das Bundesverfassungsgericht im Januar 2020[9] entschieden, die Erstausbildungskosten nicht mehr als Werbungskosten gelten zu lassen. Dies bedeutet, dass eine Erstausbildung nur als Sonderausgaben steuerlich geltend gemacht werden kann. Werbungskosten (Kosten der Zweitausbildung) lassen sich über Jahre aufsummieren, Sonderausgaben (Kosten der Erstausbildung) nicht.

Nun gilt es also, das **Maximum** aus eurer Zweitausbildung herauszuholen. Hierbei versuche ich euch im Folgenden zu unterstützen. Zunächst einmal geht es im folgenden Kapitel darum, euch die Grundkenntnisse in Sachen Steuern zu erläutern. Dieses Grundwissen listet die häufigsten Fragen der verschiedenen Themenbereiche in diesen Steuerfällen auf, die mir immer wieder von Studierenden gestellt wurden und die mit Sicherheit auch euch dazu bewegt haben, dieses Buch zu kaufen.

2.3 Wie funktioniert die Steuerrückzahlung aus Studienjahren?

Wie die Rückzahlung zustande kommt und um wieviel Geld es sich hierbei in eurem Fall handelt, ist für viele sicherlich eine der wichtigsten Informationen. Im Folgenden werdet ihr hierfür eine Antwort erhalten.

---

[8] Nur Werbungskosten (Zweitausbildung) lassen sich über mehrere Steuerjahre aufsummieren. Sonderausgaben (Erstausbildung) lassen sich nur im entsprechenden Steuerjahr absetzen.

[9] Verfahren ist in diesem Ratgeber hinterlegt. Dieses ist, anders als lautende Gerüchte im Internet, endgültig. Es gibt keine höhere Instanz, die dieses Gesetz kippen könnte.

Wie kann es sein, dass ich Geld zurückbekomme, obwohl ich noch gar keine Steuern bezahlt habe?

So korrekt ist diese Aussage nicht. Ihr bekommt das Geld, also die gezahlte Einkommensteuer, erst zurück, wenn ihr im Berufsleben seid, Geld verdient[10] und folglich auch darauf Steuern zahlt. Ihr verrechnet hierbei die einkommensarmen bzw. verlustreichen Jahre des Studiums mit dem positiven Verdienst eures ersten Einkommens. Wie in den letzten Fragen gezeigt, erwirtschaftet ihr Fehlbeträge für die Jahre im Studium. Diese werden über die Dauer des Studiums aufsummiert und mit den ersten Berufsjahren verrechnet sich dieser Verlust mit eurem Einkommen. Hierdurch sinkt das zu versteuernde Einkommen und es kommt eine Steuerrückzahlung zu Stande.

In der folgenden Grafik wird dargestellt, wie sich die Verlustvorträge über Jahre zu dem zu versteuernden Einkommen im letzten Jahr summieren. Die dargestellten 50.000 Euro sind das Einkommen nach Berufseinstieg. In unserem dargestellten Fall würde der Studierende also im ersten Berufsjahr keinen Cent Einkommensteuer bezahlen müssen, da der vorherige Verlust dem Einkommen gegengerechnet wird und so ein zu versteuerndes Einkommen unterhalb der Steuerfreigrenze (9.168 Euro) erwirtschaftet wird. Ohne Verlustfeststellung aus dem Studium müsste der Studierende bei gleichem Einkommen im Jahr 2019 **12.279 Euro** Einkommensteuer zahlen. Falls er nur für 2019 eine Steuererklärung erstellt, müsste er auf 45.000 Euro (50.000 Euro – 5.000 Euro = 45.000 Euro) 10.379 Euro Einkommensteuer zahlen.

Der gesammelte Verlust aus den Studienjahren wird so lange abgebaut, bis er vollständig aufgebraucht ist. Dies bedeutet, dass man ihn auch in die weiteren Berufsjahre mitnimmt, wenn er im ersten Berufsjahr nicht vollständig aufgebraucht wurde oder es zwischen Studienende und Berufseinstieg einen Zeitraum ohne Berufstätigkeit gab.

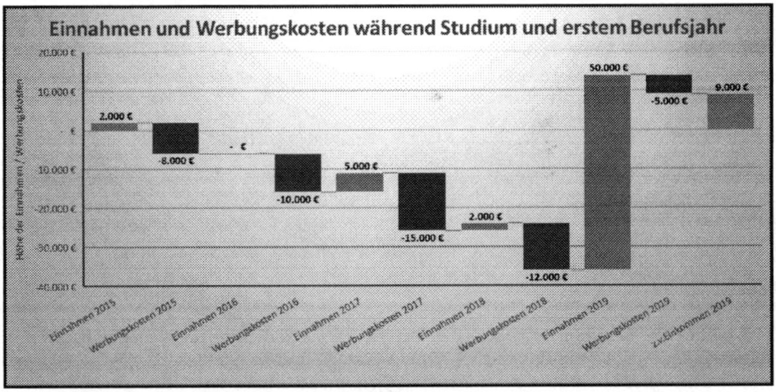

Abbildung 1: Beispiel Steuersparpotential durch Verlustvortrag.

Wieviel Geld kann ich mit meinem Verlustvortrag herausholen?

Diese Frage findet keine eindeutige Antwort, da die Situationen im Studium meist heterogen sind und eine pauschale Aussage hier nicht möglich wäre. Gehen wir von zwei gleichen Studierenden aus, wobei der eine seinen Verlustvortrag durchführt, der andere nicht. Beide steigen mit dem gleichen Jahresgehalt (50.000 Euro brutto pro Jahr) in das Berufsleben ein.

10 Außer ihr habt natürlich in den betreffenden Jahren bereits Einkommen erzielt und für diese Einnahmen Einkommensteuer gezahlt! Dann erhaltet ihr auch diese geleisteten Steuerzahlungen zurück.

Steuerberechnung	ohne Verlustvortrag	mit Verlustvortrag
Bruttolohn (bzw. G.d.E.)	**50.000 €**	**50.000 €**
" - gesammelter Verlustvortrag"	- €	- 16.000 €
Zu versteuerndes Einkommen (z.v.E.)	**50.000 €**	**34.000 €**
Steuerbelastung	**12.295 €**	**6.900 €**

Tabelle 1: Beispielsrechnung – Ersparnis durch Absetzen der Studienkosten.[11]

Durch das Absetzen der Studienkosten i. H. v. 16.000 Euro (Annahme) hätte der Studierende **einen Steuervorteil von 5.395 Euro** gegenüber dem anderen.

Die Höhe der Verlustfeststellung hängt vom jeweiligen Studierenden und dem absolvierten Studium ab: Umzüge, Auslandssemester, Gap-Year, abgeschlossene Berufsausbildung vorm Studium und andere Ausgaben. Ebenso unterscheiden sich die Studiengänge hinsichtlich ihrer Ausgaben: Besonders Architektur- oder Mode-Studierende haben teils ausgesprochen hohe Ausgaben für Arbeitsmittel zu tragen.

Müsste ich die Frage nach der **Durchschnittsverlustfeststellung** beantworten, so würde ich diese **zwischen 8 - 15.000 Euro pro Studienjahr** (ohne Studiengebühren) schätzen, wobei 1/3 des Betrages auf Arbeitsmittel und Fortbildungskosten und 2/3 auf Fahrt- und Reisekosten fällt.

Bis wann habe ich für das Absetzen meiner Studienkosten Zeit?
Eine **Steuererklärung** kann bis zu **vier Jahre**, eine **Verlustfeststellung**[12] bis zu **sieben Jahre** nachgeholt werden. Gehen wir also vom Jahr 2023 (2024) aus, so kann man seine Verlustfeststellung aus spätestens 2016 (2017) einreichen (immer bis zum 31.12. des laufenden Jahres).

2.4 Welche Gerüchte rund um Steuern und Studium sind wahr?

Die Gerüchteküche rund um das Thema Steuern und Studium brodelt natürlich unentwegt. Das hat einerseits mit der Unwissenheit vieler Studierender zu tun, anderseits auch mit der ständig erneuerten Gesetzgebung innerhalb Deutschlands. Dies macht es schwierig immer auf dem neusten gesetzlichen Stand zu sein.

Ein Freund hat mir erzählt, dass er durch den Verlustvortrag Geld nachzahlen musste. Stimmt das?
Nein, so etwas kann **nicht** passieren. Die Werbungskosten im Studium haben **keinen negativen Einfluss** auf eure Steuerzahlungen im Berufsleben.

Ich denke, es lohnt sich bei mir nicht. Wieso sollte ich also diesen Aufwand auf mich nehmen?
In meinen Fällen ist es nie eingetreten, dass es sich nicht gelohnt hätte, die Studienkosten abzusetzen. Selbst wenn viele Studierende noch bei den Eltern und in unmittelbarerer Nähe zur Uni wohnten (kaum Entfernungspauschale) und im Studium zusätzlich Einnahmen hatten, hat sich bisher eine korrekt durchgeführte Verlustfeststellung immer bezahlt gemacht.[13]

Wann sollte ich eine Steuererklärung machen?
Eigentlich immer, sobald ihr Einkommensteuer zahlt (um euch diese zurückzuholen) oder speziell dann, wenn ihr in eurer Zweitausbildung seid. Hier könnt ihr dann eure Fortbildungskosten abset-

[11] Vereinfachte Darstellung: Zur vereinfachten Darstellung werden Sonderausgaben des laufenden Jahres nicht in die Kalkulationen mit einbezogen.

[12] BFH, Urteil vom 13.01.2015 – Az. IX R 22/14 und § 169 Abs. 2 und § 170 Abs. 2 AO.

[13] Voraussetzung war, dass dieser korrekt durchgeführt wurde.

zen und als Verlustvortrag aufsummieren, was sich auf zukünftige Steuerzahlungen auswirkt. Es ist allerdings zu raten, euch vorher gut zu informieren, da ein Steuerbescheid nach einem Monat meist nicht mehr nachträglich geändert werden kann. Durch Absetzen der Studienkosten als Sonderausgaben oder Werbungskosten könnt ihr euer zu versteuerndes Einkommen **(kurz z.v.E.)** verringern und so Steuern sparen.

$$z.v.E. = Bruttolohn - Werbungskosten - Sonderausgaben$$

Formel 1: Vereinfachte Berechnung des zu versteuerndem Einkommen.

Der dritte Fall ist, dass ihr z.B. eure Erstausbildung (Bachelor, 1. Staatsexamina, etc.) abschließt und im gleichen Jahr in den Beruf startet. In diesem Fall könnt ihr die maximal absetzbaren 6.000 Euro Sonderausgaben für eure Erstausbildung angeben. Diese Sonderausgaben könnt ihr dann eurem Einkommen des laufenden Jahres gegenrechnen![14]

Wer ist verpflichtet eine Steuererklärung abzugeben?
Hierfür gibt es eine große Zahl an Gründen, die euch verpflichten können, eine Steuererklärung im Folgejahr abgeben zu müssen (**Pflichtveranlagung**). Jemand, der mehr als 410 Euro selbständig erwirtschaftet hat, ist verpflichtet diese abzugeben. Die Abgabepflicht für Arbeitnehmer tritt z.B. bei Empfang von Lohnersatzleistungen wie Arbeitslosen- oder Kurzarbeitergeld ein. Ebenso muss man eine Steuererklärung abgeben, sofern man bei mehreren Arbeitgebern parallel angestellt war (Lohnsteuerklasse 6), Kapitaleinkünfte besitzt, erbt oder über Mieteinnahmen verfügt. Die Summe der Fälle für eine Abgabenpflicht ist noch umfangreicher. Als normale:r Student:in oder Arbeitnehmer:in hat man allerdings meist keine Pflicht zur Abgabe der Steuererklärung (**Antragsveranlagung**). **Sobald ihr jedoch eine Verlustfeststellung erzielt, seid ihr jedes folgende Jahr dazu verpflichtet, eine Steuererklärung abzugeben – bis der Verlust aufgebraucht ist.** Die Abgabe einer Steuererklärung verpflichtet zu keiner Abgabe im Folgejahr.

2.5 Welche Ausbildung ist als Werbungskosten absetzbar?

Die Grundlagen und das Grundwissen erfordern es natürlich zu wissen, inwieweit die eigene aktuelle Situation dazu befähigt Kosten abzusetzen und Steuern zu sparen. Stellt die eigene Ausbildung oder der Werdegang gegebenenfalls eine Sondersituation dar oder hat vergangenes Verhalten (bereits abgegebene Steuer) Einfluss auf ein geplantes Absetzen der Studienkosten?

Welche Voraussetzungen gibt es für eine Erstausbildung?
Bis Ende 2014 war die **Mindestdauer** der Erstausbildung gesetzlich nicht fest geregelt. So war es möglich durch einen Trick eine kurzweilige Erstausbildung (z.B. Ausbildung zum Rettungssanitäter[15], Flugbegleiter-Kurse oder Führerschein zum Gabelstaplerfahrer) zu absolvieren, um die Möglichkeit zu haben, das Studium steuerlich abzusetzen. Diese „Kurz-Ausbildungen" wurden bis 2015 vom BFH als Erstausbildung akzeptiert. Nach einer Neuregelung des Einkommensteuergesetzes muss seit Januar 2015 die Erstausbildung **mindestens zwölf Monate** (in Vollzeit) dauern und mit einem **Abschluss** (Prüfung) beendet werden (§ 4 Abs. 9 und 9 Abs. 6 EStG).[16] Nur nach dieser Erstausbildung können die Ausgaben für eine Zweitausbildung als Werbungskosten geltend gemacht werden.[17] Unter das erste begonnene Studium/Ausbildung fallen – steuerlich gesehen – alle Studiengänge oder Ausbildungen, die nach der Hochschulzugangsberechtigung (bzw. Abgang

[14] Hierzu im weiteren Buch mehr Details.

[15] Medizinstudierende haben diese Ausbildung absolviert, um das Medizin-Studium als Zweitausbildung zu beginnen und absetzen zu können.

[16] In Ausnahmefällen darf die Erstausbildung kürzer sein – z.B., wenn der Prüfling Vorkenntnisse hatte.

[17] § 9 Abs. 6 EStG.

der Schule) begonnen werden und diese Voraussetzungen erfüllen.[18] Auch Erstausbildungen, die im Ausland absolviert wurden, können als Erstausbildung akzeptiert werden.[19] Ausnahme sind **duale Studiengänge oder Ausbildungen**, diese lassen sich, aufgrund des parallelen Ausbildungsdienstverhältnisses, sofort als Werbungskosten absetzen.[20]

Was gilt als Zweitausbildung?

Ein Studium oder eine Ausbildung, welche auf einem bereits erfolgreich abgeschlossenen Studium oder Ausbildung fortgeführt wird, stellt eine **Zweitausbildung** dar. Eine **inhaltliche Verbindung** ist nicht von Nöten.[21] Ein duales Studium (wie auch Referendariat) ist per se als Zweitausbildung zu werten, da ihr hierbei parallel eine Ausbildung und ein Studium absolviert.[22] Klassische Zweitausbildungen sind also Master, LLM., zweiter Bachelor, Aufbaustudiengänge, Meisterkurse, Referendariate, Sprachkurse oder Bachelor nach Ausbildung (ebenso Ausbildung nach Bachelor).

Gilt ein abgebrochenes Studium als Erstausbildung?

Nein, eine Zweitausbildung kann erst begonnen werden, nachdem eine erste Ausbildung oder ein erstes Studium erfolgreich abgeschlossen wurde. Entscheidend ist das Datum der letzten Prüfung.

Kann ein abgebrochenes Studium steuerlich abgesetzt werden?

Nein, da ein abgebrochenes Studium nicht zum Arbeiten qualifiziert, fällt es infolgedessen nicht unter Aus- oder Fortbildungskosten, sondern unter „Kosten der privaten Lebensführung" und kann steuerlich **nicht** abgesetzt werden.

Ist ein abgebrochenes, aber in einem anderen Studium angerechnetes Studium absetzbar?

Möglicherweise. Ihr seid im Master und entscheidet euch dafür, nochmals einen anderen Master zu beginnen: Ob man nun den ersten Master absetzen kann? Ja, hierfür muss man jedoch dem Finanzamt aufzeigen, dass ausreichend Kurse aus dem alten Studium im neuen Studiengang angerechnet wurden. Eine pauschale Aussage, wieviel angerechnet werden muss, um eine Anrechnung des Studiums im steuerlichen Sinne zu erlangen, kann hier leider nicht gegeben werden.

Wer kann welche Kosten absetzen?

Vergleichen wir einfach ein paar Lebensläufe, um dies grafisch zu illustrieren. Weiß bedeutet „nicht absetzbar als Werbungskosten", Grau bedeutet „absetzbar als Werbungskosten".

Erstausbildung	Bachelor	Bachelor	Duales Studium	Ausbildung	Ausbildung (Dienstv.)
Zweitausbildung	Master	Bachelor	Master	Bachelor	Bachelor
Drittausbildung			PhD	Master	Master
Viertausbildung					PhD

Tabelle 2: Beispiele zur Absetzbarkeit verschiedener Lebensläufe.

Hier wird verdeutlicht, dass die jeweilige **Erstausbildung** (Bachelor oder Ausbildung) nie steuerlich als Werbungskosten absetzbar ist. **Ausnahmen** bilden die Ausbildungen / Lehren in einem Dienstverhältnis und das duale Studium, da parallel zwei Ausbildungen durchlaufen werden (beziehungsweise ein **bezahltes Ausbildungsdienstverhältnis** besteht). Demnach wäre ein dualer

[18] Ein nach einer Ausbildung begonnenes Studium gilt als Zweitausbildung, auch wenn es zu einem Berufswechsel führt: BFH, Urteil vom 18.06.2009 – Az. VI R 14/07 & Az. VI R 49/07.

[19] BMF-Schreiben vom 22.09.2010 – BStBl. 2010 I, 721 (Sofern die Ausbildung mit einer deutschen Ausbildung gleichgestellt ist): Bei einem Studium als Erstausbildung spielt das Herkunftsland des Abschlusses keine Rolle, bei einer Berufsausbildung muss diese in der EU, Norwegen, Liechtenstein, Island oder der Schweiz absolviert worden sein.

[20] § 9 Abs. 6 S. 1 EStG.

[21] R 9.2 Abs. 1 Satz 5 LStR: Erst- und Zweitausbildung müssen **nicht** miteinander in Verbindung stehen und können auch einen nötigen Berufswechsel beinhalten. Dies war früher einmal der Fall, gilt jedoch heute nicht mehr.

[22] BFH, Urteil vom 07.11.1980 – Az. VI R 50/79, BStBl. 1981 II, 216 und BFH, Urteil vom 24.09.1985 – Az. IX R 96/82, BStBl. 1986 II, 184.

Bachelor oder eine Berufsausbildung im Dienstverhältnis direkt nach der Schule mit Werbungskosten unbeschränkt steuerlich absetzbar. Jede **Fort- oder Weiterbildung**, die **nach** einer **abgeschlossenen Erstausbildung** absolviert wird, kann als Werbungskosten steuerlich abgesetzt werden. Dabei ist es unerheblich, ob dies ein BWL-Master, ein Französisch-Sprachkurs oder eine Fortbildung zum Kinderpsychologen ist.

Steuerliche Unterschiede	**Erstausbildung**	**Zweitausbildung (+ jede weitere Ausbildung)**[23]
Voraussetzung	Bisher kein Studium/Ausbildung abgeschlossen.	Bereits eine Erstausbildung abgeschlossen.
Gesetz	§ 10 bis 10g EStG	§ 9 EStG
Konsequenz	Ausbildungskosten sind nur als Sonderausgaben absetzbar. Da diese nur vom Gesamtbetrag der Einkünfte abgezogen werden, ist die Bildung eines Verlustvortrags **nicht** möglich.	Ausbildungskosten, die die Voraussetzungen nach § 9 Abs. 6 S. 1 EStG erfüllen, können in spätere Steuerjahre vorgetragen werden und sind als Werbungskosten absetzbar.
Anlage	Anlage Sonderausgaben	Anlage N
Position	Ausbildungskosten	Fortbildungskosten
Beschränkungen	Maximal 6.000 Euro/Jahr.	Unbeschränkt absetzbar.
Verlustvortrag	**Nicht möglich.**	**Möglich.**

Tabelle 3: Übersicht – Unterschiede Erst- und Zweitausbildung.

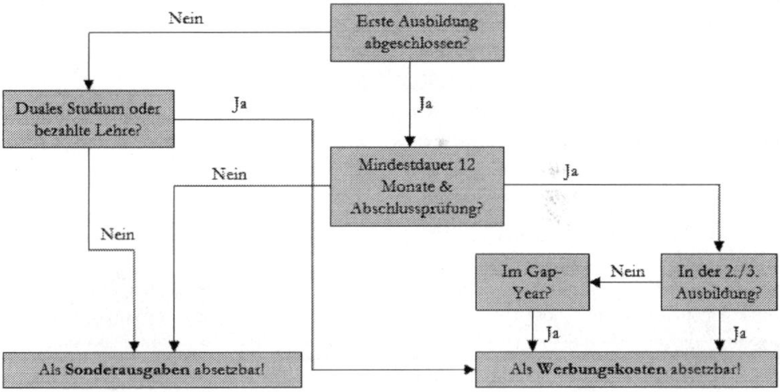

Abbildung 2: Übersicht zur Prüfung der Absetzbarkeit des Studiums.

Ob ein zweiter Master (auch Ergänzungs- oder Aufbaustudium) oder zweiter Bachelor absetzbar ist, liegt an der von euch beim Finanzamt hinterlegten Begründung. Diese kann vom Finanzamt verlangt werden. Bei allen von mir betreuten Fällen stellte eine Begründung, sofern diese sinnvoll erschien, allerdings nie ein Problem bei der steuerlichen Absetzbarkeit dar. Absolviert ihr ein Studium nur aus Spaß und nicht aus beruflichem Interesse, kann es nicht als Werbungskosten abgesetzt werden, da es unter Kosten der privaten Lebensführung (§ 12 EStG) fällt.[24]

[23] Ebenso jede Fortbildung.

[24] BFH-Urteil vom 26.01.2005 – Az. VI R 71/03 oder BFH-Urteil vom 10.02.2005 – Az. VI B 33/04 (beides Rentner).

Ein **Gap-Year**, also ein Jahr oder ein Semester zwischen zwei Ausbildungsstufen, oder ein **Pflichtpraktikum** nach einem Studium zählt offiziell **als weitere Fortbildung oder zur Zweitausbildung**. Für viele Masterstudiengänge zählt praktische Erfahrung als Zulassungsvoraussetzung. Somit kann das Gap-Year als notwendig für den Master angesehen werden und infolgedessen abgesetzt werden.[25] Auch **Sprachreisen**, berufliche **Fortbildungen** oder **Meisterkurse**[26] werden als Zweitausbildung anerkannt, sofern eine Erstausbildung mit deren Anforderungen zuvor erfolgreich absolviert wurde.

REGEL: Für die erste Ausbildung fallen nur Sonderausgaben an. Für jede folgende Ausbildung auch Werbungskosten.

Hat es steuerliche Auswirkungen, wenn ich länger als Regelstudienzeit studiere?
Nein, es ist steuerlich unerheblich, ob ihr das Studium in Regelstudienzeit abschließt. Solange ihr studiert, könnt ihr die Kosten hierfür auch absetzen.

Wie sieht die Situation in eingliedrigen Studiengängen wie Medizin, Jura oder Diplomstudiengängen aus?
Die genannten Studiengänge sind steuerlich nicht als Werbungskosten absetzbar – außer es wurde zuvor eine andere Ausbildung abgeschlossen.[27] Diese Frage war die Ausgangslage für das Verfahren am Bundesverfassungsgericht. Zum Leidwesen dieser Studierenden können die Studienausgaben nicht als Werbungskosten, sondern nur als Sonderausgaben abgesetzt werden. Jedoch zählen die Ausbildungsjahre (Referendariate) nach dem ersten Staatsexamen als Zweitausbildung. Ein weiterer Weg wäre, die Kosten für Arbeitsmittel abzuschreiben. Die entstandenen Kosten wären während der Studienzeit als Sonderausgaben zu deklarieren, über mehrere Jahre abzuschreiben und bei Berufsstart als Werbungskosten umzudeuten.[28]

2.6 Welchen Einfluss haben bereits eingereichte Steuererklärungen?

Eine oftmals unterschätzte Problematik sind bereits eingereichte Steuererklärungen aus Studienjahren. Diese können meist nicht mehr verändert werden, da diese häufig rechtskräftig sind. Aus diesem Grund rate ich Studierenden dazu, sich vor Abgabe von Steuererklärungen ausreichend Informationen über die steuerliche Thematik einzuholen.

Ich habe für Jahr X bereits eine Steuererklärung abgegeben. Kann ich diese mit dem hier gewonnenen Wissen nachbessern?
Das kommt auf die spezielle Sachlage an. Wenn ihr bereits eine Steuererklärung für Jahr X abgegeben habt, eine Antwort vom Finanzamt erhalten habt und diese einen Monat alt ist, könnt ihr eigentlich nichts mehr verändern. Der Steuerbescheid ist nun **bestands-** und **rechtskräftig.**

Ist euer damaliger Steuerbescheid nach **§ 165 Abs. 1 S. 2 Nr. 3 AO** vorläufig festgesetzt hinsichtlich der Abziehbarkeit der Ausbildungs- oder Studienkosten (s. Kapitel 7: Steuerbescheid – Erläuterung zur Festsetzung), so könnt ihr noch **vier Jahre nach Ausstellen des damaligen Steuerbescheides**[29] nachträgliche Änderungen bei den als vorläufig festgesetzten Berufsausbildungs-

[25] Besonders Umzüge, Bewerbungskosten und Fahrtkosten sind hierbei zu berücksichtigen, wenn im Zwischenjahr Praktika absolviert wurden.

[26] BFH-Urteil vom 15.12.1989 – Az. VI R 44/86, auch Materialkosten für Meisterstück sind vollständig absetzbar.

[27] Bei Medizin konnte man bis 2013 eine zehnwöchige Rettungssanitäterausbildung als Erstausbildung geltend machen. Dies wurde allerdings abgeschafft.

[28] s. Kapitel 9.

[29] § 164 Abs. 4 AO: Diese Vorläufigkeit endet erst **vier Jahre nach Ausstellen des Steuerbescheides zum Jahresende**.

oder Studienkosten vorbringen (**Voraussetzung**: Es wurden in der damaligen Steuererklärung Berufsausbildungs- oder Studienkosten abgesetzt).

Ist der Steuerbescheid auch nicht nach § 165 AO vorläufig hinsichtlich der Ausbildungskosten, könntet ihr versuchen, nach **§ 173 AO** zu argumentieren, dass euch zum damaligen Zeitpunkt nicht bewusst war, dass sich Studienkosten absetzen lassen und so das Finanzamt darum bitten, eine Korrektur des Steuerbescheides zuzulassen. Nach § 173 Abs. 1 AO sind Steuerbescheide aufzuheben oder zu ändern, wenn nachträglich Tatsachen oder Beweismittel bekannt werden, die zu einer höheren Steuer (§ 173 Abs. 1 Nr. 1 AO) oder zu einer niedrigeren Steuer (§ 173 Abs. 1 Nr. 2 AO) führen. Neue Beweismittel sind z.B. Urkunden, Rechnungen oder Bescheinigungen. Jedoch zählen hierunter keine Versäumnisse wie vergessene Arbeitsmittel. Bei einer Änderung zugunsten des Steuerpflichtigen darf kein grobes Verschulden (Das bedeutet euch darf damals nicht bewusst gewesen sein, Studienkosten absetzen zu können.) am nachträglichen Bekannt werden dieser Tatsachen vorliegen (**Voraussetzung**: Es wurden in der damaligen Steuererklärung keine Berufsausbildungs- oder Studienkosten abgesetzt). Die Erfolgsaussicht dieses Einspruchs ist allerdings eher gering (schätzungsweise 30%).

Ist die Steuererklärung allerdings abgegeben und es liegt noch keine Antwort seitens des Finanzamtes vor, kann man nochmals nachbessern oder die abgegebene Steuererklärung zurückrufen.

Ich habe für Jahr X schon eine Steuererklärung abgegeben. Kann ich für die Vorjahre noch Steuererklärungen abgeben?
Ja, sofern ihr für dieses Jahr noch keine Steuererklärung abgegeben habt, könnt ihr noch eine Steuererklärung (oder Verlustfeststellung) abgeben. Diese wird dann mit dem Steuerbescheid aus Jahr X verrechnet. Ob dies Sinn ergibt, kommt auf euren Steuerbescheid aus Jahr X an.

Beispiel: Ihr wart im Jahr X Student:in, euer G.d.E. (Gesamtbetrag der Einkünfte)[30] hat im Steuerbescheid 6.000 Euro betragen. Im Vorjahr erwartet ihr einen Verlustvortrag von mehr als 6.000 Euro *(bei weniger als 6.000 Euro)*, es lohnt sich also *(nicht)*, den Verlustvortrag zu machen.

Ihr habt Jahr X schon Vollzeit gearbeitet. Euer G.d.E. in Steuerjahr X betrug beispielsweise 40.000 Euro. Der Verlustvortrag für das Vorjahr lohnt sich immer! Sofern ihr im Vorjahr einen Verlustvortrag realisiert, wird euer Steuerbescheid aus Jahr X nachträglich nochmals bearbeitet und mit den nachgereichten Verlusten verrechnet.[31]

2.7 Wie funktionieren Einkommensteuern?

Die Grundlagen dieses Buches stellen natürlich die Steuern – explizit die Einkommensteuer – dar. Die diesen untergeordneten Begrifflichkeiten der Werbungskosten, der Sonderausgaben und die Grundthematik des Verlustvortrags werden euch durch das gesamte Buch begleiten.

Was sind Einkommensteuern?
Einkommensteuern sind eine Abgabe auf Einkünfte natürlicher Personen an den Staat bzw. das Finanzamt. Die Gesetzesgrundlage für Einkommensteuern ist das Einkommensteuergesetz (EStG). Um es einfach zu halten, zahlen alle von euch auf Einkommen und Einnahmen abzgl. der Werbungskosten, diverser Freibeträge und der Sonderausgaben (=das sogenannte **zu versteuernde Einkommen** (z.v.E.)) Steuern. Der Spitzensteuersatz auf nichtselbständige Einnahmen in Deutschland beträgt derzeit 45%. Um das zu versteuernde Einkommen zu minimieren, setzt man Werbungskosten und Sonderausgaben ab und drückt damit die persönliche Steuerlast. Diese Steu-

30 Bei Verrechnung von Verlustvorträgen ist der G.d.E. und nicht das z.v.E. entscheidend.

31 Eine Beispielrechnung hierfür ist im Thema Potential- und Situationsanalyse beigefügt.

erlast berechnet sich jedoch nicht nur nach der Höhe des Einkommens, sondern auch nach der Steuerklasse.

Was ist eine Steuerklasse?
Es existieren in Deutschland sechs verschiedene **Steuerklassen**, in welche der Steuerzahler eingruppiert wird. Diese Steuerklasse hängt mit zwei Faktoren zusammen: eurer Lebensführung und eurem Beruf.[32]

Lohnsteuerklasse 1: Unverheiratete Personen.
Lohnsteuerklasse 2: Unverheiratete Personen und alleinerziehend.
Lohnsteuerklasse 3: Verheiratet oder in Lebensgemeinschaft in 3 und 4.
Lohnsteuerklasse 4: Verheiratet oder in Lebensgemeinschaft, beide in LS-Klasse 4.
Lohnsteuerklasse 5: Verheiratet oder in Lebensgemeinschaft in 3 und 5.
Lohnsteuerklasse 6: Personen mit mehreren sozialversicherungspflichtigen Arbeitsverhältnissen.

Die Lohnsteuerklasse hat lediglich auf die Höhe der Lohnsteuer Einfluss, jedoch nicht auf die Höhe der endgültig zu entrichtenden Einkommensteuer. Die Lohnsteuerklasse regelt damit nur die Höhe der Steuervorauszahlung. Die endgültige Steuerlast lässt sich durch Absetzen von Kosten vermindern. Als Student:in ist man meist in der Steuerklasse 1 oder 6.

Wie berechnet sich meine Einkommensteuer?
Das deutsche Steuertarifsystem wird als **progressiv** bezeichnet. Dies bedeutet, dass die Steuerlast mit steigendem Einkommen überproportional wächst. Der erste Euro, welchen ihr verdient, wird weniger versteuert als der 50.000ste Euro. Bei der deutschen Einkommensteuer sind dabei mehrere Steuer-Zonen zu unterscheiden (Stand 2020) [33]:

In der „**Nullzone**" bleibt ein Grundbetrag steuerfrei. Der **Grundfreibetrag**, bei welchem keine Steuern bezahlt werden, steigt jedes Jahr um einige Euro an. Blieben bei einer ledigen Person die Einkünfte 2020 unter 9.408 Euro, so zahlt diese keinen Euro Einkommensteuer. Dies dient dazu, das Existenzminimum für Geringverdiener zu sichern.

Grundfreibetrag	Ledige	Verheiratete
2023	10.908 €	21.816 €
2022	10.347 €	20.774 €
2021	9.744 €	19.488 €
2020	9.408 €	18.816 €
2019	9.168 €	18.336 €
2018	9.000 €	18.000 €
2017	8.820 €	17.640 €
2016	8.652 €	17.304 €

Tabelle 4: Übersicht – Grundfreibetrag.

Zwei „**Progressionszonen**" erfassen das zu versteuernde Einkommen von der „**Nullzone**" bis 12.739 Euro und der „**Progressionszone II**" von 12.740 bis 52.151 Euro. Die Tarife steigen in diesen Zonen von 14 auf 42%.

- **Die Progressionszone I** liegt zwischen 9.408 und 12.739 Euro. Der Grenzsteuersatz beträgt zwischen 14 und 24%.
- **Die Progressionszone II** liegt zwischen 12.739 und 52.151 Euro. Der Grenzsteuersatz beträgt zwischen 24 und 42%.
- Die **Proportionalzone I** beginnt bei 52.152 Euro. Jedes höhere Einkommen unterliegt einem Steuersatz von 42%.

[32] § 38b EStG.

[33] § 32a EStG.

- Ab 260.000 Euro beginnt der Spitzensteuersatz von 45% (**Proportionalzone II**).

Es gibt also zwei Steuersätze. Der **Steuersatz**, der in drei Stufen unterteilt ist, und der **Durchschnittssteuersatz**, der sich aus diesen errechnet. Eure persönliche Steuerlast, also wieviel ihr letztendlich an Steuern zahlt, hängt von verschiedenen Faktoren ab: eurem Einkommen, eurer Steuerklasse, der Veranlagung (ledig oder verheiratet), ggf. der Kirchensteuer und eben den abgesetzten Werbungskosten und Sonderausgaben.

Für eine schnellere Übersicht über eure Einkommensteuerhöhe, euren Durchschnitts- und Grenzsteuersatz könnt ihr folgenden Link aufrufen: www.grundtabelle.de/.

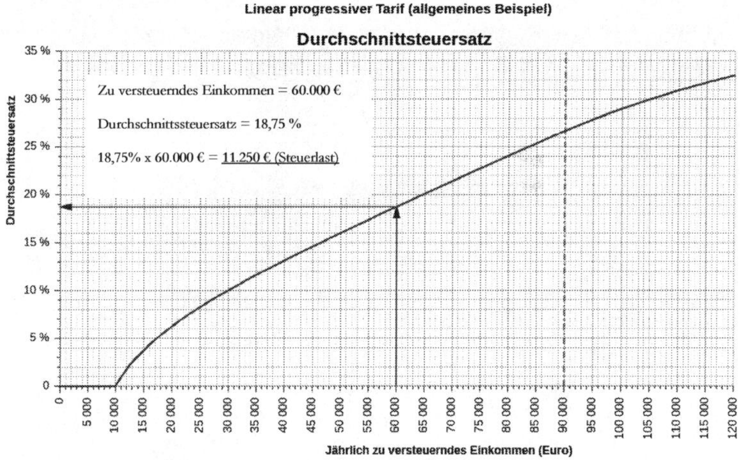

Abbildung 3: Linear progressiver Steuertarif.

Welche Einkunftsarten existieren im Steuerwesen?
In Deutschland unterscheidet man steuerlich **sieben Einkunftsarten**. Diese unterteilen sich in **Überschusseinkünfte** und **Gewinneinkünfte** (§ 2 EStG).

Überschusseinkünfte sind Einkünfte aus nichtselbständiger Arbeit (§ 19 EStG: z.B. Lohneinkünfte), Einkünfte aus Kapitalvermögen (§ 20 EStG: z.B. Zinsen oder Dividenden), sonstige Einkünfte (§ 22 EStG: z.B. Renten) und Einkünfte aus Vermietung und Verpachtung (§ 21 EStG: z.B. Miete oder Pacht).

Gewinneinkünfte sind Einkünfte aus Land- und Forstwirtschaft (§ 13 EStG: z.B. Bauernhof), Einkünfte aus selbständiger Arbeit (§ 18 EStG: z.B. Freelancer oder Freiberufler) und Einkünfte aus Gewerbebetrieb (§ 15 EStG: z.B. Einzelunternehmen).

Für jede dieser Einkunftsarten existieren auch unterschiedliche Steuerformulare. Für euch als Studierende sind im wahrscheinlichsten Fall nur die Einkünfte aus selbständiger und nichtselbständiger Arbeit interessant. Fallen Einkünfte unter keine der oben genannten Kategorien (etwa Lottogewinne, BAföG-Zahlungen, etc.) sind diese steuerfrei.

Wie berechnet sich die Grundlage meiner Lohnsteuer?
Die Grundlage eurer Steuerlast ist die Differenz zwischen der Summe aller Einkünfte abzüglich eurer Kosten: Ein Schaubild ist zur besseren Darstellung im Folgenden eingefügt. Dieses Verfahren nennt sich **Veranlagung**. Die Summe eurer Einnahmen aus z. B. nichtselbständiger Arbeit,

Kapitalerträge, etc. kürzt ihr um die Werbungskosten bzw. Betriebsausgaben und erhaltet die **Summe der Einkünfte**.

Diese Summe wird dann um Freibeträge (z.B. Altersentlastungsbetrages § 24a EStG und Entlastungsbeitrag für Alleinerziehende § 24b EStG) weitergekürzt, welches dann den **Gesamtbetrag der Einkünfte** (G.d.E. = falls Verlust: Verlustvortrag) darstellt. Danach werden weitere Kostenarten – die **Sonderausgaben**[34] (§ 10 – 10c EStG) oder die **Außergewöhnliche Belastungen**[35] ((§ 30 – 33b EStG) – abgezogen. Zuletzt werden noch die Freibeträge für Kinder herangezogen und schließlich kommt das Endergebnis – das **zu versteuernde Einkommen** (z.v.E.) – heraus. Hieraus errechnet sich die letztendliche **Steuerlast** (vgl. Grundtabelle).

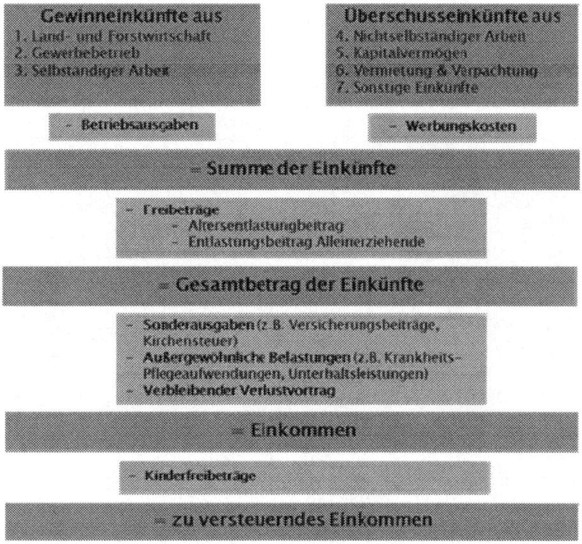

Abbildung 4: Einkommenssteuerberechnung (Veranlagung) in Deutschland.

Die meisten Studierenden haben also ein niedriges Einkommen aus nichtselbständiger Arbeit (Praktikum, Werkstudent, Mini-Job), welchem jedoch hohe Kosten (Werbungskosten aus dem Beruf als Student:in) gegenüberstehen. Dadurch erwirtschaftet sich ein Minusbetrag (Verlust). Dieser Betrag ist dann die sogenannte **Verlustfeststellung (oder Verlustvortrag)**.

Was ist ein Verlustvortrag und worin besteht der Unterschied zur Steuererklärung?

Verlustvortrag (§ 10d EStG) ist im deutschen Handels- und Steuerrecht die Summe der noch nicht mit Gewinnen verrechneten kumulierten Verluste der Vorjahre. Bei einer normalen Steuererklärung zieht ihr von euren Einnahmen die Werbungskosten ab, um auf das (**positive**) zu versteuernde **Einkommen** zu gelangen. Für einen Verlustvortrag übersteigen die Kosten die Einnahmen im entsprechendem Steuerjahr. Ihr erwirtschaftet also ein **negatives Einkommen**. Diesen Verlust könnt ihr in die Folgejahre übertragen.

[34] Versicherungen oder Renten.

[35] z. B. dauerhafte Krankenkosten.

Was ist ein Verlustrücktrag?

Ihr habt jedoch auch die Möglichkeit eines **Verlustrücktrags**. Mit diesem übertragt ihr die Verluste aus eurem Studium in das Berufsjahr **vor** der steuerlich geltend gemachten Ausbildungszeit. (**Achtung:** Ihr könnt bei einem Verlustrücktrag nur in **ein Steuerjahr** rücktragen!) Dies ist beispielsweise hilfreich, wenn ihr zwischen Erst- und Zweitausbildung höhere Einkünfte erzielt und nach der Zweitausbildung nicht mehr in Deutschland arbeitet oder arbeiten wollt. So könnt ihr die Kosten der Zweitausbildung mit Einkommen vor dieser Ausbildung steuerlich verrechnen.

Der Verlustrücktrag hat im Gegenzug zum Verlustvortrag einige Besonderheiten. Habt ihr vor eurer Zweitausbildung Einkünfte erwirtschaftet, so wird das Finanzamt automatisch eure Verluste in dieses Jahr transferieren und den Steuerbescheid abändern. Der Verlustrücktrag ist zudem nur in das Vorjahr übertragbar. Begrenzen könnt ihr dies durch Anlage Sonstige. Vorteil ist, dass der Verlustvortrag hierbei nicht gänzlich aufgebraucht werden muss. So könnt ihr eure Einkünfte durch Werbungskosten und Sonderausgaben geschickt auf die Höhe des Steuerfreibetrages drücken und den restlichen Verlust als Verlustvortrag behalten. Dies ist bei einem Verlustvortrag nicht möglich. Dafür kann dieser so lange in Folgejahre übertragen werden, bis dieser vollständig aufgebraucht ist.

Steuerberechnung[36]	**Begrenzter Verlustrücktrag (2019)**	**Voller Verlustrücktrag (2019)**
Gesamtbetrag der Einkünfte (G.d.E.)	**12.000 €**	**12.000 €**
" - gesammelter Verlustrücktrag"	- 1.832 €	- 10.000 €
- Sonderausgaben aus Steuerjahr	- 1.000 €	- 1.000 €
Zu versteuerndes Einkommen	**9.168 €**	**1.000 €**
Steuerbelastung	**0 €**	**0 €**

Tabelle 5: Beispielsrechnung – Vergleich voller oder begrenzter Verlustrücktrag.

Besser ist bei einem Verlustrücktrag daher nur die Werbungskostensumme rückzutragen, um (inklusive der Sonderausgaben aus dem entsprechenden Steuerjahr) unter den Steuerfreibetrag zu gelangen. Der noch **verbleibende Verlust** wird als Verlustvortrag in Folgejahre übernommen! Auch, wenn ihr im Steuerjahr vor eurer Zweitausbildung Einkünfte hattet, kann es sinnvoll sein, auf den Verlustrücktrag inklusive seiner Besonderheiten zu verzichten! Wir erinnern uns an den progressiven Steuertarif: Auf den ersten Euro über dem Steuerfreibetrag zahlt ihr nur 14% Lohnsteuer. Diese prozentuale Abgabe steigt mit jedem weiteren verdienten Euro. Habt ihr also vor eurer Zweitausbildung nur ein geringes Einkommen erwirtschaftet und seid nach der Zweitausbildung gehaltstechnisch höher eingestiegen, so kann es je nach Bruttolohn der Steuerjahre sinnvoll sein, auf den Verlustrücktrag komplett zu verzichten und den Verlust als Ganzes als Verlustvortrag zu übernehmen. Ihr seht im Folgenden, dass ihr bei identischem Verlustergebnis der Steuerjahre je nach Einkommen mehr Lohnsteuer sparen könntet. Obwohl wir den Verlust nicht anteilig ins Vorjahr transferiert haben, konnten wir mehr Steuern sparen (8.622 Euro vs. 8.279 Euro (= 7.990 Euro + 289 Euro) Steuerbelastung).

Wie man seinen eigenen Verlust aus Studienzeiten aufteilt und wie dies am vorteilhaftesten ist, hängt stark von der eigenen Situation (Gesamtbruttoeinkünfte und Sonderausgaben in den entsprechenden Steuerjahren vor und nach der Zweitausbildung, sowie die Verlusthöhe aus Studienzeiten) zusammen. Aufgrund des progressiven Steuertarifes ist es daher häufig sinnvoll, die einkommensstarken Steuerjahre stärker durch Werbungskosten zu mindern.

[36] Annahmen für Beispiele Verlustrücktrag: 10.000 Euro Verlust (Werbungskosten) aus Studienjahr 2020, 1.000 Euro Sonderkosten in den entsprechenden Steuerjahren (2019 und 2021) und 9.168 Euro Steuerfreibetrag (2019).

Steuerberechnung	Verlustrücktrag (2019)	Verlustvortrag (2021)
Gesamtbetrag der Einkünfte (G.d.E.)	**12.000 €**	**50.000 €**
" - gesammelter Verlust"	- 1.832 €	- 8.168 €
- Sonderausgaben aus Steuerjahr	- 1.000 €	- 1.000 €
Zu versteuerndes Einkommen (z.v.E.)	**9.168 €**	**40.832 €**
Steuerbelastung	**0 €**	**8.622 €**

Tabelle 6: Beispielsrechnung – Verlustrücktrag.

Steuerberechnung	Verlustrücktrag (2019)	Verlustvortrag (2021)
Gesamtbetrag der Einkünfte (G.d.E.)	**12.000 €**	**50.000 €**
" - gesammelter Verlust"	- 0 €	- 10.000 €
- Sonderausgaben aus Steuerjahr	- 1.000 €	- 1.000 €
Zu versteuerndes Einkommen (z.v.E.)	**11.000 €**	**39.000 €**
Steuerbelastung	**289 €**	**7.990 €**

Tabelle 7: Beispielsrechnung – Vorteilhaftigkeit ungenutzter Verlustrücktrag.

Was sind Werbungskosten?

„Werbungskosten sind Aufwendungen zur Erwerbung, Sicherung und Erhaltung der Einnahmen.“[37] Vereinfacht ausgedrückt sind Werbungskosten alle Ausgaben, die auftreten, um derzeit oder künftig einen Job ausüben und Geld verdienen zu können. Im Hinblick auf euer Beschäftigungsverhältnis (Studierende, Arbeitnehmer oder Beamte) sind Werbungskosten alle Ausgaben, um eine Arbeitsstelle zu bekommen (z.B. Ausbildungs- oder Bewerbungskosten) oder ein bestehendes Beschäftigungsverhältnis ausführen zu können (z.B. Arbeitsmittel, Kosten für den Weg zur Arbeit etc.). Diese **Werbungskosten** können eurem Einkommen gegengerechnet werden und verringern damit das zu versteuernde Einkommen. Das Besondere an den Werbungskosten: Diese lassen sich während der Studienzeit aufsummieren (=Verlust) und zu Beginn der Erwerbstätigkeit als Gesamtverlust absetzen.

Was sind Pauschalen und welche nutzen mir als Student:in?

Pauschalen sind Wertbegriffe für die Steuererklärung, welche ihr absetzen könnt, ohne dass das Finanzamt Belege möchte oder anfordern kann. Hierunter fallen Pauschalen für die Kontoführung (16 Euro), den „berufsbedingten“ Umzug (ca. 760 Euro)[38], Arbeitsmittel (110 Euro) oder die allgemeine Werbungskostenpauschale/Arbeitnehmerpauschale (1.000 Euro, ab 2022: 1.200 Euro)[39].

Was ist die Werbungskostenpauschale (auch Arbeitnehmerpauschale)?

Die Arbeitnehmerpauschale ist ein Pauschalbetrag, den ihr jedes Jahr **als Arbeitnehmer** steuerlich absetzen könnt, ohne Rechnungen und Beweise einreichen zu müssen.[40] Es lohnt sich also, sofern keine Ausgaben vorliegen, diesen zu wählen. In diesem Buch werdet ihr allerdings merken, dass ihr durch eure Studienkosten mehr als diese Pauschale absetzen werdet. Bedenkt also, dass jeder Euro über 1.000 Euro zählt! Die Pauschale kann nicht zu den abgesetzten Werbungskosten summiert werden. **Entweder ihr setzt Werbungskosten oder die Werbungskostenpauschale ab.**

ZIEL: Je mehr Werbungskosten ihr absetzen könnt, desto weniger Einkommensteuer müsst ihr letzten Endes zahlen.

---

[37] § 9 Abs. 1 S. 1 EStG.

[38] Die Pauschale ist abhängig vom entsprechenden Jahr und wird jährlich angepasst. Zudem steigt sie um 50%, wenn ihr den letzten fünf Jahren bereits beruflich umgezogen seid oder der Umzug über Ländergrenzen hinweg stattfand.

[39] Siehe § 9a S. 1 Nr. 1 EStG.

[40] § 9 Abs. 1 S. 1 EstG (bis 2022: 1.000 Euro; 2022: 1.200 Euro; 2023: 1.230 Euro).

Was sind Sonderausgaben?
Sonderausgaben sind Kosten, die weder Werbungskosten, Kosten privater Lebensführung noch Betriebsausgaben sind. Zudem unterliegen diese höheren Restriktionen. So sind sie nur im **Jahre des Entstehens anrechenbar** – also auch nur steuerlich nutzbar, sofern ihr im entsprechendem Jahr steuerlich relevantes Einkommen hattet. Werbungskosten – zur Erinnerung – sind unbeschränkt in ihrer Höhe und lassen sich in die Folgejahre übertragen. Ausbildungskosten der Erstausbildung sind per Definition Sonderausgaben.

Was sind Außergewöhnliche Kosten und Freibeträge?
Außergewöhnliche Belastungen[41] sind private Kosten, die eigentlich nicht steuerlich absetzbar sind. Habt ihr jedoch dauerhaft diese Kosten (aufgrund z.B. einer Krankheit), so können diese ggf. dennoch abgesetzt werden. Diese können durch eine Krankheit, durch benötigte Pflege, aber auch z.B. eine benötigte Brille, Unterhalts- oder Beerdigungskosten auftreten. Da es keine klare Auflistung gibt, müssen hier alle ihren speziellen Fall hinterfragen und notfalls Google nutzen. Durch diesen steuerlichen Posten könnt ihr Heilungskosten (Kauf von Medikamenten, Therapiekosten, Fahrten zum Arzt, Krankengymnastik), die eure Krankenkasse nicht übernimmt, oder z.B. eure Lesebrille als außergewöhnliche Belastung bei eurer Steuer absetzen. Jedoch müssen diese Kosten die Stufe der sogenannten Eigenbelastung übersteigen. Diese hängt vom Einkommen und Familienstand ab.[42]

Freibeträge kommen in verschiedenen Arten vor. Hierbei gibt es z.B. den Übungsleiterfreibetrag, den Kinderfreibetrag oder den Entlastungsfreibetrag für Alleinerziehende.

TIPP: Für eure Eltern gibt es einen **Freibetrag** (924 Euro 2020), sofern ihr in der Ausbildung seid, nicht zu Hause wohnt und noch Anspruch auf Kindergeld hättet (**Ausbildungsfreibetrag**).[43]

Können meine Eltern auch durch mein Studium steuerlich profitieren?
Zunächst sei gesagt, dass hier zwei Fälle existieren: Erhalten die Eltern noch Kindergeld bzw. setzen den Kinderfreibetrag ab oder nicht?

Falls **ja**, können Eltern nur den Pflichtteil eurer Kranken- und Pflegeversicherung[44] geltend machen. Das Finanzamt geht im Falle von Kindergeld davon aus, dass alle anderen Kosten der Eltern durch das Kindergeld abgegolten sind. Eure Kranken- und Pflegeversicherung sind Sonderausgaben und haben keinen Einfluss auf die Verlustfeststellung des Studiums! Daher könnt ihr diese Sonderausgaben eure Eltern (ohne eigene Nachteile) absetzen lassen. Zusätzlich dürfen Eltern den Ausbildungsfreibetrag geltend machen, sofern das Kind auswärtig untergebracht ist, sich in der Ausbildung befindet und noch Kindergeld erhält.

Falls **nein**, können Eltern weiterhin die Kranken- und Pflegeversicherung steuerlich geltend machen.[45] Des Weiteren dürfen die Eltern nun die **Unterhaltsleistungen** (bis 9.168 Euro in 2019) als **außergewöhnliche Belastungen**[46] steuerlich nutzen.[47] Zu diesen Leistungen zählen Barüberwei-

---

[41] § 33 EStG.

[42] Die Vorgehensweise erfahrt ihr im Internet. Bei ledigen Personen, ohne Kinder und Jahreseinkommen bis zu 15.340 Euro, liegt die **zumutbare Belastung bei 5% eures Einkommens**. Habt ihr höhere außergewöhnliche Belastungen als diese Grenze, könnt ihr die Kosten hierfür steuerlich absetzen.

[43] Einzutragen in der Anlage Kind (§ 33a Abs. 2 EStG); ab 2023 beträgt dieser 1.200 Euro.

[44] Anlage Kind Z. 31 bis 42.

[45] Anlage Vorsorgeaufwendungen (der Eltern), Z. 40 bis 43 oder Anlage Unterhalt, Z. 11 bis 16.

[46] Um außergewöhnliche Belastungen geltend machen zu können, muss die „zumutbare Belastungsgrenze" überschritten werden.

[47] Anlage Unterhalt Z. 11 ff.

sungen, Übernahme von Kosten wie der Krankenversicherung oder Miete und auch Übernahme von Studienkosten.[48] Studiengebühren dürfen die Eltern **nicht** geltend machen.[49]

Achtung: Übersteigen Einkünfte, Bezüge und weiteren Einnahmen des Studierenden 624 Euro im Kalenderjahr, wird der steuerlich absetzbare Betrag gekürzt. Ebenso darf das Vermögen des Studierenden (Barmittel, Aktien, Immobilien) 15.500 Euro nicht übersteigen!

Absetzbare Unterhaltsleistungen	Studierende:r	Eltern
Unterstützungsleistungen (12x 1.000 Euro)		**12.000 €**
Bezüge und Einkünfte Kind[50]	10.000 €	
- Werbungskosten Kind (aus Studium)	- 4.000 €	
- Freibetrag Kind	- 624 €	
Ansetzbarer Betrag Kind	**5.376 €**	**- 5.376 €**
Absetzbare Unterstützungsleistungen		**6.624 €**

Tabelle 8: Beispielsrechnung – Absetzbare Unterhaltsleistungen.

Was sind Kosten der privaten Lebensführung?
Das sind Kosten, welche ihr steuerlich **nicht** als Werbungskosten oder Sonderausgaben absetzen könnt. Allgemein gesagt sind das Kosten des privaten Lebens wie Kleidung, Friseurbesuche und private Anschaffungen. Diese sind nach § 12 EStG nicht abzugsfähig bei der Einkünfteermittlung.

→ Ausgaben für die Ausbildung sind **keine** Ausgaben privater Lebensführung!

2.8 Haben Auslandsaufenthalte oder Ausländer eine Sonderrolle?

Eine weitere Betrachtungsweise ist die steuerliche Behandlung von Studiengängen, die komplett im Ausland belegt oder wie ausländische Studierende in Deutschland steuerlich behandelt werden.

Ich mache ein Auslandsstudium. Kann ich dieses in Deutschland steuerlich absetzen?
Ja, jedoch gibt es hierbei Folgendes zu beachten: Um die Kosten abzusetzen, müsst ihr in diesem Fall nach der Zweitausbildung in Deutschland ins Berufsleben starten.[51] Zusätzlich seid ihr während der Studienzeit dort steuerpflichtig, wo ihr euch die meiste Zeit im Jahr aufhaltet. Folglich solltet ihr bei einem reinen Auslandsstudium darauf achten, maximal häufig in Deutschland zu sein[52], um die Studienkosten hier absetzen zu können. Kontrolliert wird das jedoch selten.

Ich möchte nach dem Studium im Ausland arbeiten. Ergibt ein Verlustvortrag Sinn?
Nein, im Ausland bringt der angerechnete Verlustvortrag aus Deutschland nichts. Ihr erhaltet den Vorteil nur, wenn ihr nach eurem Studium in Deutschland mit dem Berufsleben startet und hier entsprechend Einkommensteuer zahlt. Möglicherweise kann hier ein **Verlustrücktrag** helfen.

Gibt es Unterschiede von ausländischen zu deutschen Studierenden?
Hier muss man zunächst einmal unterscheiden. Die Nationalität macht keinen Unterschied für eine Verlustvortragserstellung in Deutschland. Ausländer, sofern diese ihren Wohnsitz in Deutsch-

[48] Quittungen, Überweisungen oder Barleistungen mit Datum und Unterschrift dokumentieren.

[49] BFH, Urteil vom 10.10.2017 – Az. X R 32/15.

[50] Hierunter fallen nun auch Löhne, Stipendien, Mini-Job, Ausbildungshilfen, BAföG und Wohngeld.

[51] Der Abschluss muss in Deutschland anerkannt sein, damit das Finanzamt die Gleichwertigkeit auch steuerlich anerkennt.

[52] Bei einem länger als 6 Monate andauerndem Auslandsstudium, kann es dazu kommen, dass die Studienkosten nicht mehr in Deutschland geltend gemacht werden könnten (BFH, Urteil vom 27.04.2005 – Az. I R 112/04), da ihr für diesen Zeitraum nicht mehr in Deutschland steuerpflichtig (183-Tage-Regelung) gewesen wärt. Dies gilt jedoch **nicht**, wenn ihr in regelmäßigen Abständen nach Deutschland zurückkehrt, hier einen eigenen Hausstand während des Auslandseinsatzes besitzt **oder** ihr nach dem Auslandsstudium in Deutschland arbeitet und ein konkreter Zusammenhang zwischen Studium und der neuen Tätigkeit besteht.

land haben, unterstehen ohne Einschränkung dem deutschen Steuergesetz. Eine Verlustfeststellung aus Studienzeiten steht somit jedem (ehemaligen) Studierenden in Deutschland zu.

Vielmehr macht die Herkunft, also wo die Heimat ist, einen Unterschied für das Absetzen bestimmter Kosten. So fällt zum Beispiel ein Ansatz einer doppelten Haushaltsführung für Studierende, die aus dem weiten Ausland für ein Studium nach Deutschland ziehen, weg bzw. wird aufgrund der Notwendigkeit der regelmäßigen Heimfahrten zum Lebensmittelpunkt ungleich schwerer.[53] Auch die regelmäßigen Heimfahrten zu den Eltern können aus diesem Grund nicht abgesetzt werden. Dafür haben Studierende aus dem Ausland das Recht (auch ohne doppelte Haushaltsführung), jedes Jahr einen Heimflug oder eine Heimfahrt steuerlich abzusetzen.

Ein weiterer Unterschied ist die unterschiedliche Behandlung von Sprachkursen. Einen Englisch-Kurs können alle Studierenden absetzen. Sprachkurse in einer weiteren Fremdsprache werden vom Finanzamt bei ausreichender Begründung ebenso akzeptiert.[54] Belegen Ausländer einen Sprachkurs in Deutsch, unabhängig davon, ob dieser als Zulassungsvoraussetzung des Studiums in Deutschland zählt, wird dieser allerdings aufgrund § 12 EStG nicht akzeptiert.[55]

Um den Verlustvortrag nach dem Studium geltend machen zu können, müssen Studierende (unabhängig der Herkunft) nach deren Studium nur im Gebiet der Bundesrepublik **steuerpflichtig** sein und das Studium steuerlich korrekt geltend machen.

2.9 Wie belege ich dem Finanzamt meine Aufwendungen und Kosten?

Die Frage nach den Belegen und Rechnungen erreicht mich immer als erstes. *„Ich habe keine Rechnung mehr"*, *„Ich weiß nicht, wo ich die Rechnungen finde"* oder *„Die Rechnung ist unleserlich geworden"*. Ich kenne die Problematik, dass man keine Rechnung mehr hat (eventuell weggeworfen), diese verlegt hat oder nie eine hatte (gebraucht gekauft). Auch für dieses Problem findet man Lösungen.

Brauche ich für alle meine Kosten eine Quittung oder Rechnung?
Nein! Wenn ihr die Steuer einreicht, reicht ihr diese zunächst ohne Rechnungen und Belege ein.[56] Wenn das Finanzamt daraufhin einen Beleg benötigt, wird es sich bei euch melden und ihr erhaltet die Möglichkeit, Belege nachzureichen. Meist reichen Nachweise, wie sie auf der Folgeseite aufgeführt werden, aus. In den seltensten Fällen wünschen Finanzbeamte eine komplette Einreichung aller Belege. Bei Pauschalen (z.B. Pendlerpauschale, Kontoführungspauschale) benötigt ihr – wie sie bereits sagen – **keine** Nachweise. Diese werden pauschal vom Finanzamt akzeptiert. Für fehlende Rechnungen und Belege könnt ihr notfalls einen Eigenbeleg beim Finanzamt einreichen.

Ist es egal, wer die Arbeitsmittel oder Studiengebühren bezahlt hat?
Meistens. Die Frage trat häufig auf, wenn Studierende von Privatuniversitäten in meine Beratung kamen und die (Groß)-Eltern die Studiengebühren oder das teure MacBook übernommen hatten. Es macht im eigentlichen Sinne keinen Unterschied, wer die Kosten bezahlt hat.[57] Die Rechnung

---

53 Aussage der Finanzverwaltung, Ausnahmen natürlich angrenzende Nachbarländer. **Sonderfall Ausland:** Bei der doppelten Haushaltsführung im Ausland reicht rechtlich eine Heimfahrt pro Jahr aus, um den Lebensmittelpunkt zu begründen. Jedoch ist es schwierig, dem Finanzamt deutlich zu machen, dass sich bei einer Heimfahrt pro Jahr der dauerhafte Lebensmittelpunkt im Ausland befindet (z.B. durch Ehepartner oder Kinder).

54 BFH, Urteil vom 10.04.2002 – Az. VI R 46/01; vom 13.06.2002 – Az. VI R 168/00 & vom 28.09.1979 – Az. I 111/78: z.B. verbesserte Jobchancen, Beförderung, ausländische Kollegen oder potenzieller Auslandseinsatz.

55 BFH, Urteil vom 15.03.2007 – Az. VI R 14/04, BStBl 2007 II, 814.

56 Aufgrund des Gesetzes zur Modernisierung des Besteuerungsverfahrens (18. Juli 2016): Hiernach besteht nur noch eine **Belegevorhaltepflicht** und keine **Belegevorlagepflicht**. Ihr müsst die Belege also nur noch bei Nachfrage vorlegen.

57 BFH, Urteil vom 22.07.2003 – Az. VI R 4/02 und vom 15.11.2005 – Az. IX R 25/03, BStBl. II 2006, 623 (Stichwort: **abgekürzter Zahlungsweg**; BFH, Urteil vom 22.07.2003 – Az. R 4/02.).

sollte bei derartig hohen Summen nur vorhanden sein. Ausnahmen sind Mietkosten, die von euch selbst bezahlt werden sollten.[58]

Anders sieht es aus, wenn eure Eltern euch bspw. den Laptop bezahlt haben und dieser deshalb auch von den Eltern bei der eigenen Steuererklärung angegeben wurde. Dann ist es für euch nicht mehr möglich, diesen Artikel bei eurer Steuererklärung abzurechnen, da der Gegenstand nur von einer Person abgesetzt werden darf.

Was mache ich, wenn ich keinen Beleg habe?

Hierfür gibt es verschiedene Möglichkeiten:

(1) Entweder ihr versucht, nachträglich an den Beleg zu kommen. Dies ist z.B. bei Flugtickets über die Airline (per Mail anfragen) möglich, über die Uni (Semesterbeiträge im Studienbüro nachfragen) oder ihr sucht in euren Amazon- oder Ebay-Konten nach Belegen. Bei Ebay-Auktionen reicht z.B. ein einfacher Ausdruck der gewonnenen Auktion aus. Der letzte Weg sind Kontoauszüge mit dem entsprechenden Betreff und dem Kaufbetrag. Dies reicht i.d.R. als Beleg beim Finanzamt auch aus.

(2) Ihr schreibt euch einen sogenannten Eigenbeleg. Dies könnt ihr z.B. bei Trinkgeldern, regelmäßigen Ausgaben oder unleserlichen und gestohlenen/verlorenen Belegen machen.

ACHTUNG: Eigenbelege werden häufig anerkannt, allerdings besteht **kein rechtlicher Anspruch** hierauf!

Diese Angaben müssen auf dem **Eigenbeleg** stehen:

- Zahlungsempfänger mit vollständiger Anschrift.
- Datum der Aufwendung.
- Kostenbetrag und Kostenart.
- Begründung für den Eigenbeleg.
- Datum und eigene Unterschrift.

Eigenbeleg

Zahlungsempfänger: Möbel XXL

Betrag: 99,90 Euro

Zahlungsdatum: 21.12.16

Verwendungszweck: Büroartikel

Grund für Eigenbeleg: Beleg wurde unleserlich.

Datum, Unterschrift

Kann ich auch gebraucht gekaufte Gegenstände absetzen?

Ja, ob die Artikel neu oder gebraucht erworben wurden, macht keinen Unterschied. Entweder ihr lasst euch den gebrauchten Artikel direkt beim Kauf vom Verkäufer per Quittung belegen oder ihr reicht das Verkaufsprotokoll (bei einem Nachweis) von Ebay-Kleinanzeigen beispielsweise ein. Bei Ebay-Auktionen reicht ein Ausdruck der gewonnenen Auktion ebenso aus.

Kann ich auch geschenkte Gegenstände steuerlich absetzen?

Ja, diese werden mit dem **Verkehrswert** bei eurer Steuer angegeben.[59] Dieser Verkehrswert kann z.B. durch beendete Ebay-Auktionen oder Verkaufsanzeigen im Internet belegt werden. Eine andere Möglichkeit wäre, den damaligen Kaufpreis zu ermitteln und den Gegenstand mit seinem aktuellen (abgeschriebenen) Wert steuerlich abzusetzen.

[58] FG Niedersachen, Urteil vom 25.02.2016 – Az. 1 K 169/15.

[59] § 6 Abs. 1 Nr. 5 EStG und BFH, Urteil vom 16.02.1990 – Az. VI R 85/87.

Kann ich zunächst privat gebrauchte Gegenstände steuerlich absetzen?

Ja, wenn ihr beispielsweise einen Laptop zunächst privat nutzt und diesen dann als Arbeitsmittel im Studium benötigt, so könnt ihr diesen ab Kaufdatum abschreiben und in Studienzeiten zum Restwert als Arbeitsmittel absetzen (Gleiches gilt für Möbel bei der doppelten Haushaltsführung).

Ich bin während des Studiums umgezogen und war nicht vor Ort gemeldet – ist das ein Problem?

Nein, wenn ihr die doppelte Haushaltsführung und damit eure Miete steuerlich absetzt, reichen meist der Mietvertrag oder die Kontoauszüge der Mietzahlungen aus, um den Wohnort und Zahlungen zu belegen. Eine Ummeldung zu diesem Wohnort ist steuerlich gesehen **nicht** von Nöten.

2.10 Welche alternativen Hilfestellungen existieren und bringen einen Vorteil?

In den letzten Jahren haben die Möglichkeiten am Markt immer mehr zugenommen seine Steuererklärung zu machen. Von der smarten Steuer-App über den klassischen Steuerberater bis hin zum Ratgeber. Nur, was ist der beste Weg die Steuer optimal zu gestalten? Ich gebe hierzu mein kurzes persönliches Feedback (Ausführliche Erklärungen findet ihr dazu auf meinem YouTube-Kanal).

Warum sollte man keine App aus dem Internet zum Absetzen meiner Steuer nutzen?

Ja, diese Frage kommt tatsächlich häufig. Es sieht so einfach und smart aus und die Werbung macht es besonders attraktiv. Ich habe nachfolgend ein Beispiel angeführt, um zu zeigen, warum es hierbei problematisch wird.

Abbildung 5: Beispiel aus einer Steuer-App.

Ihr seht in diesem Beispiel den Posten *„Sonstige Werbungskosten 4713 Euro"*. Der Finanzsachbearbeiter wird sich diese Angabe von euch auf jeden Fall belegen und aufschlüsseln lassen. Die Chance, dass ihr dann sofort alle Posten belegen müsst, ist dadurch **außergewöhnlich hoch**. Der Arbeitsaufwand dessen ist immens.

Zudem kenne ich zahlreiche Studierende, die sich durch diese Apps geklickt haben. Tiefgründiges Wissen war für die Handhabung nicht von Nöten. Dies hatte zumeist **zwei Nachteile**: Viele Kniffe und Werbungskosten (z.B. Reisekosten bei Nicht-Campus-Hochschulen, Absetzen diverser Arbeitsmittel) werden aufgrund der Unwissenheit oder Einfachheit der Apps verschenkt und auf mögliche Antworten des Finanzamtes mit der Bitte auf Sachverhalte einzugehen, konnten die App-Anwender nicht ausreichend antworten. Aus diesem Grund habe ich in diesen Fällen mit vielen Studierenden ihre Steuererklärung nochmal von Anfang an aufgerollt und häufig ein Vielfaches des ursprünglichen Betrages herausgeholt. Darüber hinaus kennen diverse Steuer-Apps keinen Verlustvortrag, was natürlich den Supergau darstellt, und beenden die das Erstellen der Steuererklärung mit der Feststellung, es sei keine Steuerrückerstattung möglich.

Ich persönlich arbeite seit meiner Berufstätigkeit gerne mit der **Steuertipps-Software**. Dafür ist diese einfach ideal, weil sie gut durch das Programm und die Problemstellung als Angestellter führt. Für die **Problemstellung „Studium absetzen"** ist sie leider nicht optimal gestaltet und verhindert viele gute Ansatzpunkte. Folglich rate ich beim Absetzen von Studienkosten von Apps oder Programmen (auch ELSTER), die auf den ersten Blick smart wirken, auf den zweiten aber zu viel Arbeit im Nachgang bereiten, definitiv ab. Zudem helfen euch diese Apps/Anbieter nicht bei den möglicherweise auftretenden Einsprüchen weiter.

Warum sollte ich keinen Steuerberater zur Hilfe nehmen?
Es ist wie mit den verschiedenen Steuer-Apps. Die Ausbildung der Steuerberater ist einfach nicht auf die Problematik der Studierenden ausgelegt. Ich habe zahlreiche Steuererklärungen für Studierende von Steuerberatern gesehen. Diese waren **zu 90%** nicht gut.[60] Das behaupte ich nicht, weil ich mich über Steuerberater stellen möchte. Aber die Qualität der ausgestellten Verlustvorträge war oft mangelhaft und für eine solche Leistung auch oft viel zu teuer. Das Steuerberater-Honorar richtet sich nach der Einkommenshöhe des Klienten. Bei Studierenden fällt dies dementsprechend gering aus und daher fehlt möglicherweise einigen Steuerberatern die Motivation einen ordentlichen Verlustvortrag zu erstellen. So wird meist das Minimum einer Steuererklärung erledigt und nur die bezahlten Steuern (wenn ein höheres Einkommen in diesem Jahr bestand) zurückgeholt. Einen Verlustvortrag im Sinne des Buches habe ich bisher bei keiner Steuererklärung eines Steuerberaters gesehen. Häufig nimmt die Situation von Studierenden auch eine Grauzone oder Sonderstellung im Steuerwesen ein, welche von Steuerberatern nicht abgedeckt wird.

Als Beispiel möchte ich hierzu eine Begebenheit erzählen. Ein Kunde ließ sich seinen Verlustvortrag von mir erstellen, ehe er wegen eines Erbschaftssteuerfalles doch einen Steuerberater aufsuchen musste. Der Kunde nahm den von mir vorbereiteten Verlustvortrag zum Steuerberatertermin mit. Während des Termins wollte der Steuerberater ihn davon überzeugen, dass ein Hochschulstudium steuerlich nicht absetzbar sei. Ich musste dem Ganzen Nachdruck verleihen, damit der Steuerberater doch noch versuchte, das Studium abzusetzen und schließlich erfolgreich damit war.

Deshalb kann ich nur dazu raten, den Verlustvortrag selbst zu erledigen!

Warum keine Internetseiten oder Foren zur Hilfe nehmen?
Die Recherche, und das werdet ihr vermutlich bereits gemerkt haben, nach dem Wissen rund ums Absetzen der Studienkosten gestaltet sich schwierig. Einige Verfahren bezüglich Reisekosten bei Auslandsaufenthalten von Studierenden (s. Finanztest 06/20) sind noch nicht vollumfänglich seitens der Gerichte geklärt beziehungsweise werden öfters widerrufen und können daher nicht immer aktuell beantwortet werden. Zudem sind viele Informationen auf Internetseiten oder in Internetforen **stark** veraltet und entsprechen somit nicht mehr der aktuellen Rechtsprechung. Darüber hinaus kann man sich auf diese Aussagen bei Nachfragen des Finanzamtes selten berufen.

Eine Übersicht über Gesetzesänderungen der vergangenen sieben Jahre findet ihr entweder in den entsprechenden Kapiteln oder explizit im letzten Kapitel des Ratgebers vermerkt. Wer stets aktuell informiert werden möchte, dem lege ich meine Instagram-Seite (Blog über das Absetzen von Studienkosten: **www.instagram.com/studiumabsetzen**) ans Herz. Hier werde ich immer aktuelle Informationen zu neuen Gerichtsurteilen und steuerlichen Veränderungen bereitstellen.

In Summe kann man sagen, dass weder Apps, Internetseiten oder Steuerberater euch Kniffe verraten, die euch dabei helfen, eure Steuererklärung zu optimieren. Genau hier setzt dieser Ratgeber an. Ich versuche euch dabei zu begleiten, das **absolute Optimum** aus eurem Studium per Steuererklärung zurückzuholen.

---

[60] Das bedeutet allerdings nicht, dass Steuerberater keine Ahnung von der Materie hätten oder es nicht doch Steuerberater gibt, die sich in die Thematik einlesen. Mir ist leider nie ein ordentlich durchgeführter Verlustvortrag vorgelegt worden.

3 ABLAUF DES VERLUSTVORTRAGS

Kurz vorab zum Ablauf der Steuererklärung (bzw. des Verlustvortrags): Der **erste Schritt (Ist die Abgabe noch möglich oder habe ich bereits eine Steuererklärung für das Jahr abgegeben?)** sollte sein, sich im Klaren zu sein, inwieweit man welche Kosten absetzen kann. Welches Studium kann ich absetzen? Habe ich in den letzten Jahren bereits eine Steuererklärung abgeben und kann hierdurch keine weitere Steuererklärung mehr für dieses Jahr abgeben? Sofern ihr noch die Möglichkeit besitzt, eine Steuererklärung/Verlustfeststellung abzugeben, kommt der zweite Schritt.

Der **zweite Schritt (Welche Einnahmen und Ausgaben hatte ich?)** sollte sein, sich Gedanken über die Ausgaben (und ebenso Einnahmen) zu dieser Zeit zu machen: Dies bedeutet, Kontoauszüge zu checken, eine Liste mit Ausgaben zu erstellen und den eigenen Lebenslauf daneben zu legen und abzugleichen, welche Kosten in welchem Studium anfielen. Plant hierfür ausreichend Zeit ein (je Steuerjahr ungefähr 10 bis 20 Arbeitsstunden) und notiert auch Kosten, die euch vielleicht unterwegs im Alltag aus dieser Zeit wieder einfallen.

Als **dritter Schritt (Wie übertrage ich die Einnahmen und Ausgaben?)** folgt die eigentliche Steuererklärung (bzw. der Verlustvortrag) des entsprechenden Jahres. Ihr füllt mit euren gesammelten Einnahmen und Ausgaben die Excel-Dateien[61] und Steuerformulare (inkl. entsprechender Anlagen) aus und prüft hierbei, inwieweit ihr noch weitere Ausgaben wiederfindet.

Im **vierten Schritt (Wo gebe ich die Unterlagen ab?)** folgt die Abgabe der Unterlagen[62]: Diese werden <u>vollständig</u> (ohne Rechnungen[63]) bei eurem zuständigen Finanzamt[64] in einem Umschlag zusammengeheftet abgegeben und damit startet das Warten auf den Steuerbescheid.

Der **fünfte Schritt (Ist der Steuerbescheid in Ordnung?)** ist unterteilt in <u>drei verschiedene Möglichkeiten</u>. Bei **5.1.** erhebt ihr Einspruch. Der Finanzbeamte möchte zwar keine Unterlagen mehr einsehen, allerdings seid ihr mit dem **Ergebnis des Steuerbescheides <u>nicht</u> einverstanden.** Dieses Resultat kann mehrere Gründe haben: Beispielsweise, weil Sonderausgaben statt Werbungskosten oder insgesamt zu wenig eurer Kosten angerechnet wurden.[65] Dieser Schritt des Einspruches kann beliebig oft wiederholt werden (Hierbei bloß keine falsche Scheu) bis es zu einer Einigung kommt oder die Rechtsbehelfsstelle des Finanzamtes den Fall entscheidet. Ihr müsst nur daran denken, die Einspruchsfristen einzuhalten. Dazu aber später mehr.

Bei **5.2** antwortet ihr auf das Schreiben des Beamten, der noch Unterlagen (Rechnungen, Studienbescheinigungen oder Abschlusszeugnisse) anfordert. Ihr habt für das Einreichen der Informationen meist **einen Monat Zeit.** Folglich solltet ihr Vieles schon vorher zusammengetragen haben, um unnötigen Stress zu vermeiden. Benötigt ihr mehr Zeit, so meldet euch frühzeitig beim Finanzamt und bittet um Fristaufschub.[66]

---

[61] Werden im weiteren Buchverlauf noch vorgestellt.

[62] Excel-Blätter, Anlage N und Mantelbogen, Ausdruck elektronischer Lohnsteuerbescheinigung, **keine Rechnungen**.

[63] Sind zunächst nicht mit abzugeben, sondern nur bei Nachfrage nachzureichen.

[64] Finanzamt am Ort des Erstwohnsitzes.

[65] Vgl. Kapitel 7.

[66] Der Fristaufschub wird i. d. R. auch jedem gewährt.

Bei **5.3.** akzeptiert ihr den zugesandten Steuerbescheid. Ihr seid mit diesem vollumfänglich zufrieden. Der Finanzbeamte hat euch die meisten oder alle Kosten anerkannt. Der Sachverhalt schließt sich automatisch, wenn ihr in dem **folgenden Monat** nach Erhalt des Bescheides euch nicht mehr beim Finanzamt meldet.

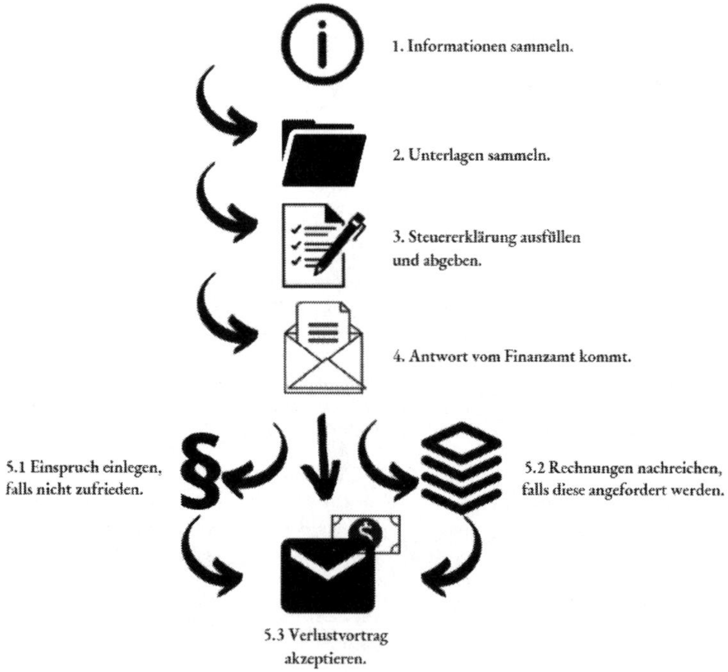

Abbildung 6: Ablauf einer optimalen Steuererklärung.

4 VERLUSTVORTRAG ERSTELLEN

Nun kennt ihr die Grundidee des Verlustvortrags und wisst, worauf es bei einem **Verlustvortrag** ankommt. Der erste Teil wäre also geschafft und die Grundlagen für das weitere Vorgehen gelegt. Jetzt folgt die **praktische Herangehensweise** der steuerlichen Ermittlung eurer Einnahmen und Ausgaben. Diese müssen jeweils nach Kalenderjahr getrennt (Veranlagungszeitraum immer ein Kalenderjahr) bearbeitet werden.[67] Dies bedeutet für jedes Steuerjahr nutzt man separate Steuerformulare und Anlagen. Meine vorgefertigten Excel-Dateien, die euch hierbei unterstützen, kann man über meine Instagram-Seite, meinen Etsy-Web-Shop (studiumabsetzen) oder E-Mail-Kontakt-Adresse erstehen oder ihr fertigt euch eigene Dateien an.

Die Beispiele meiner Excel-Templates seht ihr im weiteren Verlauf dieses Ratgebers.

4.1 Einkünfte

Beginnen wir das Thema Steuern mit dem worauf auch Steuern bezahlt werden: **den Einnahmen und Einkünften.** Natürlich haben viele von euch nicht nur Ausgaben, sondern auch Einkünfte während des Studiums erwirtschaftet. Wie genau welche Einkünfte steuerlich behandelt werden, wird nun im Folgenden genauer betrachtet. Dieses Wissen über Versteuerung von Einkommen kann euch bedeutende Vorteile bei der Ermittlung des Verlustvortrags bringen.

Zu- und Abflussprinzip[68]: Das Zu- und Abflussprinzip besagt, dass alle Einkünfte oder Ausgaben in dem Kalenderjahr abgesetzt werden, in welchem die Zahlung eingeht oder ausgeht (Rechnungsdatum nicht entscheidend). Ausnahmen hiervon sind +/- 10 Tage um den Jahreswechsel, ebenso wie wiederkehrende Zahlungen (Lohn)[69] und Abschreibungen.

Beispiel: Wird die Semestergebühr für das Sommersemester 2019 am 10.12.2018 bezahlt, so ist diese im Steuerjahr 2018 abzusetzen und nicht im Steuerjahr 2019, obwohl die Gebühr für eine Leistung im Jahre 2019 gezahlt wurde.

Euer Gehalt oder euren Lohn belegt ihr dem Finanzamt mit dem **Ausdruck der elektronischen Lohnsteuerbescheinigung**. Diesen Ausdruck erhält man von seinem Arbeitgeber in einem Angestelltenverhältnis – unabhängig der Anstellungsart und Bezahlung. Für jedes Arbeitsverhältnis und jedes Steuerjahr gibt es einen separaten Ausdruck. Hierauf sind der Bruttolohn, die Lohnsteuer, die Vorsorgeaufwendungen (z.B. Arbeitslosen-, Renten- und Krankenversicherung), die Anschrift des Arbeitgebers und eure Steuernummer aufgelistet. Ebenso ist die eTIN, kurz für electronic Taxpayer Identification Number, hier hinterlegt. Diese ist bei jedem Beschäftigungsverhältnis anders und kann auf die erste Seite der Anlage N übertragen werden.

---

[67] Vgl. Zu- und Abflussprinzip.

[68] § 11 Abs. 2 EStG.

[69] Kommt der Dezember-Lohn erst Mitte Januar ist dieser trotzdem für das letzte Jahr zu versteuern.

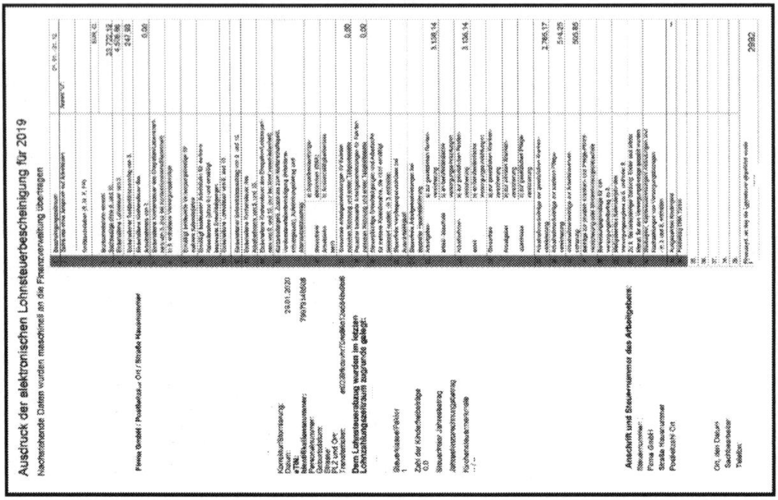
Ausdruck der elektronischen Lohnsteuerbescheinigung für 2019

Nachstehende Daten wurden maschinell an die Finanzverwaltung übertragen

Abbildung 7: Ausdruck der elektronischen Lohnsteuerbescheinigung.

In diesem Ratgeber werden nur Einkünfte thematisiert, die ein:e „typische:r" Student:in aufbringt. Einkünfte aus Mieten, Kapitalerträge oder Erbschaften wären zu umfassend und bei der Mehrheit der Studierenden nicht der Thematisierung notwendig.

4.1.1 Lohn aus Mini-Jobs bis 520 Euro/Monat

Der typische Studierendenjob ist sicherlich der auf 450-Euro-Basis (wird 2022 erhöht auf 520 Euro). Egal ob beim Discounter an der Kasse, Hilfskraft an der Uni oder Nachhilfe-Lehrer an einer Institution. Bei 450-Euro-Jobs ist meist eine **Pauschalversteuerung des Arbeitgebers**[70] hinterlegt. Dies bedeutet, der Arbeitgeber zahlt eine Pauschalabgabe an die Mini-Jobzentrale und folgerichtig sind eure Steuerschulden getilgt. Ihr müsst diese Einkünfte des 450-Euro-Jobs, sofern eine Pauschalbesteuerung vorliegt, nicht weiter an das Finanzamt melden. Versteuert euer Arbeitgeber euch nicht pauschal, so seid ihr verpflichtet diese Einkünfte auf der Anlage N anzugeben. (Bitte fragt hierzu bei eurem Arbeitgeber nach, wie ihr versteuert wurdet, denn auf der Lohnsteuerbescheinigung ist dies nicht ersichtlich.) Bei einem pauschalversteuerten Nebenjob dürfen keine Werbungskosten, die mit diesem in Verbindung stehen, abgesetzt werden.[71]

ACHTUNG: Seid ihr familienversichert, dürft ihr nicht mehr als 450 Euro/Monat (ab 2021: 520 Euro) verdienen, um nicht den Anspruch auf Familienversicherung zu verlieren.

Auch beim BAföG kann es sein, dass ihr zumindest einen Teil zurückzahlen müsst, solltet ihr neben eurem Studium zu viel verdienen!

[70] §§ 40, 41, 42 EStG: Das pauschal versteuerte Einkommen wird nicht in eure Einkommensteuerermittlung aufgenommen. Meist wird es dadurch erkennbar, dass ihr selbst keine oder nur sehr geringe (meist 2% bei Arbeitslohn bis 400 Euro, 20% bei mehr als 400 Euro Arbeitslohn) Lohnsteuer (s. Ausdruck elektronische Lohnsteuerbescheinigung) gezahlt habt oder ein „P" als Kürzel auf der Lohnabrechnung vermerkt ist. Es lohnt sich jedoch beim Arbeitgeber diesbezüglich nachzufragen.

[71] § 3c EStG.

4.1.2 Lohn aus Tätigkeiten mit mehr als 520 Euro/Monat

Bei vielen Praktika ist es durch das Mindestlohngesetz[72] nicht mehr möglich unter der 450-Euro-Grenze zu verdienen. Auch viele Nebenjobs führen dazu, über diese Grenze hinaus entlohnt zu werden. Ob euch euer Arbeitgeber pauschal versteuern kann, gilt es im persönlichen Gespräch abzuklären. Sind die Einnahmen nicht bereits pauschal versteuert, so müssen diese von der elektronischen Lohnsteuerbescheinigung in die Anlage N Seite 1 ab Zeile 6 übertragen und dem Finanzamt gemeldet werden![73]

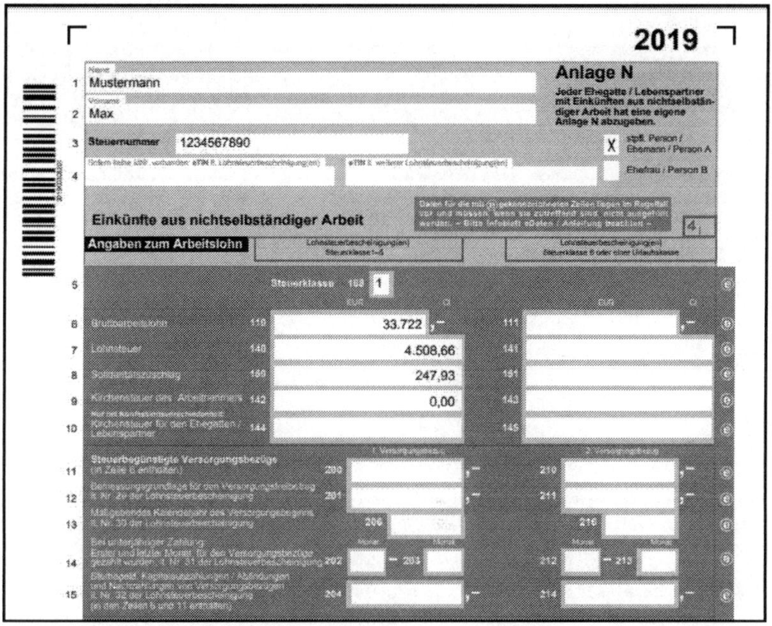
2019

Anlage N

Jeder Ehegatte / Lebenspartner mit Einkünften aus nichtselbständiger Arbeit hat eine eigene Anlage N abzugeben.

1 Name: Mustermann

2 Vorname: Max

3 Steuernummer 1234567890

X stpfl. Person / Ehemann / Person A

Ehefrau / Person B

Einkünfte aus nichtselbständiger Arbeit

Angaben zum Arbeitslohn

5 Steuerklasse 168 1

6 Bruttoarbeitslohn 110 33.722,–

7 Lohnsteuer 140 4.508,66

8 Solidaritätszuschlag 150 247,93

9 Kirchensteuer des Arbeitnehmers 142 0,00

Abbildung 8: Anlage N – Einfügen des Lohnes in das Steuerformular.

Als Werbungskosten für den Nebenjob könnt ihr die Reisefahrkosten und den Verpflegungsmehraufwand geltend machen: Ihr könnt den Weg zum Nebenjob steuerlich mit dem Hin- und Rückweg (Gesamtfahrstrecke * 0,30 Euro/km) angeben. Zusätzlich könnt ihr, sofern ihr die Voraussetzungen erfüllt, einen Pauschalbetrag für Verpflegungsmehraufwand absetzen.[74]

4.1.3 Aufwandsentschädigungen

Aufwandsentschädigungen, wie z.B. beim Blut- oder Plasmaspenden oder bei freiwilligen Umfragen (Testlabore) an der Hochschule, Teilnahme an Umfragen, Aufwandsentschädigungen für eh-

[72] Ausnahmen der Mindestlohnregelung sind z.B. Pflicht-Praktika oder Praktika, die bis zu drei Monaten dauern. Daher können diese Formen eine Ausnahmeregelung beinhalten. Pflicht-Praktika dürfen nicht pauschal besteuert werden.

[73] Seit 2019 werden auch viele Einkünfte voll elektronisch durch den Arbeitgeber an das Finanzamt gemeldet. Dann müsst ihr diese Einkünfte nicht mehr in die Steuerformulare übertragen.

[74] Dieses Thema wird im späteren Verlauf bei Betrachtung der Ausgaben noch ausgiebig thematisiert.

renamtliche Tätigkeiten usw. stellen keine steuerlichen Einnahmen dar und bedürfen daher keiner Angabe in der Steuererklärung.[75] Ebenso sind Zuschläge für Sonn- oder Feiertagsarbeit steuerfrei.

4.1.4 Kindergeld und finanzielle Unterstützung der Eltern

Wird das **Kindergeld** an euch überwiesen, so müsst ihr dies steuerlich **nicht** als Einkommen angeben. Gleiches gilt für die monetäre **Unterstützung der Eltern oder Großeltern**. Diese Gelder sind einkommensteuerfrei zu behandeln. Erhaltet ihr noch Kindergeld, so ist es ratsam darauf zu achten, nicht zu viel während des Studiums dazu zuverdienen, um beispielsweise weiter Anspruch auf die Familienkrankenversicherung zu erhalten.

Geldgeschenke: Bekommt ihr von Eltern oder Verwandten Geldgeschenke für die Ausbildung, so müssen diese Geldgeschenke nicht als Einnahmen angeben werden!

Finanzielle Unterstützung: Es ist vorteilhaft, jedoch kein Muss, im Rahmen des Absetzens der Studienkosten, dass ihr alle Rechnungen selbst bezahlt und euch die finanzielle Unterstützung eurer Eltern oder Verwandten vorab überweisen lasst. Dies erleichtert das spätere Verfahren mit dem Finanzamt.[76]

4.1.5 BAföG, Stipendien und Preisgelder

Ausbildungsförderungen wie **BAföG** und **Stipendien** zählen nicht zum klassischen Lohn / Entgelt und auch nicht zu den besteuerten Einkünften. Bei BAföG bleiben beide Teile (zinsloses Darlehen und Zuschuss) einkommensteuerfrei. Auch Stipendien, die von einem Verein oder einer staatlichen Stiftung bezahlt werden und mit keinem Arbeitsverhältnis in Verbindung stehen, bleiben von der Einkommensteuer unberücksichtigt. Denn diese Einnahmen sind für eure persönliche Lebensführung während der Ausbildung bestimmt.[77] Nicht einkommensteuerfrei ist beispielsweise das EXIST-Gründerstipendium, welches mit einem Arbeitsverhältnis in Verbindung steht (**Übersicht Stipendien**: OFD Frankfurt vom 29.03.2017, S. 2121).

Stipendien: Stipendien sind – ähnlich wie **BAföG** – keine steuerlich zu berücksichtigende Einnahme für das Finanzamt. Steht das Stipendium oder BAföG allerdings in einem **zweckgebundenen Zusammenhang** (z.B. bei einem Auslandssemester für eine Deckung des Mehrbedarfs), so können die Ausgaben dieses Zwecks nicht mehr als Werbungskosten angerechnet werden bzw. müssen verrechnet werden. Erhaltet ihr also finanzielle Unterstützung für auswärtige Unterbringung im Ausland, so müsst ihr eure Unterkunftsausgaben um die Höhe der Leistung kürzen.

Einzig, sobald euch ein Stipendium / BAföG für einen speziellen Kostenfall gezahlt wurde, müsst ihr eure entstandenen Werbungskosten um diesen Betrag kürzen (z.B. Studiengebühren[78]). Erhaltet ihr z.B. ein Bücherstipendium i.H.v. 300 Euro, so müsst ihr die Ausgaben für Fachliteratur (sofern diese auftreten) um die Höhe des Stipendiums kürzen und die verbleibenden Kosten als Werbungskosten absetzen. Bei höheren Stipendien (z.B. für Studiengebühren) würde ich euch raten, dies dem Finanzamt mitzuteilen, allerdings auch diesem das Anrechnen zu überlassen. Möglicherweise unterläuft dem Finanzamt hierbei ein Fehler und ihr könnt eine Menge Geld sparen.

---

75 § 3 Nr. 26 EStG: bis 720 Euro.

76 Eure Eltern können die Unterhaltskosten bis zu einem Höchstbetrag von 8.820 Euro (2017) pro Jahr als „außergewöhnliche Belastungen" geltend machen, um die eigene Steuerlast zu senken (Voraussetzung: Das zu unterstützende Kind darf keinen Anspruch auf Kindergeld haben). Bei unter 25 Jahren sollten die Eltern den Ausbildungsfreibetrag nutzen.

77 FG Köln, Urteil vom 15.11.2018 – Az. 1 K 1246/16.

78 FG Köln, Urteil vom 20.05.2016 – Az. 12 K 562/13.

Ein zwiespältiges Problem bildet z.B. dabei das ***Deutschlandstipendium***. Die Debatte hierum ist groß und folglich solltet ihr bei eurem Finanzamt und eurer Hochschule abklären, inwieweit dieses Stipendium zweckgebunden ist. In meinen Augen sollte dieses Stipendium wie BAföG – also nicht zweckgebunden – steuerlich gewertet werden.

Aber auch zahlreiche ***andere Stipendien*** sind nicht klar definiert hinsichtlich ihrer Behandlung in der Steuererklärung. Ich empfehle euch diese in einem separaten Schreiben kurz darzulegen und das Finanzamt darüber entscheiden zu lassen, inwieweit euer Stipendium auf mögliche entstandene Kosten angerechnet wird.

Preisgelder aus Wettbewerben oder -kämpfen sind ein steuerlich komplexes Thema. Sofern diese kein Lebenswerk auszeichnen, sind diese meist **einkommensteuerpflichtig** und müssen bei der Steuererklärung angegeben und versteuert werden.

4.1.6 Verkäufe auf Flohmarkt oder Ebay

Verkäufe von Alltagsgegenständen (z.B. Kleidung oder Bücher aus dem Studium) auf Ebay oder dem örtlichen Flohmarkt müssen **nicht** in der Steuererklärung angegeben werden. Betreibt ihr dies jedoch mit einer regelmäßigen Gewinnerzielungsabsicht, so müsst ihr auf eure Verkäufe Steuern zahlen und diese in der Steuererklärung angeben.

4.1.7 Ehrenamts- und Übungsleitertätigkeiten

Aufwandsentschädigungen oder Vergütungen für ein **Ehrenamt**, einer **Dozentenstelle** (auch Tutorentätigkeiten an der Hochschule) oder als Übungsleiter haben eine Sonderstellung im Steuerwesen. Als ehrenamtlicher Helfer, etwa im Altenheim, Sportverein oder Vereinsarbeit, werdet ihr vom Finanzamt durch euren Einsatz steuerlich begünstigt.

Für das Ausführen eines Ehrenamtes erhaltet ihr einen **Ehrenamtsfreibetrag von 720 Euro (§ 3 Nr. 26 a EStG)** (840 Euro ab 2021). Alle ehrenamtlichen Tätigkeiten im **pädagogischen** Bereich (z.B. Ausbilder, Übungsleiter, Dozent oder Trainer) können eine **Übungsleiterpauschale von 2.400 Euro pro Jahr (§ 3 Nr. 26 S. 1 EStG)** (3.000 Euro ab 2021) als Werbungskosten geltend machen. Dies bedeutet, dass Einnahmen (Gesamtvergütung der Tätigkeit in Anlage N Zeile 26) aus einer solchen Tätigkeit erst versteuert werden müssen, wenn diese den Freibetrag übersteigen.

Die beiden Freibeträge lassen sich <u>nicht</u> für eine Tätigkeit kombinieren und sind an Bedingungen geknüpft: Sie müssen nebenberuflich erfolgen[79] und bei einer öffentlich-rechtlichen oder gemeinnützigen Organisation ausgeübt werden.

4.1.8 Beispiele für Einkünfte

Zur besseren Illustration werden nach jedem Kapitel ein paar Beispiele der theoretischen Inhalte besprochen. Zur Vereinfachung heißen die Personen A & B.

Fall 1: A hatte mehrere (nicht zeitgleiche) Nebenjobs auf 450-Euro-Basis, die allesamt pauschalversteuert wurden. Zusätzlich erhält diese noch den Höchstsatz BAföG. Welches Einkommen und Ausgaben muss A dem Finanzamt in Zusammenhang mit den Jobs mitteilen?

Einkommen: Die 450-Euro-Jobs und das BAföG sind schon versteuert bzw. steuerfrei. Demnach muss die Person keine Einkünfte dem Finanzamt mitteilen.

[79] Seid ihr immatrikuliert, so erfüllt ihr diese Anforderung durch den Beruf als Student:in.

Ausgaben: Da die Nebenjobs pauschalversteuert wurden, darf der bzw. die Steuerpflichtige auch keine Werbungskosten für diese Tätigkeit absetzen.

Fall 2: B hat einen nicht pauschalversteuerten 450-Euro-Job und ein Praktikum zum Mindestlohn. Zusätzlich erhält er ein Bücherstipendium zu 300 Euro. Was muss er dem Finanzamt angeben?

Einnahmen: Der 450-Euro-Job muss beim Finanzamt angegeben werden. Allerdings gilt es zu prüfen, wie das Praktikum seitens des Arbeitgebers gemeldet wurde. Wurde dieses nicht pauschalversteuert, so muss B die Einkünfte hieraus in der Anlage N angeben. Das Bücherstipendium muss nicht als Einkommen angegeben werden.

Ausgaben: Bei den Ausgaben können, wie bei Person A, die Reisekosten inklusive Verpflegungsmehraufwand, sowohl beim Praktikum als auch beim Nebenjob angegeben werden. Das Bücherstipendium muss mit den Werbungskosten (falls Fachliteratur gekauft wurde) gegenrechnet werden. Kauft B keine Fachliteratur, so muss er nichts angeben.

4.1.9 Überführen der Einkünfte in Steuerformulare

Als Beispiel wurden die Werte des Bruttoarbeitslohnes, der Lohnsteuer, des Solidaritätszuschlages und der Kirchensteuer aus der Abbildung „Ausdruck der elektronischen Lohnsteuerbescheinigung" in die Abbildung „Anlage N – Einfügen des Lohnes in das Steuerformular" übertragen. Die verbleibenden Beträge der Kranken- und Rentenversicherung (Ausdruck elektronischer Lohnsteuerbescheinigung Nr. 15 ff.) werden in die Anlage Vorsorgeaufwendungen überführt. Beispiele hierzu findet ihr im Kapitel 5.

4.2 Steuerlich absetzbare Aufwendungen

Den Einnahmen stehen verschiedene **absetzbare Aufwendungen** während des Studiums gegenüber. Zu diesen Arten der Aufwendungen gehören **Werbungskosten, Sonderausgaben** und **Freibeträge**. Nicht abzusetzen sind **Kosten der privaten Lebensführung**. Auch Aufwendungen, denen kein direkter Geldabfluss (Pauschalen) zugeordnet ist, können steuerlich abgesetzt werden.

4.2.1 Werbungskosten

„*Werbungskosten sind Aufwendungen zur Erwerbung, Sicherung und Erhaltung der Einnahmen.*"[80] Folge dessen sind Werbungskosten Aufwendungen (nicht zwingend Kosten), die durch Ausüben einer Aus- bzw. Fortbildung oder Arbeit entstehen. Darin enthalten sind unter anderem Kosten für Arbeitsmittel[81], Fortbildungskosten[82] oder beruflich bedingte Fahrkosten[83]. Werbungskosten müssen zwingend mit der beruflichen Tätigkeit des Studiums in Verbindung stehen, um steuerlich abgesetzt werden zu können.

Erfüllt ihr diese Voraussetzungen, so können die Aufwendungen als Werbungskosten steuermindernd aufsummiert und euren (zukünftigen) Einkünften gegengerechnet werden. **Werbungskosten** haben verschiedene Untergruppierungen, die im Folgenden thematisiert werden. Diese Aufwendungen, die euch durch Ausbildung oder Arbeit entstehen, lassen sich in Fahrwege (Pendler- und Reisekosten), Arbeitsmittel / Fortbildungskosten und Unterhalt einer Wohnung am Arbeits- bzw. Ausbildungsort (doppelte Haushaltsführung) einteilen.

---

[80] § 9 Abs. 1 S. 1 EStG.

[81] § 9 Abs. 1 S. 3 Nr. 6 EStG.

[82] § 9 Abs. 6 S. 1 EStG.

[83] § 9 Abs. 1 S. 3 Nr. 5 EStG.

INFO: In eurer Erstausbildung könnt ihr die Ausbildungskosten nicht als Werbungskosten absetzen, sondern müsst diese als Sonderausgaben deklarieren.[84]

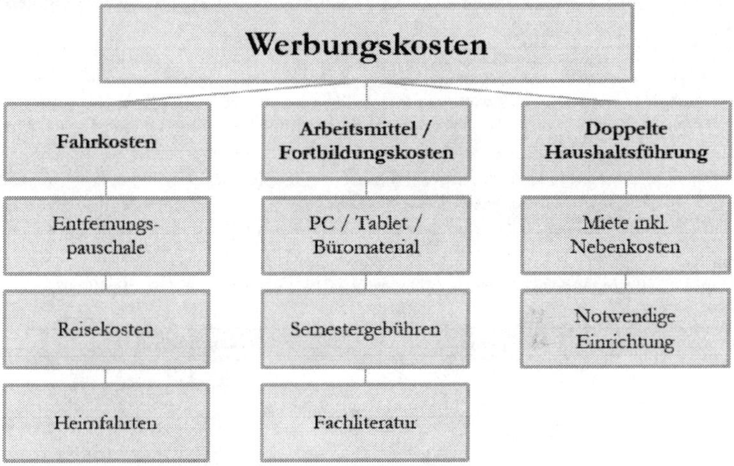

Abbildung 9: Übersicht – Werbungskosten.

4.2.1.1 Fahrkosten

Beginnen wir mit den Aufwendungen für Berufswege und auswärtige berufliche Aufenthalte. Hierunter fallen die sogenannte **Pendlerpauschale (=Entfernungspauschale)** und **Reisekosten**. Dies sind Kosten, die euch entstehen, sobald ihr euren Wohnsitz für eine berufliche oder ausbildungstechnische Tätigkeit verlasst.

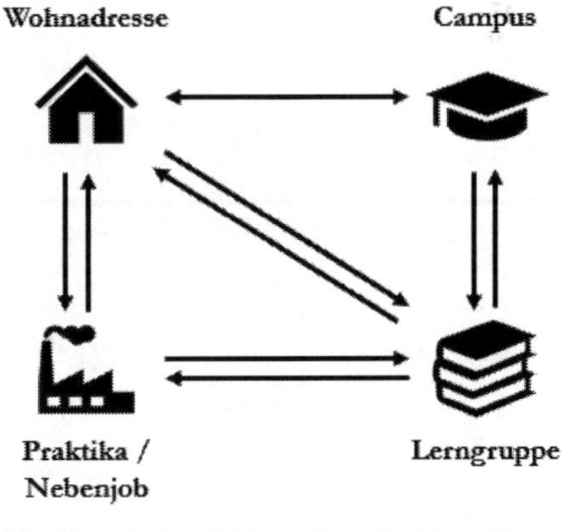

Abbildung 10: Übersicht – Fahrwegabrechnung bei Campus als erste Tätigkeitsstätte.[85]

[84] § 10 Abs. 2 EStG: Ausnahme duale Erstausbildung.

Pendlerpauschale (=**Entfernungspauschale**) ist der Aufwand für die Anreise zu eurer ersten Tätigkeitsstätte (hier: die Hochschule / Campus). Ihr erhaltet hierfür eine Wegepauschale von 0,30 Euro pro Kilometer Entfernung für den **einfachen Fahrweg**. Ab dem 1. Januar 2021 erhöht sich die Entfernungspauschale ab dem 21. Kilometer von 0,30 auf 0,38 Euro pro Kilometer (**erhöhte Entfernungspauschale**).

Einfache Strecke (Ganzer Kilometer) x Anzahl Tage x 0,30 Euro

Reisekosten (=berufliche Auswärtstätigkeiten) sind die Kosten, die euch in Zusammenhang mit eurer Ausbildung oder Arbeit entstehen und nicht am Ort des Wohnsitzes oder der ersten Tätigkeitsstätte entstehen: z.B. Fahrten zu Nebenjob, Lerngruppe, Job- oder Studienwahlmessen, Exkursionen oder Studierendeninitiativen wie AStA, bonding oder AISEC (abseits des Campus[86]), Praktika oder im Auslandssemester. Hierfür könnt ihr die Fahrkostenpauschale (0,30 Euro/km) für **die gesamte Strecke (Hin- und Rückweg[87])** angeben und zusätzlich noch den **Verpflegungsmehraufwand** (bei Abwesenheit von mehr als acht Stunden) geltend machen. Praktika und Werkstudierendentätigkeiten stellen **keine** weitere erste Tätigkeitsstätte dar, sondern gelten als Auswärtstätigkeit.[88]

Gesamte Strecke (Ganzer Kilometer) x Anzahl Fahrten x 0,30 Euro

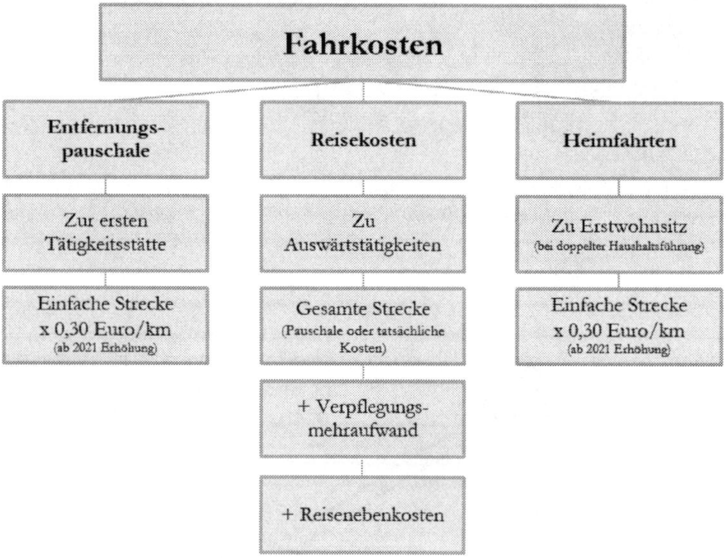

Abbildung 11: Übersicht – Fahrkostenabrechnungen.

---

85 Vgl. „Berger“: „Sofern eine Nicht-Campus-Hochschule besucht wird, gilt nur der Lehrstuhl als erste Tätigkeitsstätte. Tätigkeiten abseits des Lehrstuhls (z.B. Vorlesungen im Audimax, Hörsaalgebäude) sind als Reisetätigkeiten zu behandeln. **Achtung:** Reisefahrtkosten nur bei Fahrten mit PKW, Motorrad/-roller absetzbar oder tatsächliche Kosten der öffentlichen Verkehrsmittel.“

86 Ausnahme s. Quelle „Berger“, Lerngruppen können aber auch an anderen Hochschulen/Bibliotheken oder bei Freunden stattfinden und somit als Reisekosten gelten.

87 Sofern mit eigenem PKW/Motorrad zurückgelegt oder Ticket der öffentlichen Verkehrsmittel.

88 BFH, Urteil vom 14.05.2020 – Az. VI R 3/18.

Die erste Tätigkeitsstätte ist die ortsfeste „betriebliche" Einrichtung des Arbeitgebers, die dem Arbeitnehmer dauerhaft zugeordnet ist. Jede:r Arbeitnehmer:in (in eurem Fall Student:in) kann nur eine erste Tätigkeitsstätte pro Dienstverhältnis haben.[89] Für euch als Student:in ist diese Darstellung natürlich schwer umsetzbar. Trotzdem gilt als Student:in für euch der entsprechende Lehrstuhl an der Hochschule als erste Tätigkeitsstätte. Denn es gibt den Gesetzestextzusatz: „*Fehlt eine solche dienst- oder arbeitsrechtliche Festlegung auf eine Tätigkeitsstätte oder ist sie nicht eindeutig, ist die erste Tätigkeitsstätte die betriebliche Einrichtung, an der der Arbeitnehmer dauerhaft typischerweise arbeitstäglich tätig werden soll oder je Arbeitswoche zwei volle Arbeitstage oder mindestens ein Drittel seiner vereinbarten regelmäßigen Arbeitszeit tätig werden soll*".[90]

Bei **dualen oder berufsbegleitenden Studierenden** ist die Hochschule die **erste Tätigkeitsstätte**. Die Praxissemester gelten demnach als Auswärtstätigkeit mit einer höheren Vergütung für Fahrkosten und Verpflegungsmehraufwand. Bei **Teilzeitstudierenden** ist der Arbeitgeber die erste Tätigkeitsstätte und die Hochschule (z.B. Fernuniversität) die Auswärtstätigkeit. Seid ihr während eines **„Gap-Years"** zwischen den Ausbildungsstufen nicht an einer Hochschule immatrikuliert, so gilt der Praktikumsort als erste Tätigkeitsstätte.

4.2.1.1.1 Entfernungspauschale

Die **Entfernungspauschale** erlaubt es, Kosten steuermindern geltend zu machen, welche dadurch entstehen, dass Personen zwischen Wohnung und ihrer ersten Tätigkeitsstätte pendeln. Pauschal könnt ihr jeden **einfachen Weg** zu eurer ersten Arbeitsstätte (Hochschule) mit 30 Cent je vollem[91] Kilometer absetzen.[92] Für die Entfernungspauschale[93] (umgangssprachlich Pendlerpauschale: „Pendeln zwischen Wohnadresse und Arbeitsstätte") existiert ein Höchstbetrag von **4.500 Euro im Jahr, sofern kein eigenes Fahrzeug genutzt wird.**[94] Mit der Pauschale sind – im Gegensatz zu den Reisekosten – auch Fahrtnebenkosten wie Parkgebühren oder Maut abgegolten. Möchte man Flüge oder eine höhere Pauschale als 4.500 Euro/Jahr absetzen, so wird vom Finanzamt nach Belegen für diese Fahrten/Flüge verlangt.[95] Hier wird das Finanzamt eventuell den Nachweis des Kilometerstandes des PKW oder die Vorlage der Tickets fordern.

Die Entfernungspauschale ist **verkehrsmittelunabhängig**. Das bedeutet, sie gilt in ihrer Höhe gleichermaßen für Fußgänger, Rad-, Motorrad-, Bus- und Bahnfahrer sowie für Autofahrer.[96] Ausnahme sind Flüge, welche mit ihren tatsächlichen Kosten abgesetzt werden müssen. Fahrt ihr in einer Fahrgemeinschaft zur Hochschule, so können alle Teilnehmende der Fahrgemeinschaft die volle Entfernungspauschale absetzen. Umwege, die durch Abholen weiterer Mitfahrer nötig sind, sind nicht absetzbar.

---

[89] § 9 Abs. 4 S. 5 EStG: Praktika, Werkstudierendentätigkeiten und Auslandssemester gehören dem Dienstverhältnis an der Hochschule an.

[90] § 9 Abs. 4 S. 4 EStG.

[91] Ist der Weg also 8,7 km lang, dürft ihr 8 km absetzen.

[92] Studierende dürfen Weg zur Uni voll absetzen: BFH, Urteil vom 09.02.12 – Az. VI R 42/11 und BFH, Urteil vom 09.02.12 – Az. VI R 44/10.

[93] § 9 Abs. 1 S. 3 Nr. 4 EStG.

[94] § 9 Abs. 1 S. 3 Nr. 4 S. 2 EStG. Deshalb könnt ihr bei Übersteigen der Höchstgrenze der Fahrt zur Uni z.B. in Fahrrad- (also Strecke zum Bahnhof) und Bahnstrecke unterscheiden und so einen höheren Betrag geltend machen.

[95] Ihr solltet daher vor allem bei Nachweisen von Heimfahrten Belege aufbewahren. Oder euch Fahrten von „Blablacar" belegen lassen (z.B. Screenshots der gebuchten Fahrt).

[96] Vor 2013 wurde ein Fahrrad nur mit 0,05 Euro/ km subventioniert.

Bei **mehreren Wohnungen** (z.B. WG-Zimmer und Zimmer bei den Eltern) könnt ihr die Fahrten von beiden Standorten zur Hochschule absetzen. Voraussetzung hierfür ist, dass der Wohnort der Eltern euer **Lebensmittelpunkt** ist und ihr diesen nicht nur gelegentlich aufsucht.[97]

Messen der Fahrtstrecken: Die angegebenen Wegstreckenentfernungen werden regelmäßig mit Routenberechnungsprogrammen, wie z.B. Google-Maps, vom Finanzamt überprüft. Diese Programme suchen dabei zumeist die kürzesten bzw. schnellsten Streckenverbindungen heraus. Infolgedessen ist **grundsätzlich die kürzeste Strecke zu wählen.** Nur ausnahmsweise kann eine längere Streckenverbindung gewählt werden, wenn folgende Merkmale vorliegen:

- Eine Zeitersparnis von mindestens 10%.[98]
- Der Zeitvorteil gilt unabhängig der Tageszeit.

Sonderfall Öffentliche Verkehrsmittel: Auch bei öffentlichen Verkehrsmitteln muss die kürzeste verkehrsmittelunabhängige Streckenverbindung (=Straßenentfernung) bei der Pendlerpauschale abgesetzt werden. Etwas Anderes gilt jedoch ausnahmsweise, wenn die tatsächlichen Kosten der öffentlichen Verkehrsmittel höher sind als die der Entfernungspauschale. Dann dürft ihr die tatsächlichen Kosten für die Fahrt zur ersten Tätigkeitsstätte geltend machen.[99]

ACHTUNG: Jedoch muss man sich bei **Fahrten zur ersten Tätigkeitsstätte** zwischen **pauschalen** und **tatsächlichen Kosten** entscheiden und diese bei allen Fahrten an die erste Tätigkeitsstätte im entsprechendem Steuerjahr anwenden.

Mobilitätsprämie (ab Steuerjahr 2021): Die Mobilitätsprämie ist eine befristete steuerliche Förderung für Geringverdiener, die zusätzlich zur erhöhten Entfernungspauschale für die Steuerjahre **2021 bis 2026** gewährt wird. Erhalten können diese Prämie alle Steuerpflichtigen, die unter dem **Steuerfreibetrag** verdienen – also auch Studierende in der Zweitausbildung. Euer Fahrweg zur ersten Tätigkeitsstätte muss mehr als 20 Kilometer betragen (erhöhte Entfernungspauschale), eure abgesetzten Werbungskosten müssen über der Werbungskostenpauschale liegen (daher ist die Mobilitätsprämie auch nicht für Personen in der Erstausbildung möglich) und ihr dürft **nicht** über den Einkommensteuergrundfreibetrag in entsprechendem Steuerjahr verdienen.

Berechnung der Mobilitätsprämie: Es werden 14% auf die erhöhte Entfernungspauschale (ab dem 21. Kilometer) gewährt, jedoch maximal 14% auf die Differenz zwischen zu versteuerndem Einkommen und Steuergrundfreibetrag und maximal der Betrag, der über der Werbungskostenpauschale (1.000 bzw. 1.200 Euro) als Werbungskosten abgesetzt wurde.

Fall 1: So beträgt euer z.v.E. im Jahr 2021 beispielsweise 7.500 Euro. Der Steuerfreibetrag (2021) beträgt 9.744 Euro. Euer Fahrweg in die Uni sind 50 Kilometer und ihr sucht diese 200-mal 2021 auf. So könntet ihr eine Entfernungspauschale von insgesamt 3.464 Euro[100] absetzen. Die Mobilitätsprämie ist maximal der Betrag Grundfreibetrag abzüglich zu versteuerndem Einkommen. Hier also 2.244 Euro. Da ihr jedoch nur 2.204 Euro erhöhte Entfernungspauschale abgesetzt habt, sind diese 2.204 Euro euer Höchstbetrag: 2.204 x 14% = 308,56 Euro (Mobilitätsprämie).

[97] FG Nürnberg, Urteil vom 25.07.2012 – Az. V K 1354/2009.

[98] BFH, Urteile vom 16.11.2011 – Az. VI R 19/11 und VI R 46/10.

[99] § 9 Abs. 2 S. 2 EStG.

[100] Gewöhnliche Entfernungspauschale (bis zum 21. Kilometer): 21 x 200 x 0,30 Euro/km = 1.260 Euro; Erhöhte Entfernungspauschale (ab 22. Kilometer): 29 x 200 x 0,38 Euro/km = 2.204 Euro.

Fall 2: Beträgt euer z.v.E. 2021 nun 9.000 Euro und ihr fahrt gleichbleibend 50 Kilometer zur Hochschule, so reduziert sich die Mobilitätsprämie, da nun die Differenz zwischen Grundfreibetrag und zu versteuerndem Einkommen herangezogen werden muss. Diese Differenz (744 Euro) ist niedriger als die abgesetzte erhöhte Entfernungspauschale und gilt als maximale Berechnungsgrundlage: 744 Euro x 14% = 104,16 Euro (Mobilitätsprämie), statt 243,60 Euro.

Um die Mobilitätsprämie zu erhalten, müsst ihr die **Anlage Mobilitätsprämie** ausfüllen und mit den Steuerunterlagen abgeben! Die Prämie wird erst ab 10 Euro ausgezahlt.

4.2.1.1.1.1 Beispiele für Entfernungspauschale

Ist eure erste Tätigkeitsstätte eine Campus-Hochschule, dann unterscheiden sich die Anfahrten an diese nicht. Egal, welche Einrichtung ihr an der Hochschule ansteuert, ihr dürft immer nur den einfachen Weg x 0,30 Euro/km einmalig pro Tag absetzen. Doch wie verhält es sich an Hochschulen, die sich über das Stadtgebiet verteilen oder falls man nach oder vor dem Besuch der Hochschule noch eine andere Tätigkeit (Lerngruppe, Werkstudierendenstelle) aufsucht?

A fährt morgens von Mannheim an die Uni Heidelberg (Nicht-Campus-Hochschule; Vgl. Berger) und besucht dort drei Einrichtungen (Berechnung noch ohne erhöhte Entfernungspauschale):

- Das Audimax (Auswärtstätigkeit).
- Die eigene Fakultät (Erste Tätigkeitsstätte).
- Die Bibliothek (Auswärtstätigkeit).

Fall 1: A fährt um 7 Uhr los und besucht zunächst die Fakultät (25 km Fahrweg), anschließend besucht er um 10 Uhr das Audimax (7 km Fahrweg) und geht danach bis 20 Uhr in die Bibliothek (3 km Fahrweg) und ist um 21:30 wieder in Mannheim (30 km).

A kann den einfachen Fahrweg zur Fakultät absetzen (25 km x 0,30 Euro/km = 7,50 Euro). Zudem kann er die Fahrten zwischen den weiteren Orten absetzen ((7 + 3 + 30) km x 0,30 Euro/km = 12 Euro). Zusätzlich kann er den Verpflegungsmehraufwand von 12 Euro absetzen (10 Uhr bis 21:30 Uhr > 8 Sunden nicht an der ersten Tätigkeitsstätte).

Fall 2: A fährt um 7 Uhr los und besucht zunächst die Bibliothek (30 km Fahrweg), anschließend besucht er um 8 Uhr das Audimax (3 km Fahrweg) und geht danach bis 12 Uhr in die Bibliothek (3 km Fahrweg) und ist um 15 Uhr wieder in Mannheim.

A kann den Hin- und Rückweg (Mannheim – Heidelberg Bibliothek – Mannheim) absetzen (30 km x 2 x 0,30 Euro/km = 18 Euro). Zudem kann er die Fahrten zwischen den weiteren Orten absetzen (3+3 km x 0,30 Euro/km = 1,80 Euro). Er kann zusätzlich auch den Verpflegungsmehraufwand von 12 Euro absetzen (7 Uhr bis 15 Uhr > 8 Stunden), da es sich um eine reine Auswärtstätigkeit (bei einer Nicht-Campus-Hochschule) handelte.

Fall 3: A fährt um 7 Uhr los und besucht zunächst die Bibliothek (30 km Fahrweg), anschließend besucht er um 8 Uhr die Fakultät (5 km Fahrweg) und geht danach wieder bis 12 Uhr in die Bibliothek (5 km Fahrweg) und ist um 15 Uhr wieder in daheim in Mannheim (30 km Fahrweg).

A kann den Hin- und Rückweg (Mannheim – Heidelberg Bibliothek – Mannheim) absetzen (30 km x 2 x 0,30 Euro/km = 18 Euro). Zudem kann er die Fahrten zwischen den weiteren Orten absetzen (5+5 km x 0,30 Euro/km = 3,00 Euro). Er kann **keinen** Verpflegungsmehraufwand von 12 Euro absetzen (zwar: 7 Uhr bis 15 Uhr > 8 Stunden), da er zwischenzeitlich an der ersten Tätigkeitsstätte (Fakultät) war.

4.2.1.1.1.2 Überführen Entfernungspauschale in Excel und Steuerformulare

Die Entfernungspauschale wird in Excel wie folgend aufgestellt. Ändert sich die Wohnanschrift (z.B. durch Umzug) oder die erste Tätigkeitsstätte (z.B. Hochschulwechsel), so müssen mehrere Excel-Blöcke ausgefüllt werden. Folglich müssen zusätzlich auf der Anlage N die Zeilen 32 und 36 genutzt werden. Ändert sich die Anfahrt nicht, so sind die Zeilen 31 und 35 ausreichend.

Entfernungspauschale zur ersten Tätigkeitsstätte

Die Fahrtkosten an die Hochschule (erste Tätigkeitsstätte) werden mit Abfahrt- und Zieladresse, sowie Start- und Enddatum im Jahr versehen. Zusätzlich müssen bei „Aufgesucht" die Tage der Anwesenheit und die einfache Streckenentfernung angegeben werden. Die Summe der Pendlerpauschale/Entfernungspauschale ergibt sich dann aus der bekannten Formel (jedoch bis maximal 4.500 Euro/Jahr). „Aufgesucht" bedeutet, an wie vielen Tagen die Hochschule von euch im entsprechendem Jahr besucht wurde.[101] Natürlich kann hier jede beliebige Zahl bis 365 eingesetzt werden, da es für das Finanzamt nicht nachvollziehbar ist, wie oft man tatsächlich die Hochschule aufgesucht hatte.[102] Jedoch rate ich, die Tagesanzahl in einem akzeptablen und nachvollziehbaren Rahmen zu belassen.

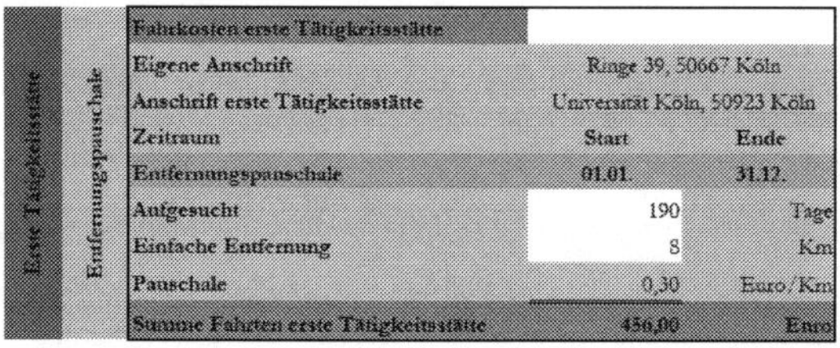

Erste Tätigkeitsstätte	Entfernungspauschale	Fahrkosten erste Tätigkeitsstätte		
		Eigene Anschrift	Ringe 39, 50667 Köln	
		Anschrift erste Tätigkeitsstätte	Universität Köln, 50923 Köln	
		Zeitraum	Start	Ende
		Entfernungspauschale	01.01.	31.12.
		Aufgesucht	190	Tage
		Einfache Entfernung	8	Km
		Pauschale	0,30	Euro/Km
		Summe Fahrten erste Tätigkeitsstätte	456,00	Euro

Abbildung 12: Excel – Übertrag von Fahrten zur ersten Tätigkeitsstätte.

Die Anreise zur ersten Tätigkeitsstätte wird in Anlage N in Zeile 31 und 32 vermerkt, die Angabe zur Anzahl der aufgesuchten Tage und der einfachen Entfernung folgen in den Zeilen 35 bis 38.[103]

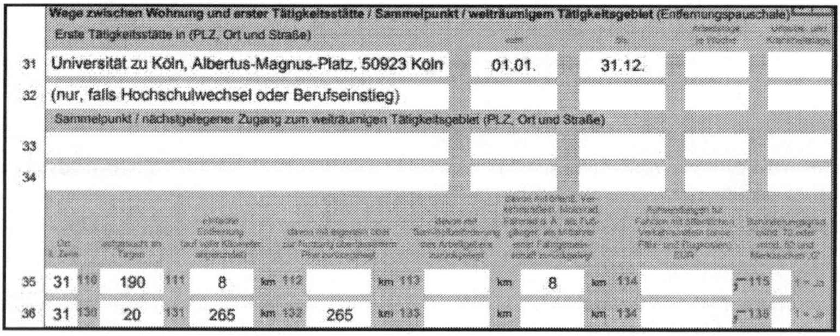

Wege zwischen Wohnung und erster Tätigkeitsstätte / Sammelpunkt / weiträumigem Tätigkeitsgebiet (Entfernungspauschale)

Erste Tätigkeitsstätte in (PLZ, Ort und Straße)

31	Universität zu Köln, Albertus-Magnus-Platz, 50923 Köln	01.01.	31.12.		
32	(nur, falls Hochschulwechsel oder Berufseinstieg)				

Sammelpunkt / nächstgelegener Zugang zum weiträumigen Tätigkeitsgebiet (PLZ, Ort und Straße)

33					
34					

35	31	110	190	111	8	km 112		km 113		km	8	km 114		115		
36	31	130	20	131	265	km 132	265	km 133		km		km 134		135		

Abbildung 13: Anlage N – Übertrag von Fahrten zur ersten Tätigkeitsstätte.[104]

---

[101] Pro Tag ist jedoch nur eine Anreise absetzbar. Ein mehrfaches Anreisen zwischen den Vorlesungen ist steuerlich nicht absetzbar.

[102] Hierzu: Ja, es gibt wohl Studierende, die jeden Tag im Jahr an die Universität fahren. Es dürfte trotzdem beim Finanzamt Fragen aufwerfen. Zudem sollte die Grenze von 4.500 Euro beachtet werden, sofern ihr zur Anreise kein eigenes Fahrzeug nutzt.

[103] hier: Steuerjahr 2019.

4.2.1.1.2 Reisekosten

Bei **Reisekosten** handelt es sich um beruflich Auswärtstätigkeiten abseits der ersten Tätigkeitsstätte. **Reisekosten** sind **einmalige** (z.B. Vorstellungsgespräche, Besorgungen von Arbeitsmitteln, Fahrten zum Flughafen, Ausflüge, Exkursionen oder Seminare) oder **mehrfache Fahrten** (z.B. Selbststudium in Bibliotheken oder Cafés, Lerngruppen bei Freunden[105], Aufsuchen von Praktika- oder Werkstudierendenstelle, sofern diese abseits der ersten Tätigkeitsstätte[106] liegen).

Reisekosten sind alle Kosten, die **berufsbedingt** für Fahrten entstehen und keine Fahrten zwischen Wohnung und erster Tätigkeitsstätte darstellen und keine Familienheimfahrten sind.[107] Bei Reisekosten unterscheidet man steuerlich in **Reisefahrtkosten** und **Reisenebenkosten** (Verpflegungsmehraufwand, Übernachtungs- und allgemeine Nebenkosten).

4.2.1.1.2.1 Reisefahrtkosten

Bei **Reisefahrtkosten** (oder auch beruflich veranlasste Auswärtstätigkeiten), also Kosten, die euch zum Zurücklegen einer Reise entstehen, existieren zwei Möglichkeiten, den Fahrweg abzurechnen:

- Abrechnung nach **pauschalen Kilometersätzen**, wie auch bei der Pendlerpauschale. Anders als bei der Entfernungspauschale sind die pauschalen Kilometersätze **nicht verkehrsmittelunabhängig**, sondern müssen nach Verkehrsmittel abgerechnet werden.
  - PKW[108]/ (~~Öffentliche Verkehrsmittel~~[109]): **0,30 Euro/km**
  - Motorrad/Motorroller: **0,20 Euro/km**
  - Öffentliche Verkehrsmittel/Fahrrad/Zu Fuß: **0,00 Euro/km**
- Abrechnung nach **tatsächlich entstandenen Kosten** (z.B. Preis für Zug- oder Flugticket, Taxifahrt, Abnutzung PKW[110]).

TIPP: Da bei Berufstätigen selten Reisetätigkeiten mit Fahrrad, Motorroller oder öffentlichen Verkehrsmitteln ohne Einzelfahrtschein (dafür Semesterticket) abgesetzt werden, erkennen viele Finanzämter für die Reisetätigkeiten pauschal die PKW-Pauschale an, ohne zu prüfen, ob ein PKW vorhanden war. Steuerlich korrekt ist dies nicht, kann jedoch versucht werden.

Bei **pauschalen Fahrtkostenabrechnungen** der Reise bzw. Veranstaltung werden die Hin- und Rückfahrt erstattet. Aus diesem Grund könnt ihr den Gesamtfahrweg zwischen den Örtlichkeiten mit der Pauschale von 0,30 Euro/km angeben.[111] Vorteile der Reisefahrtkosten ist, dass im Gegensatz zur Entfernungspauschale **jeder tatsächlich gefahrene Kilometer der Strecke** ersetzt wird und **keine finanzielle Obergrenze** für diese Kosten existiert. Auch „Leerfahrten", wenn ihr zum Bahnhof oder Flughafen gefahren werdet, könnt ihr steuerlich absetzen.

---

104 Beispiel, falls die erste Tätigkeitsstätte von zwei verschiedenen Wohnadressen (Eltern und WG) angefahren wird.

105 **Voraussetzung**: Treffen nahezu aus „beruflichen Gründen" (FG BaWü, Urteil vom 28.07.2004 – Az. 6 K 165/03; FG Düsseldorf, Urteil vom 04.06.2002 – Az. 3 K 2300/99; FG Münster, Urteil vom 23.06.2009 – Az. 1 K 6557/93.)

106 Beachte „Berger" (S. 160): Sofern **keine** Campus-Hochschule vorliegt, können auch Fahrten zur Hochschule abseits des Lehrstuhls/Fakultät als Reisekosten abgerechnet werden.

107 § 9 Abs. 4a EStG.

108 Es muss sich hierbei **nicht** um den eigenen PKW handeln, sondern kann z.B. von den Eltern geliehen sein.

109 Sachverhalt zu öffentlichen Verkehrsmitteln: BFH, Urteil vom 21.02.2021 – Az. VI R 50/18: Kein **pauschaler** Ansatz möglich.

110 Setzt ihr die tatsächlichen Kosten eures Fahrzeuges ab (z.B. Auto), so müsst ihr alle Kosten nachweisen und ein ordnungsgemäßes Fahrtenbuch führen, um die Fahrten nachzuweisen.

111 Wird euch der Fahrweg erstattet, dann rechnet ihr die Erstattung euren Aufwendungen gegen oder tragt in die Entfernungskilometer 0 Kilometer ein.

Setzt ihr die **tatsächlichen entstandenen Kosten** von eurem KFZ bei Auswärtstätigkeiten ab, so könnt ihr die gesamten Kosten (Fahrzeugfinanzierung, KFZ-Steuern, Garagenmiete, Wartung, Treibstoffkosten, etc.) absetzen und ins Verhältnis privat/geschäftlich setzen. Der Aufwand dieser Art der Reisekostenerstattung ist allerdings recht hoch. Nach dem folgenden Kostenbeispiel (10.400 Euro tatsächlich beruflich bedingte Fahrzeugkosten) und einer Laufleistung von 28.000 km, ergebe sich eine Kilometerpauschale von 0,37 Euro/km.

Muster Vergleichsrechnung	
Kfz-Steuer	230 €
Kfz-Versicherung	695 €
Beitrag ADAC	75 €
Zinsen Kredit	300 €
Benzin	3.600 €
Reperaturen	1.200 €
Garagenmiete	300 €
Abschreibung	4.000 €
Summe	10.400 €

Abbildung 14: Beispiel Vergleichsrechnung anteilige tatsächliche Kfz-Kosten.

Berechnung Fahrkosten: Als Vollzeitstudierende habt ihr nur eine **erste Tätigkeitsstätte** (= die Hochschule), bei welcher ihr den **einfachen Fahrweg** als Entfernung angebt. **Jede weitere Beschäftigungstätigkeit mit Bezug zum Studium** wie Auslandssemester, Praktikum-[112] oder Werkstudierendentätigkeit gilt als **Auswärtstätigkeit**, bei welcher ihr die **Gesamtfahrstrecke** (Hin- und Rückweg), **Verpflegungspauschalen** und die **Unterkunftskosten** (falls ihr abseits des Studienortes unterkommen müsst) absetzen könnt![113]

Ist eure Hochschule **keine Campus-Hochschule** (sondern über das Stadtgebiet verteilt[114] oder besitzt Gebäude abseits des Hauptcampus[115]), so könnt ihr Vorlesungen/Übungen abseits **eurer Fakultät** (= erste Tätigkeitsstätte) als Auswärtstätigkeit und damit höhere Kosten absetzen.[116] Hierdurch lässt sich ein sehr viel höherer Verlustvortrag erzielen.

Entfernungsangabe: Bei der Entfernung misst man nur die **vollen Kilometerentfernungen**: Reale Entfernung: 3,9 Kilometer → Entfernung für Steuererklärung: 3,0 Kilometer.

Berechnung der <u>Entfernungspauschale</u> zur ersten Tätigkeitsstätte: Angenommen die kürzeste Fahrtstrecke zur Uni ist 8,6 km lang (daher Entfernungspauschale), dann erhält man jeden Tag, an dem man die Uni im Studium aufgesucht hat, 8 km x 0,30 Euro/km = 2,40 Euro. Sucht man die Uni 190-mal/Jahr auf, erhält man eine Entfernungspauschale von 456 Euro.[117] Ist die Uni weiter entfernt, so sollte man darauf achten, die auf 4.500 Euro beschränkte[118] Entfernungspauschale nicht zu überschreiten.

Berechnung der <u>Reisekosten</u> zum Studierendenjob: Angenommen das Praktikum oder der Werkstudierendenjob ist 6,1 km entfernt (Gesamtstrecke: 12,2 km wegen Auswärtstätigkeit), dann

[112] Auch in einem Praxissemester bleibt die Hochschule die erste Tätigkeitsstätte (BFH, Urteil vom 16.01.2013 – Az. VI R 14/12).

[113] **Praktikum**: BFH, Urteil vom 16.01.2013 – Az. VI R 14/12, BStBl. II 2013, 449.
Private Lerngemeinschaft: BFH, Urteil vom 10.04.2014 – Az. III R 35/13, BStBl. II 2014, 1011.

[114] z.B. Universität Heidelberg: Altstadt, Neuenheimer Feld, etc.

[115] z.B. KIT Karlsruhe: Campus Nord und Campus Süd.

[116] Vgl. „Berger".

[117] S. Abb. „*Übertrag von Fahrten zur ersten Tätigkeitsstätte*".

[118] Sofern kein eigenes Fahrzeug benutzt wurde (z.B. Bahn), § 9 Abs. 1 Nr. 4 und Abs. 2 EStG.

erhält man jeden Tag, den man das Büro von der Wohnadresse im Studium aus aufgesucht hat, 12 km x 0,30 Euro[119] = 3,60 Euro. Sucht man das Büro 50-mal/Jahr auf, erhält man Reisefahrkosten von 180 Euro als Werbungskosten angerechnet. Reisefahrkosten sind im Gegensatz zur Entfernungspauschale in ihrer Höhe unbeschränkt, da es sich um eine „Auswärtstätigkeit" handelt.[120] Zusätzlich erhält man bei einer Abwesenheit von **mehr als 8 Stunden** von daheim bzw. der ersten Tätigkeitsstätte 12 bzw. 14 Euro (ab 2020) Verpflegungsmehraufwand.

Heimfahrten – im Rahmen der doppelten Haushaltsführung – zu eurem **„Erstwohnsitz"** (zu euren Eltern/an den Heimatort) könnt ihr – von 6-mal[121] bis zu 52-mal/Jahr – zu je 0,30 Euro/km einfacher Strecke angeben. Heimfahrten als solches werden Studierenden nicht pauschal zum Absetzen gestattet. Dies kann nur im Rahmen der doppelten Haushaltsführung geschehen.

Auslandssemester: Ausländische Hochschulen zählten als **erste Tätigkeitsstätte**. Das FG Münster urteilte so (Urteil vom 24.01.2018 – Az. 7 K 1007/17 E, F), aber die Revision wurde beim BFH zugelassen (Az. VI R 3/18). Nach neuem Urteil (2020) wurde das FG-Urteil seitens des BFH gekippt. Die ausländische Hochschule gilt **nicht** mehr als erste Tätigkeitsstätte, sondern als **Reisetätigkeit**. Daher sind Hin- und Rückfahrt, Unterkunft, Reisenebenkosten und Verpflegungsmehraufwand absetzbar.[122] Es ist noch durch das FG Münster zu entscheiden, in welcher Höhe der Verpflegungsmehraufwand nach Ablauf der Drei-Monats-Frist abgesetzt werden darf.[123]

4.2.1.1.2.2 Reisenebenkosten

Da ihr steuerlich gesehen auf „Reise" seid, könnt ihr neben den Reisefahrtkosten auch eure **Reisenebenkosten** absetzen. Zu diesen Nebenkosten zählen z.B. Unterkunftskosten (wie Miete bis zu 48 Monaten), Hotelübernachtungen, Eintrittskarten für Fachmessen oder Ausstellungen, Tiefgaragengebühren, Mautgebühren oder Kosten für Gepäckaufbewahrung. Es empfiehlt sich, Belege hierfür zu sammeln und aufzubewahren. Reisenebenkosten wie Flug-, Hotel- oder Parkhausaufwendungen können simpel mit Zahlungsdatum aufgelistet dem Finanzamt eingereicht werden.

Übernachtungskosten oder **Unterkunftskosten** auf „Dienstreisen" könnt ihr ebenso steuerlich absetzen. Möchtet ihr diese Kosten im Rahmen einer Auswärtstätigkeit absetzen, so müsst ihr noch eine andere Unterkunft (notfalls Zimmer bei den Eltern) bewohnen. Jedoch muss hier im Gegensatz zur doppelten Haushaltsführung **keine** finanzielle Beteiligung an dieser Unterkunft vorliegen![124] Diese Unterkunftskosten können sowohl Hotelkosten als auch Miete für ein Mietverhältnis am Ort der Auswärtstätigkeit sein. Beispielsweise seid ihr in der neuen Studienstadt auf Wohnungssuche und benötigt hierfür eine Übernachtungsmöglichkeit oder habt frühmorgens ein Vorstellungsgespräch und wollt ausgeruht erscheinen, so könnt ihr die dafür benötigte Übernachtung steuerlich absetzen. Ebenso kann hierunter ein Mietverhältnis für ein Praktikum (maximal 48 Monate) zählen. Bei der Unterkunftsauswahl (Wohnung, Hotel oder Airbnb) könnt ihr frei wählen. Jedoch sind die reinen Unterkunftskosten auf maximal 1.000 Euro/Monat begrenzt.

---

[119] Bei Nutzung des eigenen PKW, bei Nutzung Motorrad/-roller: 0,20 Euro/km, bei Fahrrad: 0,00 Euro/km.

[120] S. Abb. *„Übertrag von Auswärtstätigkeit Nebenjob"*.

[121] Bei weit entferntem Erstwohnsitz sollte dieser mindestens sechsmal, bei näheren mindestens 15-mal pro Jahr aufgesucht werden. Bei Lebensmittelpunkt im Ausland (z.B. bei Studierenden aus Asien) kann auch ein Heimflug in 24 Monaten ausreichen.

[122] BFH, Urteil vom 14.05.2020 – Az. VI R 3/18 (s. auch: Finanztest 12/2020, S. 60). Auch, wenn ihr in Deutschland **keine** doppelte Haushaltsführung führt.

[123] **TIPP:** Bis zur Entscheidung des FG würde ich dazu raten, den vollen Pauschalbetrag für den gesamten Auslandsaufenthalt oder nach Beenden der Drei-Monats-Frist zumindest die Pauschale für Tätigkeiten mit 8h-Abwesenheit abzusetzen.

[124] BMF-Schreiben vom 24.10.2014 – BStBl. I 2014, 1412, Rz. 114.

4.2.1.1.2.3 Verpflegungsmehraufwand

Unter **Verpflegungsmehraufwand** (VMA) sind zusätzliche Kosten für die Verpflegung der Auwärtstätigkeit zu verstehen, die gewöhnlich entstehen, wenn man sich **berufsbedingt** abseits der eigenen Wohnung und der ersten Tätigkeitsstätte über einen gewissen Zeitraum aufhält. Der Verpflegungsmehraufwand wird hierbei vom Finanzamt als **Pauschale** gewährt, da Kosten der privaten Lebensführung (z.B. Essensrechnungen) nicht abgesetzt werden dürfen. Für die Höhe des pauschalisierten Verpflegungsmehraufwandes ist die **Dauer der Abwesenheit von Wohnung oder erster Tätigkeitsstätte maßgebend**[125]:

Abwesenheitsdauer	Verpflegungsmehraufwand 2014 - 2019	Verpflegungsmehraufwand ab 2020
bis 8 Stunden (ohne Übernachtung)	- €	- €
zwischen 8 – 24 Stunden (ohne Übernachtung)	12 €	14 €
An- oder Abreisetag (mit Übernachtung)	12 €	14 €
Gesamter Tag (24 Stunden) (mit Übernachtung)	24 €	28 €

Tabelle 9: Übersicht – Höhe des Verpflegungsmehraufwandes.

Das Finanzamt gewährt bei **Reisetätigkeiten ohne Übernachtung** eine Pauschalleistung bei einer **Abwesenheit** von mindestens acht Stunden. Bei **Reisetätigkeiten mit Übernachtung** werden für gesamte Tage (Abwesenheit von 0:00 Uhr bis 24:00 Uhr) und für die An- und Abreisetage Pauschalen angerechnet. Bei An- und Abreisetagen der Auswärtstätigkeit existiert **keine** zeitliche Mindestabwesenheitsdauer.[126] **Übernachtungskosten** können nur mit den **tatsächlich angefallenen Kosten** (z.B. Hotelrechnung, Miete für kurzzeitige Unterkunft) abgesetzt werden.[127]

Beginnt eine Reise nach 16:00 Uhr **und** endet sie vor 8:00 Uhr des folgenden Kalendertages ohne Übernachtung (sog. **Mitternachtsregelung**), ist die Gesamtabwesenheit der beiden Tage zusammen zu rechnen und dem Kalendertag der überwiegenden Abwesenheit zuzuordnen. Es geht also um eine Tätigkeit, die sich über Mitternacht hinaus in den nächsten Tag hinein erstreckt, ohne dass eine Übernachtung stattfindet.

Beispiel 1: Auswärtstätigkeit über 2 Tage
Abfahrt am ersten Tag: 16:30 Uhr
Rückkehr am zweiten Tag: 04:30 Uhr
Abwesenheit gesamt: 12 Stunden (= 7,5 + 4,5)
→ Am ersten Tag: 12 Euro (für Abwesenheit 12 Stunden)

Beispiel 2: Auswärtstätigkeit über 3 Tage
Abfahrt am ersten Tag: 18:00 Uhr
Rückkehr am dritten Tag: 16:00 Uhr

[125] § 9 Abs. 4a S. 3 EStG. Es spielt dabei keine Rolle, ob die Abwesenheit durch Arbeitszeit, schlechte Verkehrsverbindung oder andere Gründe verursacht wurde.

[126] Es kann **maximal** ein An- oder Abreisetag pro Kalendertag abgerechnet werden.

[127] Einige Finanzämter akzeptieren auch die **Übernachtungskostenpauschale**, sofern die berufliche Reise nachgewiesen werden kann, obwohl diese Pauschale offiziell nur durch Arbeitgeber abgesetzt werden darf. Ihr könnt versuchen, ob euer Finanzamt das Absetzen dieser Pauschale anerkennt und so beispielsweise auch Übernachtungen bei Freunden steuerlich absetzen. Einen Rechtsanspruch auf diese Pauschale existiert jedoch nicht.

→ Am ersten Tag: 12 Euro (für Abwesenheit 6 Stunden, jedoch Anreisetag)
→ Am zweiten Tag: 24 Euro (für Abwesenheit 24 Stunden)
→ Am dritten Tag: 12 Euro (für Abwesenheit 16 Stunden oder Abreisetag)

TIPP: Die **Höhe der Pauschale** richtet sich **nicht** nach dem **Aufenthalt** (z.B. in der Bibliothek), sondern nach der **Abwesenheit** von der Wohnadresse bzw. der ersten Tätigkeitsstätte bis zur Rückkehr an die erste Tätigkeitsstätte oder Wohnadresse. Benötigt ihr also zur Lerngruppe je 30 Minuten, dann reicht die Dauer von sieben Stunden Zusammenkunft der Lerngruppe zum Absetzen des Verpflegungsmehraufwandes.[128]

4.2.1.1.2.4 Verpflegungsmehraufwand (Drei-Monats-Frist)

Bei **Reisetätigkeiten** (Tätigkeiten abseits der ersten Tätigkeitsstätte: z.B. Praktikum) dürft ihr nur für die ersten drei Monaten den Verpflegungsmehraufwand absetzen (sog. **Drei-Monats-Frist**).

Die gesetzliche **Drei-Monats-Frist** besagt, dass der Werbungskostenabzug von Verpflegungsmehraufwendungen bei einer **längerfristigen Auswärtstätigkeit am selben auswärtigen Beschäftigungsort** auf einen Zeitraum von **längstens drei Monaten** begrenzt ist.[129] Wird der auswärtige Beschäftigungsort **nicht** häufiger als zwei Tage pro Woche aufgesucht, so ist diese **nicht** anzuwenden. Krankheits- und Urlaubstage beeinflussen die Regel nicht!

Seid ihr für ein mehrmonatiges **Praktikum** in einer anderen Stadt untergebracht, so könnt ihr für die ersten drei Monate am Praktikumsort den vollen Verpflegungsmehraufwand geltend machen, jedoch die verbleibende weitere Praktikumszeit keine weiteren Pauschalen absetzen. Ähnliches gilt für eine **Praktikumsstelle am Hochschulort**: Da ihr in diesem Fall nur für die Dauer von wenigen Stunden von eurer Wohnadresse oder der ersten Tätigkeitsstätte abwesend seid, könnt ihr maximal die entsprechende Verpflegungsmehraufwandspauschale der Abwesenheitszeit (z.B. länger als 8 Stunden) geltend machen. Jedoch auch hierbei nur für die ersten drei Monate! Anders verhält es sich, sofern ihr eine Werkstudierendenstelle oder nicht alltägliche Tätigkeitsstätte aufsucht: Seid ihr **maximal zwei Tage** pro Woche auf der Arbeit, so ist die Drei-Monats-Frist **nicht** anzuwenden und der Verpflegungsmehraufwand kann über drei Monate hinaus geltend gemacht werden. Wechselt ihr die Tätigkeit (z.B. anderes Praktikum innerhalb der Stadt, so beginnt der Zeitraum von vorne). Bei **Lerngruppen** müsst ihr die Drei-Monats-Frist ebenfalls nicht prüfen. Laut Gesetzgeber beginnt eine neue Auswärtstätigkeit auch dann, wenn am gleichen Arbeitsort eine neue Arbeit begonnen wird (z.B. Lernen auf neues Themengebiet; aber Achtung, wenn ihr längere Zeit gleiches Thema behandelt: z.B. Thesis). Trotz dessen ist es empfehlenswert, Lerngruppen an verschiedenen Orten (und aufgrund des VMA nicht auf dem Campus) zu veranstalten.

Drei-Monats-Frist bei doppelter Haushaltsführung: Verlegt ihr für einen Studienortwechsel, ein Praktikum oder ein Auslandsstudium euren Zweithaushalt (doppelte Haushaltsführung), so dürft ihr für jeden Tag der ersten drei Monate am neuen Wohnort den vollen Verpflegungsmehraufwand absetzen – auch wenn es sich hierbei um **keine** Reisetätigkeit (z.B. Besuch Hochschule) handelt. Nach Ablauf der drei Monate dürft ihr den Pauschalaufwand nur geltend machen, sofern ihr einer Auswärtstätigkeit nachgeht. Geht dem Umzug des Zweithaushaltes bereits eine Tätigkeit am neuen Wohnort voraus (Ihr pendelt beispielsweise zunächst an den Studienort.), so ist die

[128] Auch, wenn ihr durch unverschuldete Umstände (z.B. Stau, Bahnstreik, etc.) über 8 Stunden abwesend sein solltet.

[129] **ACHTUNG**: Alle anderen Kosten einer längeren Auswärtstätigkeit sind zeitlich **unbegrenzt** absetzbar. So können Unterkunft oder andere Reisenebenkosten steuerlich abgesetzt werden, solange die Tätigkeit dauert.

Drei-Monats-Frist nicht mehr oder nur zum Teil (abzüglich der bereits dort verbrachten Zeit) absetzbar.[130] (Gilt nur bei **doppelter Haushaltsführung: Zweithaushalt / s. Kapitel 4.2.1.3.1.1**).

TIPP: Unterbrecht ihr den Aufenthalt am **Zweithaushalt** oder die **Reisetätigkeit** um einen Zeitraum von **mindestens vier Wochen** und bezieht die Unterkunft danach wieder, so beginnt der Drei-Monatszeitraum von vorne.[131] Zu Unterbrechungen würden z.B. Summer-Schools im Ausland, ein Semesterferien-Job an einem anderen Ort oder vier Wochen am Ersthaushalt zählen.

4.2.1.1.2.5 Verpflegungsmehraufwand im Ausland

Auch bei doppelter Haushaltsführung oder Reisetätigkeiten im **Ausland** dürft ihr für die ersten drei Monate den vollen Verpflegungsmehraufwand (á 24h) absetzen.[132] Es ist ratsam, sich bei einem **Auslandsaufenthalt** über die unterschiedlich hohen Pauschalen für den Verpflegungsmehraufwand zu informieren. Absolviert ihr ein Auslandssemester[133], ein Auslandspraktikum, eine Summer-School oder Ähnliches, so unterscheidet sich **die Höhe der Pauschale** je nach Land und Stadt. Dies solltet ihr bei eurem Verlustvortrag beachten, da die Pauschale länderspezifisch stark vom deutschen Pauschalwert abweichen kann (z.B. für London, Singapur oder Helsinki). Eine Übersicht der Pauschalen findet ihr im Anhang des Buches. Ist das Aufenthaltsland **nicht** in den im Anhang aufgeführten Tabellen gelistet, so gilt die Pauschale von Luxemburg für dieses Land.

TIPP: Ein **Auslandsaufenthalt** während des Studiums ist nach neuster Rechtsprechung wie Reisekosten anzurechnen. Dies bedeutet, Verpflegungsmehraufwand, Reisefahrkosten und auch Unterkunftskosten[134] sind steuerlich absetzbar. Es ist dabei **nicht** entscheidend, ob der Auslandsaufenthalt in der Studienordnung vorgegeben ist. Ihr könnt den Auslandsaufenthalt auch mit einer Verbesserung der späteren Berufs- oder Bewerbungschancen begründen!

4.2.1.1.2.6 Beispiele für Reisekosten

Fall 1: Person A reist montags morgens zu einem 14-tägigen Seminar und sonntagabends wieder ab. Welche Kosten kann die Person absetzen?

Zum einen kann A die An- und Abreise zum Flughafen (+ Flugtickets) oder Anfahrt zum Veranstaltungsort durch Fahrtickets oder pauschale Reisefahrtkosten absetzen (je nachdem, ob die Pauschale oder die Tickets lukrativer für ihn sind) und zusätzlich zweimal den Verpflegungsmehraufwand für An- oder Abreisetag und 12-mal für volle Tage (14-2=12) und die Unterkunft am Veranstaltungsort geltend machen.

Fall 2: Person B reist zu einem Assessment-Center. Die An- und Abreise wird vom Veranstalter bezahlt. Ebenso die Unterkunft und die Verpflegung. Was darf die Person steuerlich absetzen?

B kann keine Kosten absetzen. Der Veranstalter kommt für alle Kosten auf. Würde der Veranstalter z.B. nicht für die Verpflegung aufkommen, so könnte die Person für An- und Abreise und jeden vollen Tag den entsprechenden Verpflegungsmehraufwand absetzen.

---

130 § 9 Abs. 4a S. 6 EStG: Der VMA kann nur für die Tage abgesetzt werden, die ihr euch am Zweithaushalt aufhaltet.

131 § 9 Abs. 4a S. 7 EStG.

132 **Eine Übersicht der Pauschalbeträge für Verpflegungsmehraufwand (2016 – 2023) findet ihr hierzu im Anhang.**

133 Voraussetzung ist, dass euch in eurem deutschen Studiengang Leistungen aus dem Ausland angerechnet werden. Ein Auslandssemester, das z.B. **nach** Abschluss des Studiums stattfindet und nicht im Zeugnis angerechnet werden kann, kann nur mit viel Glück (z.B. Fehler des Finanzamtes) steuerlich abgesetzt werden.

134 FG Münster, Urteil vom 24.01.2018 – Az. 7 K 1007/17 wurde revidiert: Auch, wenn in Deutschland kein zweiter Haushalt unterhalten würde (BFH, Urteil vom 14.05.2020 – Az. VI R 3/18). Noch zu klären, was nach den drei Monaten absetzbar ist.

Fall 3: Person B geht ins sechsmonatige Auslandssemester nach Madrid. Welche Kosten kann sie absetzen?

Dieser Fall ist gerade noch in Klärung beim FG Münster. Zunächst sei gesagt: Das Auslandssemester lässt sich als Reisekosten absetzen. Das bedeutet: Person B kann auf jeden Fall die An- und Rückreisen nach Madrid (entweder als Pauschale oder tatsächliche Kosten wie Flug oder Bahn) absetzen. Zusätzlich kann Person B in den ersten drei Monaten den vollen Verpflegungsmehraufwand für Madrid absetzen. Wie es nach den ersten drei Monaten aussieht, wird noch entschieden, da die Drei-Monats-Frist dem widerspricht, dass weitere Verpflegungspauschalen danach abgesetzt werden dürften. Jedoch ist es durchaus denkbar, dass Person B für die verbleibenden drei Monate den Verpflegungsmehraufwand für Lerngruppen oder ähnliche Veranstaltungen abseits der Hochschule absetzen kann. Zudem kann Person B noch zusätzlich Reisenebenkosten wie Miete, Parkgebühren, Erstausrüstung der Wohnung und Gepäckbeförderung absetzen.

Fall 4: Person B fährt mit der Bahn zu einem Vorstellungsgespräch von Berlin nach Frankfurt für 170 Euro und nimmt sich in Frankfurt zusätzlich noch zweimal ein Taxi (je 20 Euro). Die Fahrtkosten des Vorstellungsgespräches bekommt B nicht erstattet. Zudem übernachtet B bei einem Freund, um morgens ausgeruht bei dem potenziellen Arbeitgeber zu erscheinen.

B kann die tatsächlichen Reisefahrtkosten (170 Euro) absetzen. Für die Taxi-Fahrt kann B entscheiden, ob B die tatsächlichen Kosten oder die Pauschale absetzt. Zudem kann B, der zwei Nächte bei dem Freund übernachtet hat, jeweils den Verpflegungsmehraufwand für An- und Abreise (je 12 Euro), sowie einen vollen Tag (je 24 Euro) absetzen. Insgesamt kann B so also 258 Euro als Reisekosten absetzen. Würde B in einem Hotel oder Hostel übernachten, könnte B die Kosten hierfür absetzen. Würde der potenzielle Arbeitgeber nur die Anfahrtskosten des B übernehmen (übernimmt der Arbeitgeber diese nicht komplett, so muss man die Kosten verrechnen), so könnte B weiterhin den Verpflegungsmehraufwand und die Übernachtungskosten absetzen.

Fall 5: Person B trifft sich mit A zu einem einwöchigem Lernmarathon (Montag bis Sonntag) bei A. Von den sieben Lerntagen lernen die beiden fünf Tage in der Hochschule des A und zwei in der Wohnung des A. B übernachtet während der Woche bei A. Was können die beiden absetzen?

A kann fünfmal den einfachen Fahrweg zur Hochschule absetzen, da die Hochschule A´s erste Tätigkeitsstätte ist. B kann die Hin- und Rückfahrt der Anreise zu A und zur Hochschule des A steuerlich geltend machen. Zudem kann B für fünf Tage den vollen und für zwei Tage den Verpflegungsmehraufwand für An- und Abreise absetzen (Reisekosten). (Wäre B nur tagsüber an der Hochschule des A oder bei A zuhause zum Lernen und über Nacht wieder bei sich, könnte er nur den Verpflegungsmehraufwand für acht Stunden absetzen, sofern er diese Zeit mindestens von seinem eigenen Zuhause oder seiner eigenen Hochschule abwesend war.)

Fall 6: B sucht die Werkstudierendenstelle in Heidelberg zweimal pro Woche auf.

B kann Hin- und Rückweg zur Arbeitsstätte, sowie den Verpflegungsmehraufwand für acht Stunden pro Arbeitstag absetzen, sofern B so lange auswärts unterwegs war. Die Drei-Monats-Frist gilt hier nicht, da B die Auswärtstätigkeit nur zweimal pro Woche aufsucht.

Fall 7: A sucht sein Praktikum am Studienort fünfmal pro Woche auf (Dauer sechs Monate).

A kann Hin- und Rückweg zum Praktikum, sowie den Verpflegungsmehraufwand für acht Stunden pro Arbeitstag absetzen. Nach drei Monaten darf A **keine** Pauschalen mehr geltend machen. Außer A wechselt die Stelle innerhalb des Unternehmens, dann würde dies eine neue Drei-Monats-Frist begründen.

Fall 8: B zieht für ein Praktikum (Dauer sechs Monate) von Heidelberg nach Frankfurt am Main.

B kann Hin- und Rückweg innerhalb Frankfurts absetzen und zusätzlich alle Fahrten zwischen Heidelberg und Frankfurt. B kann die Unterkunft in Frankfurt bis zu 48 Monate lang geltend machen. Ebenso kann B die ersten drei Monate die An- und Abreisetage, sowie die vollen Verpflegungsmehraufwandspauschalen für Anwesenheitstage (24h) in Frankfurt (auch Tage, an denen B nicht arbeitet) absetzen. Nach drei Monaten darf B keine Pauschalen mehr absetzen. Außer B unterbricht die Anwesenheit in Frankfurt für mindestens vier Wochen.

4.2.1.1.2.7 Überführen der Reisekosten in Excel und Steuerformulare

Da das Studierendenleben mit seinen Auswärtstätigkeiten rund um Praktika, Auslandssemestern, Lerngruppen und Werkstudierendentätigkeiten recht komplex ist (im Vergleich zu einem Berufsleben), habe ich eine Excel-Datei gebaut, die die Kalkulation für euch vereinfacht und das Dokumentieren der Auswärtstätigkeiten verbessert. Ob ihr die Excel-Datei selbst zusammenbaut oder die fertige Datei über meine **Etsy-Seite / E-Mail-Adresse** bestellt, bleibt euch überlassen.

Sollten eure Reisetätigkeiten ausgefallener und infolgedessen nicht mit den folgenden Darstellungen abbildbar sein, habe ich im Anhang eine weitere Dokumentationsmöglichkeit dargestellt. Diese kann auch auf einem einfachen College-Block festgehalten werden.

Auswärtstätigkeiten ohne Übernachtungen

Bei Reisekosten (**Auswärtstätigkeiten**), also Tätigkeiten abseits der ersten Tätigkeitsstätten[135], die **ohne Übernachtungen** vor Ort stattfinden, nutzt ihr die folgend abgebildete Excel-Form. Diese eignet sich optimal für das Absetzen von Lerngruppen, Nebenjobs, Praktika oder auch Vorstellungsgesprächen. Die Reisekosten werden mit Abfahrt- und Zieladresse, sowie Start- und Enddatum[136] im Jahr versehen. Zusätzlich müssen bei „Anzahl" die Fahrten an die Zieladresse und die gesamte Streckenentfernung angegeben werden. Zusätzlich zu den Fahrten müssen bei Reisekosten auch Aufenthalte, die länger als acht Stunden von der Abfahrtsadresse betrugen (im Beispielsfall: 32[137]), hinterlegt werden, um den Verpflegungsmehraufwand zu berechnen.

Lerngruppe	Auswärtstätigkeit	**Auswärtstätigkeit**		
		Eigene Anschrift	Ringe 39, 50667 Köln	
		Ort Lerngruppe	Hovenstr. 6, 51109 Köln	
		Zeitraum	**Start**	**Ende**
		Reisefahrtkosten	**30.03.**	**31.12.**
		Anzahl	42	Fahrten
		Strecke Hin- und Rückfahrt	32	Km
		davon mit Motorroller	42	Fahrten
		Pauschale	0,20	Euro/Km
		Summe Reisefahrtkosten	**268,80**	**Euro**
		Verpflegungsmehraufwand		
		Anzahl Tage Abwesenheit > 8h	32	Tage
		Pauschalbetrag a 8h	12	Euro
		Summe Verpflegungsmehraufwand	**384,00**	**Euro**
		Summe Lerngruppe	**652,80**	**Euro**

Abbildung 15: Excel – Übertrag von Auswärtstätigkeit Lerngruppe.

135 **REMINDER**: Bei Nicht-Campus-Hochschulen können auch Aktivitäten abseits des Lehrstuhls, aber auf Hochschulgelände, als Reisekosten abgesetzt werden (Vgl. Quelle „Berger").

136 Bei einem Praktikum dessen Start- und Enddatum.

137 Bitte beachten, dass „Anzahl" der Fahrten immer häufiger als „Anzahl Tage Abwesenheit >8h" sein muss.

Praktikum/Werkstudent – Auswärtstätigkeit

Auswärtstätigkeit		
Eigene Anschrift	Ringe 39, 50667 Köln	
Anschrift Arbeitgeber	Mediapark 4, 50670 Köln	
Zeitraum	**Start**	**Ende**
Reisefahrtkosten	**01.05.**	**30.9**
Anzahl	50	Fahrten
Strecke Hin- und Rückfahrt	12	Km
davon mit PKW	50	Fahrten
Pauschale	0,30	Euro/Km
Summe Reisefahrtkosten	**180,00**	**Euro**
Verpflegungsmehraufwand		
Anzahl Tage Abwesenheit > 8h	50	Tage
Pauschalbetrag a 8h	12	Euro
Summe Verpflegungsmehraufwand	**600,00**	**Euro**
Summe Arbeitsstelle	**780,00**	**Euro**

Abbildung 16: Excel – Übertrag von Auswärtstätigkeit Nebenjob.[138]

Auswärtstätigkeiten bei mehrtägigen Veranstaltungen

Bei **mehrtägigen Veranstaltungen mit Übernachtung(en)** (Seminare, Exkursionen, Ausflüge) tragt ihr den Grund des Aufenthaltes, das Startdatum, die Dauer der Veranstaltung in Tagen und den gesamten Fahrweg zum Veranstaltungsort ein. Die Summe der Reisekosten errechnet sich durch die VMA-Pauschalen (An- und Abreisetagespauschale und volle Tagespauschale) von selbst. Bei kurzfristigen mehrtägigen Tätigkeiten **im Ausland** kann diese Vorlage (mit **angepassten Verpflegungsmehraufwandspauschalen**) übernommen werden (Ansonsten eignet sich die im folgenden Abschnitt besprochene Form besser).

Seminar – Auswärtstätigkeit

mehrtägige Auswärtstätigkeit	**Seminar in Berlin**	
Startdatum	**28.10.**	
Strecke Hin- und Rückfahrt	512	Km
davon mit PKW	0,30	Euro/Km
Summe Reisefahrtkosten	**153,60**	**Euro**
Anzahl Tage mit VMA	8	Tage
Anzahl Tage An- Abreise (12 €)	2	Tage
Anzahl Tage Abwesenheit 24h (24 €)	6	Tage
Summe Verpflegungsmehraufwand	**168,00**	**Euro**
Summe mehrtägige Auswärtstätigkeit	**321,60**	**Euro**

Abbildung 17: Excel – Übertrag von einmaligen Reisekosten.

Die **Reisefahrtkosten** (Summe pauschalen oder tatsächlichen Aufwendungen; in Excel: **Summe Reisefahrtkosten**) werden in Zeile 50 der Anlage N zusammen mit den **Reiseneben- und Übernachtungskosten** angeben. Die Summe der Tagesanzahl des Verpflegungsmehraufwandes wird – je nach zeitlicher Dauer – in Zeile 52 (Verpflegungsmehraufwand á 8 Stunden), in Zeile 53 (An- und Abreisetage) und Zeile 54 (Verpflegungsmehraufwand á 24 Stunden) eingetragen.[139]

Beispiel: Gebt ihr nun die drei oben gezeigten Blöcke bei eurem Verlustvortrag an, so tragt ihr die **Summe Reisefahrtkosten 602,40 Euro** (268,80 Euro + 180 Euro + 153,60 Euro) in Zeile 50 der

[138] Bei PKW (Pauschale = 0,30 Euro/km), bei Motorrad/Motorroller (0,20 Euro/km), bei Fahrrad (0,00 Euro/km). Summe Verpflegungsmehraufwand = Tage (Abwesenheit >8h) x 12 Euro.

[139] Hier: Steuerjahr 2019.

Anlage N, die **Summe der „Anzahl Tage Abwesenheit > 8h" 82** (50 + 32) in Zeile 52, die **Summe der „Anzahl Tage An- und Abreise" 2** in Zeile 53 und die **Summe der „Anzahl Tage 24h" 6** in Zeile 54 ein. **Reisenebenkosten** werden blockartig in Excel aufgelistet und zu dem Wert in Zeile 50 addiert. Die Reisekosten für den Auslandsaufenthalt werden separat eingetragen.

	Fahrt- und Übernachtungskosten, Reisenebenkosten			
50	Reisefahrtkosten (in diesem Beispiel ohne Reisenebenkosten)	410	603,–	
51	Vom Arbeitgeber steuerfrei ersetzt	420	0,–	
	Pauschbeträge für Mehraufwendungen für Verpflegung Bei einer Auswärtstätigkeit im Inland:			
52	Abwesenheit von mehr als 8 Stunden (bei Auswärtstätigkeit ohne Übernachtung)	470	82	Anzahl der Tage
53	An- und Abreisetage (bei einer mehrtägigen Auswärtstätigkeit mit Übernachtung)	471	2	Anzahl der Tage
54	Abwesenheit von 24 Stunden	472	6	Anzahl der Tage

Abbildung 18: Anlage N – Übertrag der Auswärtstätigkeiten.

Auswärtstätigkeiten im Ausland

Bei **Reisekostenangaben für Auslandsaufenthalte** muss die Zeile der Verpflegungsmehraufwandspauschale nach den Regelsätzen des jeweiligen Reiselandes hinterlegt werden. Bei **Auslandsreisen** wird die Summe aus Fahrtkosten, Verpflegungsmehraufwand und Reisenebenkosten in Zeile 56 der Anlage N eingetragen.[140]

Ausland	Auswärtstätigkeit	**Auswärtstätigkeit**	Spanien (Madrid)	
		Eigene Anschrift	Calle de Zabalette, Madrid	
		Anschrift Auswärtstätigkeit	IE University, Madrid	
		Zeitraum	**Start**	**Ende**
		Reisekosten	**01.01.**	**30.03.**
		Anzahl	70	Fahrten
		Strecke Hin- und Rückfahrt	20	Km
		davon mit Öffentlichen/PKW	70	Fahrten
		Pauschale	0,30	Euro/Km
		Summe Reisefahrtkosten	**420,00**	**Euro**
		Verpflegungsmehraufwand		
		Anzahl Tage Abwesenheit >8h	32	Tage
		Pauschalbetrag (Ausland)	27	Euro
		Summe Verpflegungsmehraufwand	**864,00**	**Euro**
		Summe Ausland	**1.284,00**	**Euro**

Abbildung 19: Excel – Übertrag von Auswärtstätigkeit Ausland.[141]

56	Bei einer Auswärtstätigkeit im Ausland (Berechnung bitte in einer gesonderten Aufstellung):	474	1.284,–

Abbildung 20: Anlage N – Übertrag von Auswärtstätigkeit Ausland.

Nach neuster Rechtsprechung sind Auslandssemester Reisekosten. Daher könntet ihr hier für den Beginn der Auslandstätigkeit die Drei-Monats-Frist (Verpflegungsmehraufwand für Madrid) geltend machen. Im Beispielsfall wäre dies **2018** gewesen und taucht daher nicht in den Steuerbögen 2019 auf. Die Summe wird in der gleichen Zeile vermerkt wie die anderen Auslandskosten.

[140] Eine gesonderte Aufstellung ist beizulegen. **Achtung:** Es ist gesetzlich noch nicht entschieden, wie bei Auslandssemestern oder Auslandspraktika der Verpflegungsmehraufwand nach der Drei-Monats-Frist verrechnet wird (Vgl. BFH, Urteil vom 14.05.2020 – Az. VI R 3/18 bzw. FG Münster, Urteil vom 24.01.2018 – Az. 7 K 1007/17).

[141] Beispiel: Das Ergebnis (1.284 Euro) wird noch um die Reisenebenkosten (z.B. Unterkunftskosten, Flüge und Gepäck) erhöht (Beispiel: +2.300 Euro) und auf Anlage N Zeile 56 (hier: 3.584 Euro) vermerkt.

Ausland	Auswärtstätigkeit	Verpflegungsmehraufwand Drei-Monats-Frist: Spanien (Madrid)		
		Anzahl Tage Abwesenheit 24h	90	Tage
		Pauschalbetrag a 24h (Ausland)	41	Euro
		Anzahl Tage An- und Abreise	1	Tage
		Pauschalbetrag An- und Abreise (Ausl.)	28	Euro
		Summe Verpflegungsmehraufwand	3.718,00	Euro
		Summe Drei-Monats-Frist	3.718,00	Euro

Abbildung 21: Excel – Übertrag Drei-Monats-Frist Ausland.

Warum setzt man den Verpflegungsmehraufwand und keine Essensrechnungen ab?

Kosten des privaten Lebens[142] (z.B. Essen oder Restaurantbesuche) dürfen steuerlich **nicht** abgesetzt werden, daher gibt man alternativ den Verpflegungsmehraufwand hierfür an.

4.2.1.1.2.8 Nachweise der Reisetätigkeiten

Bei einigen **Auswärtstätigkeiten** wird euch das Finanzamt nach der Abhaltung dieser befragen. Recht häufig kommt dies vor allem bei Lerngruppen und praktischen Tätigkeiten vor. Ihr seid hierzu verpflichtet, dem Finanzamt die nötigen Informationen zukommen zu lassen. Meist geht es darum bei **praktischen Tätigkeiten** wie Praktika oder Werkstudierendentätigkeiten den Bezug zum Studium zu erklären (z.B. Vertiefung der praktischen Lehre oder Kennenlernen eines bestimmten Berufszweiges).

Bei **Lerngruppen oder Lerngemeinschaften** hingegen sollten der Ort der Lerngruppe[143], die Dauer der Lerngruppe, das behandelte Thema und auch die Teilnehmenden samt Anschrift[144] dem Finanzamt offengelegt werden. Als kleiner Tipp, kann ich euch raten, dieser Anfrage sorgfältig nachzukommen. Gebt ihr die Steuererklärung über mehrere Jahre ab, wird das Finanzamt meist nur für das erste Steuerjahr Nachweise verlangen und danach das Absetzen der Reisekosten für Lerngruppen akzeptieren. Um euch auch hier Hilfe zu geben, findet ihr folgend die Excel-Tabelle „Lerngemeinschaften". Hier könnt ihr entweder eure Lerngruppen während des Semesters eintragen oder ihr „erinnert" euch nach dem Studium an diese zurück. Kontrollieren kann den Wahrheitsgehalt dieser Angaben kaum jemand. Selbstverständlich könnt ihr auch Auswärtstätigkeiten, beispielsweise, wenn ihr abseits der ersten Tätigkeitsstätte für euch **alleine lernt** oder eure **Abschlussarbeit schreibt** (sogenanntes Selbststudium), auf diese Weise für das Finanzamt dokumentieren und steuerlich absetzen.

Wichtig ist hierbei, dass ihr dies vollständig und vor allem nachvollziehbar gestaltet. Nach dem Beispiel (Übertrag von Reisetätigkeit Lerngruppe) der Reisekosten, habt ihr **42 Termine** für Lerngemeinschaften und **32 Termine** mit einer Dauer von mehr als acht Stunden angegeben. Diese müssen auch in der Excel-Tabelle „Aufstellungen für Lerngemeinschaften" auftauchen, falls ein Nachweis angefordert wird. Ebenfalls zu beachten ist, dass ihr diese schlüssig bezüglich anderer im Steuerfall getätigter Angaben durchführt: Ein schlechtes Beispiel wäre, ihr gebt an im Auslandssemester zu sein und gleichzeitig tragt ihr eine Lerngruppe am deutschen Hochschulort ein.

142 § 12 EStG.

143 Darauf achten, bei Campus-Hochschulen möglichst keine Lerngruppen auf dem Campus abzuhalten.

144 Habt ihr keine Daten mehr zu den Teilnehmenden der Lerngruppen, rate ich, anzugeben, dass man die Teilnehmenden nur über die Uni kannte und deren Anschriften, auch durch Umzüge oder Berufseinstieg, nicht mehr nachverfolgen konnte.

LERNGEMEINSCHAFTEN						
Datum	**Thema**	**Ziel**	**Ort**	**mit**	**Gesamtfahrstrecke in km**	**Dauer**
12.02.2014	Einführung in die Statistik	Übungen	Stadtbibliothek Köln, Josef-Haubrich-Hof 1, 50676 Köln	David B., Josua B.	4	09:15-18:00
13.02.2014	Einführung in die Statistik	Übungen	Stadtbibliothek Köln, Josef-Haubrich-Hof 1, 50676 Köln	David B., Josua B.	4	09:00-18:00
14.02.2014	Einführung in die Statistik	Übungen	Stadtbibliothek Köln, Josef-Haubrich-Hof 1, 50676 Köln	David B., Josua B.	4	09:30-19:00
17.02.2014	Einführung in die Statistik	Abfragen	Stadtbibliothek Köln, Josef-Haubrich-Hof 1, 50676 Köln	David B., Josua B.	4	09:00-18:00
18.02.2014	Einführung in die Statistik	Abfragen	Stadtbibliothek Köln, Josef-Haubrich-Hof 1, 50676 Köln	David B., Josua B.	4	09:20-18:15
19.02.2014	Einführung in die Statistik	Übungen	bei David B., Hovenstr. 6, 51109 Köln	David B., Josua B.	32	09:45-18:00
20.02.2014	Einführung in die Statistik	Altklausuren	bei David B., Hovenstr. 6, 51109 Köln	David B., Josua B.	32	09:00-18:00
21.02.2014	Einführung in die Statistik	Abfragen	bei David B., Hovenstr. 6, 51109 Köln	David B., Josua B.	32	08:00-18:15
22.02.2014	Einführung in die Statistik	Altklausuren	Stadtbibliothek Köln, Josef-Haubrich-Hof 1, 50676 Köln	David B., Josua B.	4	08:30-18:00
23.02.2014	Einführung in die Statistik	Abfragen	Stadtbibliothek Köln, Josef-Haubrich-Hof 1, 50676 Köln	David B., Josua B.	4	09:00-17:45
03.03.2014	Kosten- und Leistungsrechnung	Vorlesungsunterlagen nachbesprechen	Stadtbibliothek Köln, Josef-Haubrich-Hof 1, 50676 Köln	David B.	4	11:00-21:00
04.03.2014	Kosten- und Leistungsrechnung	Vorlesungsunterlagen nachbesprechen	Stadtbibliothek Köln, Josef-Haubrich-Hof 1, 50676 Köln	David B.	4	12:00-19:30
05.03.2014	Kosten- und Leistungsrechnung	Vorlesungsunterlagen nachbesprechen	Stadtbibliothek Köln, Josef-Haubrich-Hof 1, 50676 Köln	David B.	4	09:00-18:15
06.03.2014	Kosten- und Leistungsrechnung	Abfragen	Stadtbibliothek Köln, Josef-Haubrich-Hof 1, 50676 Köln	David B.	4	07:00-15:45
07.03.2014	Bilanz- und Erfolgsrechnung	Vorlesungsunterlagen nachbesprechen	Café, Zülpicher Straße, 50676 Köln	Hannes G., Jo K., David S., David B.	4	10:00-18:00
08.03.2014	Bilanz- und Erfolgsrechnung	Vorlesungsunterlagen nachbesprechen	Café, Zülpicher Straße, 50676 Köln	Hannes G., Jo K., David S., David B.	4	10:00-18:00
09.03.2014	Bilanz- und Erfolgsrechnung	Übungen	Café, Zülpicher Straße, 50676 Köln	Hannes G., Jo K., David S., David B.	4	14:00-22:15
10.03.2014	Bilanz- und Erfolgsrechnung	Übungen	Café, Zülpicher Straße, 50676 Köln	Hannes G., Jo K., David S., David B.	4	10:00-17:00
11.03.2014	Mathematische Methoden	Übungen	Café, Zülpicher Straße, 50676 Köln	Hannes G., Jo K., David S., David B.	4	10:45-17:30
12.03.2014	Mathematische Methoden	Übungen	bei Hannes G., Molkestr. 156, 50969 Köln	Hannes G., Jo K., David S., David B.	7	10:30-17:00
13.03.2014	Mathematische Methoden	Altklausuren	bei Hannes G., Molkestr. 156, 50969 Köln	Hannes G., Jo K., David S., David B.	7	10:30-17:10
14.03.2014	Mathematische Methoden	Altklausuren	bei Hannes G., Molkestr. 156, 50969 Köln	Hannes G., Jo K., David S., David B.	7	07:30-16:30
15.03.2014	Kosten- und Leistungsrechnung	Abfragen	Stadtbibliothek Köln, Josef-Haubrich-Hof 1, 50676 Köln	David B.	4	9:00-17:00
16.03.2014	Kosten- und Leistungsrechnung	Abfragen	Stadtbibliothek Köln, Josef-Haubrich-Hof 1, 50676 Köln	David B.	4	9:00-17:00
17.03.2014	Kosten- und Leistungsrechnung	Abfragen	Stadtbibliothek Köln, Josef-Haubrich-Hof 1, 50676 Köln	David B.	4	9:00-17:00
18.03.2014	Bilanz- und Erfolgsrechnung	Übungen	Stadtbibliothek Köln, Josef-Haubrich-Hof 1, 50676 Köln	Hannes G., Jo K., David S., David B.	4	08:30-16:00
19.03.2014	Bilanz- und Erfolgsrechnung	Altklausuren	Stadtbibliothek Köln, Josef-Haubrich-Hof 1, 50676 Köln	Hannes G., Jo K., David S., David B.	4	07:30-16:00
20.03.2014	Bilanz- und Erfolgsrechnung	Altklausuren	Stadtbibliothek Köln, Josef-Haubrich-Hof 1, 50676 Köln	Hannes G., Jo K., David S., David B.	4	08:00-16:45
21.03.2014	Bilanz- und Erfolgsrechnung	Abfragen	bei Hannes G., Molkestr. 156, 50969 Köln	Hannes G., Jo K., David S., David B.	7	07:30-16:00
24.03.2014	Mathematische Methoden	Abfragen	bei Hannes G., Molkestr. 156, 50969 Köln	Hannes G, David B.	7	9:00-17:15
25.03.2014	Mathematische Methoden	Abfragen	bei Hannes G., Molkestr. 156, 50969 Köln	Hannes G, David B.	7	9:00-17:00
26.03.2014	Einführung in die Statistik	Altklausuren	Stadtbibliothek Köln, Josef-Haubrich-Hof 1, 50676 Köln	Hannes G., Jo K., David S., David B.	4	08:30-16:00
27.03.2014	Einführung in die Statistik	Abfragen	Stadtbibliothek Köln, Josef-Haubrich-Hof 1, 50676 Köln	Hannes G., Jo K., David S., David B.	4	08:30-18:00
28.03.2014	Einführung in die Statistik	Altklausuren	Stadtbibliothek Köln, Josef-Haubrich-Hof 1, 50676 Köln	Hannes G., Jo K., David S., David B.	4	08:30-18:45
29.03.2014	Einführung in die Statistik	Altklausuren	Stadtbibliothek Köln, Josef-Haubrich-Hof 1, 50676 Köln	David B.	4	9:00-17:00
30.03.2014	Einführung in die Statistik	Abfragen	Stadtbibliothek Köln, Josef-Haubrich-Hof 1, 50676 Köln	David B.	4	9:00-17:15
31.03.2014	Mathematische Methoden	Übungen	bei David B., Hovenstr. 6, 51109 Köln	David B.	32	13:30-22:00
01.04.2014	Mathematische Methoden	Übungen	bei David B., Hovenstr. 6, 51109 Köln	David B.	32	12:00-23:15
03.04.2014	Mathematische Methoden	Abfragen	Stadtbibliothek Köln, Josef-Haubrich-Hof 1, 50676 Köln	Hannes G., Jo K., David S., David B.	4	08:00-17:00
...	...	...	...	...	...	...

Abbildung 22: Excel – Aufstellung für Lerngemeinschaften.

4.2.1.1.3 Vergleich und Optimierung für Fahrwege

Die Unterschiede der **Entfernungspauschale** zu **Reisekosten** sind in der Höhe immens. Bei der Wahl des Reisemittels seid ihr bei der Entfernungspauschale frei, jedoch könnt ihr hier nur den einfachen und kürzesten Fahrweg absetzen. Bei Reisekosten lassen sich demgegenüber auch die tatsächlichen Kosten (falls höher: Bahntickets, Fahrzeugkosten, etc.) oder der gesamte Hin- und Rückweg als Pauschale absetzen.

Vergleich	Entfernungspauschale	Reisefahrtkosten
Abrechnung Verkehrsmittelwahl	Unabhängig	Abhängig der Wahl
Pauschale vs. tatsächliche Kosten	Beides möglich / eher Pauschale	Beides möglich
Fahrstrecke	Einfach (ohne Umwege)	Hin- und Rückweg
Häufigkeit	Max. einmal pro Tag	Keine Begrenzung

Tabelle 10: Übersicht – Unterschiede Entfernungspauschale und Reisekosten.

Zudem könnt ihr die Entfernungspauschale nur maximal einmal pro Tag absetzen, auch wenn ihr die Hochschule mehrfach pro Tag aufgesucht habt. Reisefahrtkosten lassen sich demgegenüber mehrfach pro Tag absetzen: z.B. bei Aufsuchen mehrerer Lerngruppen an verschiedenen Orten oder einer Lerngruppe und einer Werkstudierendentätigkeit.[145]

Wie oft ihr Reisekosten pro Tag oder die Entfernungspauschale pro Jahr[146] absetzt, hängt von der Plausibilität (z.B. Entfernung Wohnort zu Lerngruppe oder Hochschule) und eurem persönlichen Steuerfall ab. Es gilt dabei abzuwägen, ob die Darstellung realistisch und nachvollziehbar bleiben kann. Eine Nachprüfung des Sachverhaltes ist für das Finanzamt abseits einer beruflichen Tätigkeit (z.B. bei Arbeitgeber) schwer, da dieses kaum prüfen kann, wie oft eine Lerngruppe oder Vorlesung stattfand.

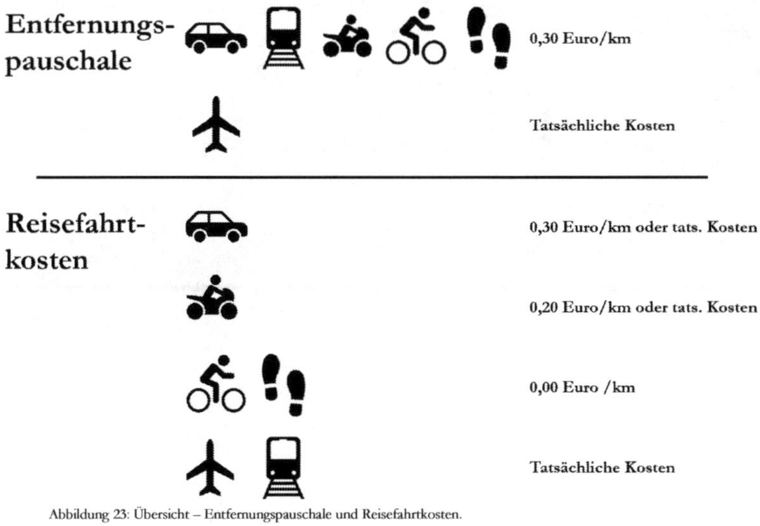

Abbildung 23: Übersicht – Entfernungspauschale und Reisefahrtkosten.

145 Selbstverständlich kann auch Entfernungspauschale und Reisekosten in Kombination an einem Tag auftreten.

146 Maximal 365.

Auch wenn es möglich erscheint, vor allem bei Reisekosten, das maximal mögliche auszureizen, rate ich dazu, die Angabe von Anfahrten an die Hochschule und Reisetätigkeiten **unter 330 Tage pro Jahr** zu halten. Aufgrund der höheren Absetzbarkeit von Reisekosten befürworte ich genau zu prüfen, aus welchem Grund ihr beruflich das Haus verlassen habt.

Erste Tätigkeitsstätte oder Auswärtstätigkeit

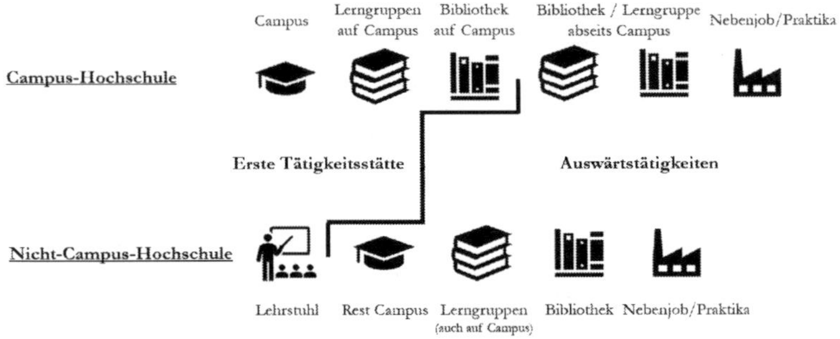

Abbildung 24: Übersicht – Fahrtkosten für Campus- und Nicht-Campus-Hochschulen.

TIPPS Lerngruppen auf bzw. neben Campus: Bei einer Lerngruppe auf dem Campus-Gelände (Campus-Hochschule) ist nur der einfache Fahrweg (mit allen Verkehrsmitteln) steuerlich für euch absetzbar. Findet die Lerngruppe abseits des Campus (z.B. im Café, bei Kommilitonen, bei Nicht-Campus-Hochschule: auch der Campus abseits des eigenen Lehrstuhls) statt, so könnt ihr Hin- und Rückweg (bei Fahrt mit PKW oder Öffentlicher Verkehrsmittel) und einen Verpflegungsmehraufwand bei einer Abwesenheit von mehr als acht Stunden absetzen.[147]

TIPP 1: Besucht ihr vor oder nach der Lerngruppe eine Vorlesung auf dem Hochschulgelände, müsst ihr die Anreise zum Besuch der ersten Tätigkeitsstätte und zur Auswärtstätigkeit aufteilen und berechnen.[148] Je nach Anfahrtsweg und Verkehrsmittel ergibt es daher Sinn, zu überlegen, ob es steuerlich vorteilhaft ist, vor oder nach dem Besuch der Hochschule eine Lerngruppe zu veranstalten (Vergleiche hierzu die Beispiele aus dem Abschnitt „Beispiele für Entfernungspauschale").

TIPP 2: Trefft ihr euch hingegen nur zur Lerngruppe am Campus und nehmt den Fahrweg mit dem Fahrrad auf euch, so ist es zu empfehlen, noch etwas vor oder nach der Lerngruppe an der Hochschule zu erledigen. So könnt ihr, statt aufgrund der Fahrradanreise bei den Reisefahrkosten leer auszugehen, den einfachen Fahrweg steuerlich absetzen[149] (Entfernungspauschale) und zusätzlich den Verpflegungsmehraufwand für die Lerngruppe geltend machen (Reisekosten).

STEUEROPTIMIERUNG: Fahrten mit Rad oder öffentlichen Verkehrsmitteln (bei Nutzung des Semestertickets) vorzugsweise zur ersten Tätigkeitsstätte angeben, da diese Fahrten verkehrsmittelunabhängig per Pauschale abgesetzt werden können. Veranstaltungen, die örtlich flexibel

---

147 Daher ist immer dazu zu raten, Lerngruppen nicht auf dem Campus abzuhalten (Nachprüfen, wo diese tatsächlich stattfanden, kann das Finanzamt jedoch nicht).

148 Reminder: Fahrten abseits der Wohnadresse und der ersten Tätigkeitsadresse, die beruflich bedingt sind, gelten als Reisekosten. Fahrten von Wohnadresse zur ersten Tätigkeitsstätte gelten als Entfernungspauschale (s. auch Beispiele Entfernungspauschale).

149 **Reisefahrtkosten** per Fahrrad 0,00 Euro/km. **Entfernungspauschale** verkehrsmittelunabhängig 0,30 Euro/km.

sind (wie Lerngruppen), abseits dieser ersten Tätigkeitsstätte abhalten, um den Verpflegungsmehraufwand und die Gesamtfahrstrecke[150] absetzen zu können.

TIPP „Reisen beruflich verknüpfen“: Ihr plant einen **Städtetrip** zu unternehmen? Schaut, ob in dieser Stadt möglicherweise eine Messe oder Veranstaltung stattfindet, die mit eurem Studium in Verbindung steht (Architekturstudium: z.B. Möbelmesse). Falls ja, könnt ihr Städtetrip und Veranstaltungsbesuch verbinden und so **Teilkosten** der Reise steuerlich absetzen.[151]

4.2.1.1.4 Vergleich und Optimierung für Auslandsaufenthalte

Fall 1: A geht zum **Auslandssemester** nach London. Wie setzt er dies bestmöglich steuerlich ab?

A setzt das Auslandssemester als **Reisetätigkeit** (Erste Tätigkeitsstätte bleibt in Deutschland) ab: A kann keine Umzugskosten absetzen. Trotzdem kann er die Kosten für alle Fahrten oder Flüge (zwischen Deutschland und London), die Hin- und Rückwege zum Campus oder Lerngruppen und den vollen Verpflegungsmehraufwand für London für die ersten drei Monate und die Kosten für die Unterkunft (Hotel oder Wohnung) absetzen. **(→ Beste Wahl)**

Wählt A die Verlegung der ersten Tätigkeitsstätte und damit seines **Ersthaushaltes** nach London, so kann A die Umzugskostenpauschale (außerhalb der EU inkl. Aufschläge für Strom- und TV-Netzänderung) für Hin- und Rückzug wählen. Bei Rückzug wird die Pauschale reduziert, da die Tätigkeitsdauer von vornherein beschränkt war. Die Wege zum Campus kann er mit der Entfernungspauschale absetzen. Für Tätigkeiten abseits des Campus darf er – wie in Deutschland – ganz gewöhnlich die Gesamtfahrstrecke und den Verpflegungsmehraufwand (London) für Lerngruppen oder Ausflüge absetzen. Unterkunftskosten und Heimfahrten[152] kann er steuerlich nicht absetzen.

A setzt das Auslandssemester als **Zweithaushalt** (doppelte Haushaltsführung) ab. Voraussetzung hierbei wäre, in Deutschland ein Zimmer oder Wohnung gleichzeitig finanziell zu unterhalten. Für die Umzugskosten nach London und zurück könnte er nur die tatsächlich anfallenden Kosten absetzen (Ausnahme: er würde nach Deutschland wegen des Berufseinstieges ziehen). Die Wege zum Campus kann er mit der Entfernungspauschale absetzen. Für Tätigkeiten abseits des Campus darf er – wie in Deutschland – ganz gewöhnlich die Gesamtfahrstrecke und den Verpflegungsmehraufwand für Lerngruppen oder Ausflüge absetzen. Unterkunftskosten und Heim-Fahrten / Flüge (Einweg) kann er steuerlich durch den Zweithaushalt absetzen. Der Aufwand hierfür (Nachweise doppelte Mietzahlungen) wäre allerdings viel höher als bei der Reisetätigkeit.

Fall 2: B zieht für sein **Masterstudium** nach Paris. Wie setzt er dies bestmöglich steuerlich ab?

B kann das reine Auslandsstudium auf keinen Fall als **Reisetätigkeit** absetzen, da in Deutschland keine erste Tätigkeitsstätte in Form einer Hochschule existiert. Die Hochschule in Paris wird daher seine erste Tätigkeitsstätte.

Wählt B die Verlegung seines **Ersthaushaltes** nach Paris, so kann B die Umzugskostenpauschale (innerhalb EU) wählen. Da B ins Ausland zieht, kann er die volle Pauschale absetzen, auch wenn

---

[150] Nur absetzbar, wenn tatsächliche Kosten durch Ticketkauf entstanden sind oder die Fahrten mit PKW/Motorroller unternommen wurden.

[151] Da eine zeitanteilige Aufteilung der Reise schwierig ist, sind die Reisekosten pauschal zur Hälfte anrechnungsfähig (BFH, Urteil vom 09.01.2003 – Az. VI B 133/12 & BFH, Urteil vom 24.02.2011 – Az. VI R 12/10). Die Kursgebühren oder Eintrittspreise bleiben zu 100% anrechenbar. Die Begleitung eines Freundes oder Partners hat keinen Einfluss auf die steuerliche Behandlung der Reise (BFH, Urteil vom 24.08.2012 – Az. III B 21/12).

[152] Außer B könnte begründen, in Deutschland einen weiteren Lebensmittelpunkt (aufgrund Familie, Sportverein oder sonstiger Verpflichtung) zu haben. So könnte B Fahrten oder Flüge von Deutschland zur Tätigkeitsstätte absetzen.

er von einer WG oder dem Elternhaus aus nach Paris zieht. Ebenso kann er diese bei Rückzug nach Deutschland absetzen, sofern er beruflich in Deutschland weiterarbeitet. In Paris kann er für Tage am Campus die Entfernungspauschale und abseits des Campus ganz gewöhnlich die Gesamtfahrstrecke und den Verpflegungsmehraufwand für Auswärtstätigkeiten absetzen. Unterkunftskosten, Heimfahrten[153] und Drei-Monats-Frist entfallen bei Verlegung des Ersthaushaltes.

B setzt das Auslandsstudium in Paris als **Zweithaushalt** (doppelte Haushaltsführung) ab. Voraussetzung hierbei wäre, in Deutschland ein Zimmer oder Wohnung gleichzeitig finanziell zu unterhalten. Die absetzbaren Kosten entsprechen denen in Fall 1 – Zweithaushalt. **(→ Beste Wahl)**

TIPP: Beachtet bei einem längeren Auslandsaufenthalt vorsorglich die 183-Tage-Regelung!

4.2.1.2 Arbeitsmittel-, Fortbildungskosten und Pauschalbeträge

Wie schon in Kapitel 2 beschrieben, sind Werbungskosten alle Kosten, die in Zusammenhang mit eurer Arbeit (Studium, Praktikum, etc.) entstehen. Neben Entfernungspauschale und Reisekosten, summieren sich Kosten für **Arbeitsmittel und Fortbildungen** hinzu, die ihr zum Ausüben des Berufs als Student:in benötigt.[154] Zu diesen gehören zum Beispiel Computer, Fachliteratur oder Hochschulgebühren.[155] Ausgaben für Arbeitsmittel oder Fortbildungen, die in einer **ausländischen Währung** gezahlt wurden, werden zum **tagesaktuellen Wechselkurs** des Zahlungsdatums in Euro umgerechnet.

Arbeitsmittel sind Gegenstände, die benötigt werden, um die *„beruflichen Aufgaben“*[156] zu erledigen. Das müssen nicht unbedingt nur physische Gegenstände wie der Computer oder Laptop sein – ein Telefonanschluss oder diverse Software (z.B. Microsoft Office, SPSS, etc.), die zu den sogenannten immateriellen Wirtschaftsgütern zählen, können ebenso als Arbeitsmittel gelten. Tatsächlich kann **jeder** Gegenstand ein Arbeitsmittel sein, maßgeblich ist **die berufliche Verwendung im Studium bzw. im Beruf.** Sobald ein Artikel zu **mindestens 10% beruflich** genutzt wird, **kann** er als Arbeitsmittel **abgesetzt werden!** Bei einer beruflichen Nutzung zu **mehr als 90 Prozent** dürfen die **kompletten Kosten (also 100%)** abgesetzt werden.[157] Ab einer **zehnprozentigen privaten** Nutzung müssen die Anschaffungskosten nach privater und beruflicher Nutzung aufgeteilt werden.[158] Kann das Verhältnis nicht geschätzt werden, so geht man von einer 50:50-Verteilung aus.[159] Zu den Anschaffungskosten zählen der Kaufpreis und Nebenkosten wie z.B. Versandkosten oder der Fahrweg (0,30 Euro/km) der Beschaffungsfahrt.

Fortbildungskosten sind Aufwendungen, die ihr tätigt, um Kenntnisse und Fertigkeiten in eurem Beruf zu erlernen oder Kenntnisse in diesem zu vertiefen. Dies liegt als Student:in der Definition von Arbeitsmitteln besonders nahe. Hierunter fallen jedoch zum Beispiel Semester-, Kurs- oder Prüfungsgebühren der Zweitausbildung oder Sprachkurse. Diese Aufwendungen müssen **nicht** abgeschrieben, sondern im Jahr der Zahlung (Abflussprinzip) vollständig abgesetzt werden.

---

153 Außer B kann belegen, in Deutschland einen weiteren Lebensmittelpunkt zu haben.

154 FG Köln, Urteil vom 07.07.2004 – Az. 7 K 932/03.

155 Vgl. VLH.

156 § 9 Abs. 1 S. 3 Nr. 6 EStG.

157 BMF-Schreiben vom 06.07.2010 – BStBl 2010 I, 614.

158 § 9 EStG.

159 BFH, Urteil vom 19.02.2004 – Az. VI R 135/01, BStBl. 2004 II, 958.

Für die Summe der **Arbeitsmittel** existiert alternativ eine **Pauschale von 110 Euro** als Werbungskosten. Ich rate euch dazu, die Werbungskosten aufgeschlüsselt steuerlich einzureichen, da das Potential – vor allem als Student:in – deutlich über dieser Pauschale liegt. Durch das „Drop-Down-Menü" in meiner Excel-Datei und der folgenden Auflistung der Arbeitsmittel bekommt ihr einen ersten Überblick, welche angefallenen Kosten für euch absetzbar sind.

Für viele Studierende ist es schwer einen Überblick darüber zu gewinnen, was alles zu dieser Kostenart der Arbeitsmittel und Fortbildungskosten gehört. Die folgende Aufstellung soll einen Überblick darüber geben. Diese Aufzählung ist nicht vollumfänglich, was in der heterogenen Landschaft von Studiengängen begründet liegt. Studiert ihr beispielsweise Sport, ist die Mitgliedschaft im Fitnessstudio oder die Sportausrüstung **plausibel und absetzbar**.[160] Ebenso ist der Klavier-Flügel[161] oder der Opernbesuch für ein Studium der Musikwissenschaften **plausibel und absetzbar**. Sportkleidung einer Musikstudentin ist jedoch **nicht** absetzbar! Demzufolge ist es je nach Studierendem und Studiengang unterschiedlich, welche Arbeitsmittel oder Fortbildungskosten jeder einzelne Studierende in der Steuererklärung absetzen und dem Finanzamt begründen kann.

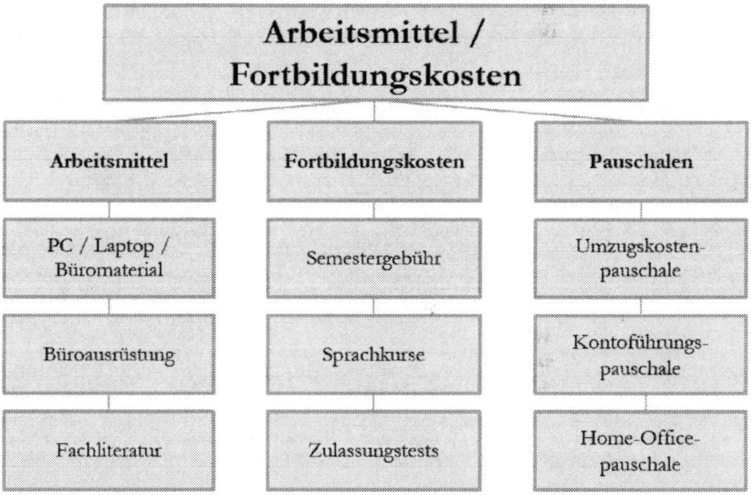

Abbildung 25: Übersicht – Arbeitsmittel- und Fortbildungskosten.

TIPP: Sind euch ungewöhnliche Kosten entstanden, die jedoch in Zusammenhang mit eurem Studium stehen, nehmt euch bei dem beigelegten Anschreiben für das Finanzamt die Zeit und gebt hierbei an, weshalb das Arbeitsmittel mit eurem Studium in Verbindung steht.[162]

---

160 **TIPP**: Es gibt eine Vielzahl von Urteilen zu „Arbeitsmitteln". Ob ihr euer spezielles Arbeitsmittel absetzen könnt, findet ihr sehr wahrscheinlich durch einfaches Recherchieren dieser Urteile heraus.

161 BFH, Urteil vom 21.10.1988 – Az. VI R 18/86.

162 Den erstaunlichsten Fall hatte wohl eine Sportstudentin, die ihr Pferd steuerlich absetzen konnte, da Reiten ein Teil ihres Studiums war. Ich betreute aber auch Gesangsstudierende, die Opernbesuche absetzen konnten.

4.2.1.2.1 Arten von Arbeitsmittel-, Fortbildungskosten und Pauschalbeträge

Die **Arten der Arbeitsmittel- und Fortbildungskosten** im Studium sind ebenso zahlreich wie die vorhandenen Studiengänge. Eine Architekturstudentin wird aufgrund ihres Studiums andere Arbeitsmittel benötigen als ein BWL-Student. Ein Sportstudent wird seine Sportausrüstung absetzen können, während eine Musikstudentin Musikinstrumente geltend machen könnte. Aus diesem Grund wird das folgende Kapitel **allgemein** gehalten werden.

Kosten vor und während des Studiums

Bereits die Kosten, die euch dazu befähigen eine Ausbildung aufzunehmen und zu durchlaufen, sind für euch steuerlich absetzbar. Darunter fallen etwa alle Kosten, die unmittelbar mit der Bewerbung (Beglaubigungen, Porto, Zulassungs- oder Sprachtests) für ein Hochschulstudium, der Hochschule und damit eurem Studium zustande kommen. Hierzu kommen die weiteren klassischen Ausgaben eines Studierenden wie:

- Ausgaben für wiederholt anfallende **Arbeitsmaterialien**, wie Semestergebühren, Bürobedarf, Schreibblöcke, Druckerpapier, Klammern, Karteikarten, Textmarker, Druckkosten im Copy-Shop oder in der Hochschule, Ordner, Toner, Tacker bis hin zum Binden, Plagiatsprüfungen und Lektorate von Semester- oder Abschlussarbeiten, sind absetzbar.

- Hinzu kommen **elektronische Geräte**: Diese reichen vom Laptop[163], Tablet, Handy[164] oder Drucker bis hin zum Diktiergerät und sind ausnahmslos absetzbar. Nicht zu vernachlässigen ist **Zubehör** dieser, wie externe Festplatten, Adapter, Kabel, Bildschirme, Tastaturen, Software-Programme wie Word oder SPSS, kostenpflichtige Apps oder auch notwendige Reparaturen der Geräte. **Tipp:** Bei diesen Anschaffungen solltet ihr zwischen privater und beruflicher Nutzung unterscheiden. Jedoch könnt ihr versuchen, diese zu mehr als 90% (dadurch 100%, also steuerlich ohne private Nutzung) für das Studium geltend zu machen.

- Auch Rucksäcke, Akten- oder **Laptoptaschen** für die Uni oder die Arbeit lassen sich steuerlich absetzen. Als **Tipp** für die Damen: Auch eure Handtaschen, sofern kein Luxusartikel oder zu klein für den Transport von Arbeitsmitteln, könnt ihr als Laptop- oder Arbeitstasche deklarieren und steuerlich absetzen.[165]

- Kosten für **Auslandssemester und -praktikum**. Zieht ihr während des Studiums ins Ausland und studiert oder arbeitet dort, könnt ihr die Kosten hierfür steuerlich als Werbungskosten geltend machen. Zusätzlich erhaltet ihr die ersten drei Monate vollen Verpflegungsmehraufwand. Hierzu im Thema Reisekosten mehr.

- **Bewerbungskosten**[166] an Hochschulen wie auch bei potentiellen Arbeitgebern (hierunter zählen Bewerbungskostenpauschalen, Anfahrtskosten und Verpflegungsmehraufwand, Beglaubigungen, Mappen, Porto, Bewerbungsfotos, Übersetzungen, Stellenanzeigen oder Zulassungstests wie GMAT, TOEFL oder sonstige Zertifikate). Ebenso können Kosten für Premium-Zugänge zu Karrierenetzwerken (wie LinkedIn oder XING) abgesetzt werden.

---

163 BFH, Urteil vom 19.02.2004 – Az. VI R 135/01: Bei Arbeitnehmern zu 50% pauschal absetzbar. Jedoch kann man bei Studierenden von einer höheren beruflichen Nutzung ausgehen. Diese solltet ihr gut begründen (z.B. Schreiben der Abschlussarbeit).

164 Smartphone nur zu 50 oder maximal 70% steuerlich absetzen, da auch immer eine private Nutzung vorliegt.

165 Maximal zwei Stück pro Veranlagungszeitraum bzw. Jahr absetzbar.

166 Für Online-Bewerbung gilt eine Pauschale von 2,50 Euro je Bewerbung, bei postalisch versendeten Bewerbungen eine Pauschale von 7,50 Euro. Ihr solltet euch die Durchschriften oder Eingangsbestätigungen der Bewerbungen aufheben, um diese belegen zu können (FG Köln, Urteil vom 07.07.2004 – Az. 7 K 932/03).

- **Berufskleidung,** sofern diese nicht privat nutzbar ist (z.B. weiße Krawatte bei Juristen oder Arztkittel bei Medizinern).

- **Doppelte Haushaltsführung,** sofern ihr die Voraussetzungen erfüllt, könnt ihr eure Miete, ebenso wie die notwendige Einrichtung, am Studien- oder Arbeitsort absetzen.

- **Fachliteratur**. Hierzu gehören Bücher, Skripte, Mitschriften von Online-Portalen, E-Books, Fachzeitschriften und -zeitungen mit konkreten beruflichem Bezug bis hin zu Ausleihgebühren von Bibliotheken.

- **Fahrtkosten.** Hierzu zählen nicht nur die Pendlerpauschale von 0,30 Euro/km der einfachen Strecke zur ersten Tätigkeitsstätte oder 0,30 Euro/km für Hin- und Rückweg bei Auswärtstätigkeiten, sondern auch Kosten für Bahncard oder Semesterticket[167].

- **Feierlichkeiten (Bewirtungskosten)** – Kosten für eine Feier (z.B. Abschlussfeier, Abschiedsfeier) mit Kollegen und Kommilitonen sind steuerlich absetzbar, sofern das Fest beruflich (in eurem Fall: z.B. Beenden des Studiums) veranlasst war.

- **Kreditkosten**. Nehmt ihr während eures Studiums einen **Studienkredit** (bspw. bei der KfW-Bank) auf, um euch das Studium finanzieren zu können, so könnt ihr die daraus entstandenen Zinsen und Gebühren steuerlich geltend machen. Müsst ihr BAföG zurückzahlen und hierfür einen Kredit aufnehmen, könnt ihr auch diese Kosten absetzen.[168]

- **Nachhilfestunden und kostenpflichtige Kurse** (für Hochschulkurse oder Fortbildungen jeglicher Art, egal ob On- oder Offline), z.B. Volkshochschulkurse oder Udemy.

- Zu euren Arbeitsmaterialien zählen auch **Möbel (Voraussetzung hierfür, dass diese zum Arbeiten benötigt werden)** wie ein Bücherschrank, Schreibtisch und Zubehör, eine Kommode oder der Schreibtischstuhl. Bei der doppelten Haushaltsführung könnt ihr die gesamte notwendige Einrichtung eurer Wohnung oder des WG-Zimmers absetzen.

- **Promotionskosten.**[169]

- Aber auch **Rechtskosten** wie bei **Studienplatzklagen** oder sonstige Rechtsverfahren in Verbindung mit eurer Ausbildung (Anwalts- und Gerichtskosten) sind steuerlich absetzbar.[170] Auch, wenn die Verfahren nicht erfolgreich waren.

- **Sprachkurse**, die ihr neben eurem Studium absolviert, sind ebenso absetzbar – sollten jedoch mit eurem beruflichen Werdegang in Verbindung gebracht werden können.

- **Steuerberatungskosten.** Hierunter fallen nicht nur Kosten für Steuerberater, Steuerkurse oder Steuersoftware. Auch **dieses Buch** dürft ihr steuerlich absetzen!

- **Telefon- und Internetkosten.** Ihr könnt 20% eurer monatlichen Telefon- und Internetkosten steuerlich absetzen. Allerdings maximal 20 Euro pro Monat.

- Zieht ihr um, so könnt ihr die tatsächlichen **Umzugskosten** bei Umzug des Zweithaushaltes (per Nachweis) absetzen oder bei Umzug des Ersthaushaltes eine Pauschale zuzüglich weiterer Kosten absetzen.

---

167 BFH, Urteil vom 22.09.2011 – Az. III R 38/08.

168 BFH, Urteil vom 15.03.1974 – Az. VI R 252/71, BStBl. II 1974, 513.

169 BFH, Urteil vom 16.03.2004 – Az. VIII R 65/03 & BFH/NV 2004, 1522.

170 BFH, Urteil vom 28.07.2011 – Az. VI R 7/10, BStBl, 2012 II, 557 & Az. VI R 38/10, BStBl. 2012 II, 561.

- **Unfallkosten.** Sobald ihr bei einer Fahrt, die beruflich veranlasst ist, einen Unfall habt, könnt ihr die Kosten (Selbstbeteiligung, eigener Schaden, etc.), die euch nachweislich entstehen, als Werbungskosten absetzen.[171]

Bei **Arbeitsmitteln mit einem Kaufpreis von mehr als 952 Euro[172] brutto** gilt, dass diese über eine **Nutzungsdauer abgeschrieben** werden müssen. Hierbei gilt nicht die tatsächliche Nutzungsdauer, sondern eine gesetzlich vorgegebene (meist drei Jahre). Ein Laptop mit einem Kaufpreis von 1.500 Euro wird beispielsweise über drei Jahre zu je 500 Euro pro Jahr abgeschrieben.

Kosten nach dem Studium

Auch Kosten nach Beenden der Ausbildung lassen sich als Werbungskosten absetzen, falls diese wiederum mit dem Studium an sich oder mit der Aufnahme des Berufes oder dessen in Verbindung stehen: z.B. Pendlerpauschale, Bewerbungskosten oder Fahrten zu Vorstellungsgesprächen.

Zu diesen Werbungskosten zählen auch die **Abschlussfeier**aktivitäten – dabei ist es unerheblich, ob mit Eltern oder Kommilitonen gefeiert wird.[173] Bei Arbeitnehmern treten diese Feierlichkeiten (sog. **Bewirtungskosten[174]**) bei Eintritt bzw. Beendigung des Arbeitsverhältnisses auf. Dies könnt ihr mit dem Austritt an der Universität gleichsetzen und eure Kosten der Feierlichkeit zu 100% geltend machen. Hierunter fallen nicht nur die Eintrittskarten für die Feier an eurer Hochschule, die ihr eurem engsten Kreis bezahlt habt, sondern auch die Bewirtung (z.B. Restaurantbesuch: maschinelle Rechnung aufbewahren und unterschreiben!) eurer Gäste. Ob die Feierlichkeit abgesetzt werden kann, hängt davon ab, ob die Feier im beruflichen Umfeld (Gäste bestehend vor allem aus Kommilitonen, Ort der Feierlichkeit) stattfindet. Ist die Feier teilweise privat veranlasst (Gäste aus privatem und beruflichem Umfeld), so sind die Kosten anteilig nach Gästen aufzuteilen. Das Gesamtbild der Feier entscheidet meist, ob die Kosten hierfür absetzbar sind.

Ebenso sind spätere **Bewerbungskosten** (Porto, Bewerbungsbilder, CV-Checks) für den Jobeinstieg/Trainee-Stelle, wie auch Bücher für eine Assessmentcenterausbildung, Besuche bei Unternehmen (sofern nicht erstattet)[175] oder Bewerbungsmappen und Fotos absetzbar.

Schätzung für Bewerbungskosten: Für jede Online-Bewerbung könnt ihr pauschal 2,50 Euro absetzen – für jede Offline-Bewerbung 7,50 Euro. Ihr solltet unbedingt hierfür die Eingangsbestätigungen der Unterlagen oder die Bewerbungsanschreiben als Beleggrundlage abspeichern und aufbewahren (FG Köln, Urteil vom 07.07.2004 – Az. 7 K 932/03).

Benötigte Kleidung für den Jobeinstieg (bei Herren Anzüge oder bei Frauen Etui-Kleider oder Kostüme) sind steuerlich **nicht** absetzbar[176] (Stichwort: Kosten des privaten Lebens). Jedoch ist die Reinigung dieser Kleidung[177] – auch während Ausübung des Berufes – steuerlich absetzbar.[178]

---

[171] Schadenbericht der Polizei bzw. Versicherung reicht als Nachweis aus: **Diebstahl** (FG Hamburg, Urteil vom 05.07.2006 – Az I 4/06); **Motorschaden** (FG München, Urteil vom 21.04.2009 – Az. 13 K 4357/07).

[172] Gilt seit 2018. Vor 2018 betrug der Betrag 410 Euro netto (brutto (mit MwSt.): 487,40 Euro). Weiteres im nächsten Abschnitt.

[173] BFH, Urteil vom 18.08.2016 – Az. VI R 52/15; FG München, Urteil vom 21.07.2009 – Az. 6 K 2907/08; FG Münster, Urteil vom 29.05.2015 – Az. 4 K 3236/12 E; FG Hessen, Urteil vom 23.04.13 – Az. 3 K 11/10.

[174] Feiert ihr euren Geburtstag im Büro (BFH, Urteil vom 10.11.2016 – Az. VI R 7/16) oder bringt Snacks zum Abschluss eures Praktikums (BFH, Urteil vom 11.01.2007 – Az. VI R 52/03) mit, könnt ihr die hierfür entstandenen Kosten steuerlich absetzen.

[175] Sofern die Firmen euch die Anreisekosten erstatten, dürft ihr diese nicht mehr absetzen, da die Anfahrt bereits vom Unternehmen steuerlich als Betriebsausgabe abgesetzt wird. Den Verpflegungsmehraufwand der Reise dürft ihr trotzdem geltend machen.

[176] BFH, Urteil vom 19.06.2012 – Az. B 4 AS 163/11 R.

4.2.1.2.2 Sofort abzugsfähige oder abzuschreibende Arbeitsmittel

Arbeitsmittel unterscheiden sich bei der steuerlichen Absetzbarkeit hinsichtlich ihrer Anschaffungskosten. Sind diese günstiger als **410 Euro** netto (vor 2018) oder **800 Euro** netto (ab 2018), so spricht man von **sofort abzugsfähigen Arbeitsmitteln (geringfügigen Wirtschaftsgütern)** und kann diese im Anschaffungsjahr komplett absetzen. Ist das erworbene Arbeitsmittel teurer als 800 Euro (ohne MwSt.: z.B. gebraucht gekaufte Arbeitsmittel) oder 952 Euro (mit MwSt.) (bzw. vor 2018: 410 Euro netto), so **muss** dieses über seine Nutzungsdauer **linear abgeschrieben werden**.

Beispiel für sofort abzugsfähige Kosten eines Arbeitsmittels (geringfügiges Wirtschaftsgut): Ist der Artikel **günstiger** als 800 bzw. 410 Euro, so gilt er als geringfügiges Wirtschaftsgut (GWG).[179] Der Artikel **kann** sofort komplett abgesetzt werden – muss er jedoch nicht.[180]

Achtung: Im Jahr 2020 kurzzeitige Senkung der MwSt. aufgrund der Corona-Pandemie!

Voraussetzungen für ein GWG sind, dass diese **selbständig nutzbar**[181], **beweglich** und **abnutzbar** sind. Ein Desktop-PC ist nicht selbständig, da er ohne Maus und Bildschirm nicht nutzbar ist. Diese Arbeitsmittel sind dann zusammen abzuschreiben.

Beispiel für verpflichtend abzuschreibende Arbeitsmittel: Ist der Artikel **teurer** als 800/410 Euro netto, so **muss** dieser über seine Nutzungsdauer abgeschrieben werden.[182] Angenommen ihr kauft einen Artikel für 1.200 Euro im April und schreibt ihn über **drei Jahre** (= 36 Monate) ab:

- **Jahr 1:** Abschreibung für April bis Dezember, also für 9 Monate = 9/36 (300 Euro).
- **Jahr 2:** Abschreibung für Januar bis Dezember, also 12 Monate = 12/36 (400 Euro).
- **Jahr 3:** Abschreibung für Januar bis Dezember, also 12 Monate = 12/36 (400 Euro).
- **Jahr 4:** Abschreibung der noch fehlenden Monate, bis 36/36 voll sind = 3/36 (100 Euro).

Für jedes Arbeitsmittel gilt für die entsprechende Abschreibung eine **andere Nutzungsdauer**. Anbei eine Tabelle zur schnellen Übersicht der gängigsten studentischen Arbeitsmittel und ihrer steuerlichen Nutzungsdauer.[183] Werden Arbeitsmittel aufgrund **hoher Belastung** stärker abgenutzt, kann die Nutzungsdauer **herabgesetzt** werden. Dies muss jedoch dem Finanzamt erläutert werden. Geht ein Arbeitsmittel vorzeitig durch einen Schaden **kaputt** oder **verloren**, so kann der **verbliebene Restwert** in entsprechendem Jahr vollständig abgeschrieben werden.[184] Bei gebraucht gekauften Arbeitsmitteln (über GWG) kann die **Restnutzungsdauer** verwendet werden.

Arbeitsmittel	Gesetzliche Nutzungsdauer
Computer / Laptop / Tablet-PC / Drucker	(seit 2021 Sofortabsetzen bei PC, Tablet und Laptop) 3 Jahre
Smartphone	5 Jahre
Monitor	7 Jahre
Büromöbel	13 Jahre

Tabelle 11: Übersicht – Nutzungsdauer diverser Arbeitsmittel.

177 BFH, Urteil vom 20.06.1993 – Az. VI R 77/91.

178 Wäsche: 0,76 Euro/kg Buntwäsche; 0,88 Euro/kg pflegeleichte Wäsche; 0,41 Euro/kg Trockner; 0,07 Euro/kg Bügeln: Pauschal lässt das Finanzamt hier bis zu 110 Euro zu (Erfahrungswert).

179 Der **Gesamtpreis** ist entscheidend. Nicht der Preis, der auf die berufliche Nutzung entfällt.

180 § 9 Abs. 1 S. 3 Nr. 7 S. 2 EStG und § 6 Abs. 2 S. 1 EStG.

181 Dies wird in der **Praxis** kaum angewendet. So können Kabel, Adapter, Software, etc. im Jahr der Anschaffung abgesetzt werden.

182 § 7 Abs. 1 S. 1 EStG.

183 Vollständige Liste unter: „AfA-Tabelle für die allgemein verwendbaren Anlagegüter“ (Homepage Bundesfinanzministerium).

184 BFH, Urteil vom 09.12.2003 – Az. VI R 185/97.

TIPP: Rückwirkend zum 01.01.2021 dürfen **alle digitalen Anschaffungen** (Laptop, Tablet (ab 9"), Software) im Jahr der Anschaffung ab 2021 vollständig abgeschrieben werden (Digitalisierungsstrategie).[185] Geräte, die vor 2021 erworben wurden, müssen ggf. abgeschrieben werden. Der **verbleibende Restwert** darf 2021 vollständig geltend gemacht werden.

4.2.1.2.3 Steuerliche Pauschalbeträge

Zu der bereits genannten **Arbeitnehmerpauschale**[186], existieren noch weitere absetzbaren Pauschalen[187], die ihr neben den abgesetzten Werbungskosten geltend machen könnt.

Umzugskostenpauschale

Verlegt ihr euren Ersthaushalt aus einem beruflichen Grund[188], so könnt ihr die **Umzugskostenpauschale** absetzen. Für jeden weiteren beruflich bedingten Umzug **innerhalb von fünf Jahren** erhöht sich der Beitrag **einmalig um +50%**, sofern vor und nach den Umzügen jeweils eine eigene Wohnung bewohnt wurde. Ebenso erhöht sich diese Pauschale, sofern ihr ins Ausland (EU- und Non-EU in unterschiedlicher Höhe) zu- oder zurückzieht.[189]

Die Umzugskostenpauschale ist an **Bedingungen** geknüpft. So muss der Umzug **(1) berufsbedingt** (Jobwechsel, Studienortwechsel, Rückkehr aus dem Ausland) erfolgen und **(2) eine Fahrzeitverkürzung von einer Stunde** (Hin- und Rückweg pro Tag) zur ersten Tätigkeitsstätte vorliegen.[190] Jedoch hat auch die letzte Bedingung wieder zahlreiche Ausnahmen: Beispielsweise, sobald ihr in fußläufige Nähe zur Tätigkeitsstätte ziehen würdet[191] oder ihr aufgrund eures Arbeitgebers umziehen müsstet[192], so könnt ihr auch in diesen Fällen die Pauschale absetzen. Ebenso könnt ihr die Pauschale absetzen, wenn ihr eine doppelte Haushaltsführung auflöst (bspw. nach Beenden des Studiums) und an den Ort der Arbeitsstätte bzw. ehemaligen Studienortes zieht. Zieht ihr zu den Eltern (oder an den Lebensmittelpunkt) zurück, so dürft ihr nur die tatsächlichen Kosten absetzen.

ACHTUNG: Der **Pauschalbetrag** umfasst lediglich den Einbau von Küchen und elektrischen Geräten, Trinkgelder für Möbelpacker, Anbringen von Lampen und Gebühren für die Ummeldung.

In der Umzugskostenpauschale sind **keine** **Maklerkosten, doppelte Mietzahlungen**[193], **Transportkosten** für Hausrat (Miete LKW, Umzugsunternehmen, Bezahlung und Verköstigung der Umzugshelfer, etc.), Verpackungsmaterialien oder Kilometerpauschalen und Verpflegungsmehr-

185 Schreiben des Bundesfinanzministeriums vom 26.02.2021, IV C 3 – S2190/21/10002:013 & 22.02.2022.

186 Entweder die Werbungskostenpauschale oder die Summe von Arbeitsmitteln, Reisekosten und Pendlerpauschale.

187 Pauschalen werden in der Anlage N (2019) unter „sonstige Werbungskosten" (Z. 46) vermerkt.

188 Bei **privatbegründetem** Umzug können nur die Speditionskosten unter haushaltsnahen Dienstleistungen steuerlich geltend gemacht werden. Seid ihr beispielsweise während der Corona-Krise, um Miete zu sparen, kurzzeitig wieder zu euren Eltern gezogen, dann war dieser Umzug **nicht** berufsbedingt.

189 Die Höhe hierbei richtet sich danach, ob ihr ins EU- oder weitere Ausland zieht oder zurückzieht.

190 H 9.9 Erhebliche Fahrzeitverkürzung LStH 2015.

191 BFH, Urteil vom 22.11.1991 — Az. VI R 77/89, BStBl. 1992 II, 494; FG Baden-Württemberg, Urteil vom 02.04.2004 — Az. 8 K 34/00 & EFG 2004 S. 1204; FG Rheinland-Pfalz, Urteil vom 21.06.1995 — EFG 1995 S. 1048.

192 Euer Wohnheim wird renoviert oder eure maximale Wohnzeit endet dort. Bspw. FG Saarland, Urteil vom 25.02.1987 – Az. I K 236/85, EFG 1987 S. 347.

193 Bis zu sechs Monate doppelte Mietzahlungen für die alte Wohnung und bis zu drei Monate für die neue Wohnung.

aufwand für Besichtigungstermine **enthalten** und können noch **zusätzlich zur Pauschale** abgesetzt werden.[194] So können am Umzugstag **Reisekosten** wie bei einer Auswärtstätigkeit (Fahrwege und Verpflegungsmehraufwand) abgesetzt werden. Ebenso können auch **Übernachtungskosten** für den Zeitraum vom Einladen bis zum Ausladen des Umzugsgutes abgesetzt werden, sofern diese nachgewiesen werden können.

Die **Umzugskostenpauschale** ins Ausland oder aus dem Ausland nach Deutschland unterscheidet sich nicht nach Ländern, sondern nur hinsichtlich EU- oder Nicht-EU-Länder (Auslandsumzugskostenverordnung; AUV). Diese Umzugskostenpauschale ist an das **Grundgehalt der Besoldungsgruppe A13 Stufe 8** (Bundesumzugskostengesetz; BUKG) gekoppelt.[195]

Seit 01.06.2020 gilt: Habt ihr **keine eigene Wohnung vor oder nach eurem Umzug bewohnt** (z.B. Auszug bei den Eltern, WG-Zimmer), dann dürft ihr für Umzüge innerhalb Deutschlands nur 20% (Ledige) oder 30% (Verheiratete) der Umzugskostenpauschale absetzen.

Umzugskostenpauschale[196] innerhalb	**BRD[197]**	**BRD[198]**	**EU**	**Non-EU[199]**
Ledige (ohne Kinder) ab				
03/2016 (Entscheidend ist der Tag bei Beenden des Umzuges)	746 €	1.119 €	1.044 €	1.096 €
02/2017	764 €	1.146 €	1.068 €	1.122 €
03/2018	787 €	1.181 €	1.100 €	1.155 €
04/2019	811 €	1.217 €	1.134 €	1.191 €
03/2020	820 €	1.230 €	1.146 €	1.204 €
06/2020	860 €	1.290 €	1.146 €	1.204 €
04/2021	870 €	1.305 €	1.160 €	1.218 €
04/2022	886 €	1.329 €	1.181 €	1.240 €
Verheiratete (ohne Kinder) ab				
03/2016	1.493 €	2.240 €	2.035 €	2.192 €
02/2017	1.528 €	2.292 €	2.083 €	2.243 €
03/2018	1.573 €	2.360 €	2.145 €	2.310 €
04/2019	1.622 €	2.433 €	2.212 €	2.382 €
03/2020	1.639 €	2.459 €	2.235 €	2.407 €
06/2020	1.433 €	2.150 €	2.235 €	2.407 €
04/2021	1.450 €	2.175 €	2.262 €	2.436 €
04/2022	1.476 €	2.214 €	2.303 €	2.480 €

Tabelle 12: Übersicht – Höhe der Umzugskostenpauschale.

194 Rechnungen hierfür sollten aufbewahrt werden. Kosten für private Helfer sind auch, sofern sie bezahlt oder verköstigt werden, absetzbar.

195 Dies ist der offizielle Richtwert. Lasst euch davon nicht verunsichern. 20% bei EU-Ausland, 21% bei Nicht-EU. Beispielsrechnung im Folgenden. Der Basiswert verändert sich jedes Jahr, da er mit der Besoldungsgruppe zusammenhängt.

196 **ACHTUNG**: Mit umziehende Kinder erhalten einen extra Zuschlag zur Umzugskostenpauschale.

197 Nur, falls vor **und** nach Umzug eine **eigene Wohnung** bestand. Ansonsten 20% der Pauschale für ledige oder 30% der Pauschale für verheirate Personen: z.B. 172 (ab 06/2020) bzw. 174 (ab 04/2021) Euro für Ledige ohne eigene Wohnung als Umzugskostenpauschale.

198 Ab dem zweiten berufsbedingten Umzug **innerhalb von fünf Jahren** erhöht sich die Pauschale einmalig um 50%.

199 Bei Ländern mit anderer Netzspannung (+13%) und/oder anderer Fernsehnorm (+10% des Grundgehaltes der Besoldungsgruppe A13 Stufe 8) erhöhen sich diese Pauschalen nochmals (Netzspannung: 230 Volt in Deutschland. Fernsehnorm in Deutschland: PAL).

Kalkulation Umzugskostenpauschale EU-Ausland	Basis: A13 St. 8 (2019): 5.671 €
EU-Ausland (20% des Grundgehaltes A13)	1.134 €
+ ggf. bei mehrfachem Umzug innerhalb 5 Jahren (+50%)	+ 567 €
+ ggf. andere Fernsehnorm (+10% des Grundgehaltes A13)	+ 567 €
+ ggf. andere Netzspannung (+13% des Grundgehaltes A13)	+ 737 €
Summe Umzugskostenpauschale EU-Ausland	**3.006 €**

Tabelle 13: Beispielsrechnung –Kalkulation Umzugskostenpauschale EU-Ausland.

ACHTUNG: Zieht ihr aus dem Ausland **zurück nach Deutschland**, erhaltet ihr 80% der oben genannten Beträge. Ist der Auslandsaufenthalt von vornherein auf **maximal 2 Jahre** befristet, dann verkürzen sich die Beträge der Umzugskostenpauschale bei einem Aufenthalt von bis zu 8 Monaten auf 20%, bei einem Aufenthalt ab 8 Monaten auf 40% der ursprünglichen Pauschale.[200]

Arbeitsmittelpauschale

Zudem gibt es eine **Arbeitsmittelpauschale** von 110 Euro. Wenn keine Quittungen für Arbeitsmittel gesammelt wurden, können in der Regel pauschal **110 Euro pro Jahr** in der Anlage N eingetragen werden. Es gibt allerdings **keinen** Rechtsanspruch darauf. Außerdem solltet ihr durch das kostenintensive Studium deutlich mehr als diese 110 Euro für Arbeitsmittel absetzen.

Kontoführungspauschale

Zusätzlich könnt ihr eure **Kontoführungsgebühren** mit einer Pauschale von **16 Euro pro Jahr** absetzen. Sind die Kontoführungsgebühren eures Gehalts- oder BAföG-Kontos höher, so könnt ihr diese in voller Höhe absetzen, sofern diese mit den Einkommenszahlungen in Verbindung stehen. Die Kosten für eine Kreditkarte sind ebenso steuerlich absetzbar, jedoch nur, wenn bei Nachweis darüber die **Kreditkarte** so gut wie ausschließlich bei Auswärtstätigkeiten genutzt wurde. Ansonsten sollten die Kosten in einen privaten und beruflichen Teil aufgeteilt werden.

Homeoffice-Pauschale

Im Rahmen der Corona-Krise wurde beschlossen, **Home-Office** zu subventionieren. So darf für jeden Tag, den man aus dem Home-Office arbeitet / Vorlesungen besucht, fünf Euro (**max. 120 Tage pro Jahr**) abgesetzt werden. Ab 2023 wird die Pauschale auf 6 Euro und 210 Arbeitstage erhöht. Die Pauschale wird als Summe (Tage x 5 Euro) in die Zeile des häuslichen Arbeitszimmers bzw. für 2021 die Anzahl der Tage in Z. 45 (Anlage N) vermerkt. Die Pauschale zählt als Alternative zum Fahrweg an die erste Tätigkeitsstätte. Daher kann pro Arbeitstag nur der Fahrweg **oder** die Home-Office-Pauschale abgesetzt werden – auch, wenn ihr beides gemacht habt.

4.2.1.2.4 Beispiele für Arbeitsmittel, Fortbildungskosten und Pauschalbeträge

Schauen wir uns zu der Thematik einige Beispiele an, wie die unterschiedlichen Kosten für Arbeitsmittel und Fortbildungskosten behandelt werden.

Fall 1: A kauft für sein Studium einen Laptop im Februar 2020 (1.200 Euro), Fachliteratur im Wert von 800 Euro und überweist den Studienbeitrag von 7.000 Euro an die Privathochschule. Zudem zieht er an den neuen Studienort.

A muss den Laptop über drei Jahre abschreiben. Da er ihn im Februar kauft, kann er von den anteiligen 400 Euro nur 11/12 absetzen. Die Fachliteratur, sofern mehrere Werke, kann er komplett

[200] Beispielsweise bei einem Auslandssemester.

im entsprechenden Jahr absetzen. Ebenso kann er die 7.000 Euro komplett absetzen, da diese als Fortbildungskosten und nicht als Arbeitsmittel gelten. Für den Umzug (Ersthaushalt) kann er die Pauschale absetzen. Ist er bereits in den letzten fünf Jahren für ein Praktikum/Ausbildung umgezogen, erhöht sich die Pauschale um 50%. Hinzu kann er Kosten, die nicht in der Pauschale enthalten sind, zusätzlich absetzen. Zudem kann er noch Pauschalen für Kontoführungsgebühr absetzen. Die Pauschale für Arbeitsmittel ist durch das Absetzen des Laptops bereits überschritten.

Fall 2: B kauft für sein Studium einen Laptop im Februar des Vorjahres (1.200 Euro). Dieser wird in der Bibliothek allerdings gestohlen. Zudem legt er sich einen neuen höhenverstellbaren Schreibtisch (800 Euro) mit passender Arbeitsplatte (200 Euro) und einen passenden Stuhl (40 Euro) zu.

B kann den Restwert des Laptops (833,33 Euro = 2 1/12 x 400 Euro) abschreiben. Muss dies dem Finanzamt jedoch belegen. Auch der Stuhl lässt sich im gleichen Jahr vollständig abschreiben. Der Schreibtisch muss als Ganzes bewertet werden (Gestell und Arbeitsplatte sind keine eigenständigen Arbeitsmittel). Da er kein GWG mehr ist, muss er über 13 Jahre abgeschrieben werden.

Fall 3: B kauft für sein Studium im Januar einen Tablet-PC für 1.200 Euro, welchen er noch privat (20%) nutzt.

B kann, da er das Tablet privat und im Studium nutzt, nach Anteilen gewichten und absetzen. Im ersten Jahr kann er von 400 Euro (=1.200/3) 320 Euro (80%) steuerlich absetzen. Würde er es nur zu 10% privat nutzen, könnte er die kompletten 400 Euro steuerlich absetzen.

Fall 4: B hat sich im Juli 2018 eine Kommode für 500 Euro gekauft, welche er ab 2020 für die Aufbewahrung von Studienmaterialien beruflich nutzt. Wie kann er die Kommode absetzen?

B kann die Kommode umwidmen und über die Nutzungsdauer von 13 Jahren beginnend im Juni 2018 abschreiben. 2020 hat diese einen Restwert von 442 Euro. Diese kann er in 2020 anteilig (1/13=38,46 Euro) absetzen.

4.2.1.2.5 Überführen der Arbeitsmittel in Excel und Steuerformulare

Die Grundlagen der absetzbaren Kosten für Arbeitsmittel habt ihr nun kennengelernt. Im Folgenden geht es nun darum, dem Finanzamt aufgeschlüsselt aufzuzeigen, welche Kosten ihr aus eurem Studium in entsprechendem Steuerjahr absetzen möchtet. Je detaillierter ihr dies durchführt, desto eher ist die Sachlage erfolgsversprechend.

Kosten für Arbeitsmittel			Summe lf. Jahr		713,67 €
Artikel	Spezifikation	Steuerkennzeichen	Kaufdatum	Kaufpreis	Anrechenbar
Drucker	HP Deskjet	Arbeitsmittel	21.06.2019	90,00 €	90,00 €
Laptop	MacBook	Arbeitsmittel	22.09.2019	2.700,00 €	300,00 €
Fachliteratur	Mitschriften	Arbeitsmittel	21.12.2019	47,50 €	47,50 €
Semesterbeiträge	WS 2019	Fortbildungskosten	01.04.2019	256,17 €	256,17 €
Bewerbungsbilder		Arbeitsmittel	01.05.2019	20,00 €	20,00 €

Abbildung 26: Excel – Übertrag der Arbeitsmittel.[201]

[201] Steuerjahr 2019, daher darf der Laptop nur zu 300 Euro (2700/3 *4/12) angesetzt werden.

TIPP: Der steuerlich **absetzbare Anschaffungspreis** setzt sich aus Artikelpreis und Beschaffungskosten (z.B. Versandkosten, Fahrweg ins Geschäft) zusammen.

Unter dem Reiter „Arbeitsmittel" in der Excel-Datei seht ihr in der **ersten Spalte** alle auswählbaren Artikel (ca. 120), die ihr per Drop-Down-Menü (oder Schaltfläche) auswählen könnt. Diese Liste ist, wie bereits erwähnt, aufgrund der heterogenen Studienlandschaft nicht vollumfänglich. Natürlich existieren noch weitere nicht aufgeführte absetzbare Arbeitsmittel. Diese könnt ihr dann als „Sonstige"-Artikel auswählen. Die bereits eingefügten 120 Artikel sollen euch eine Übersicht geben, welche Ausgaben allgemein als Arbeitsmittel für Studierende absetzbar sind.

Die Spalte B (**zweite Spalte**) gibt die Möglichkeit, Artikel zu spezifizieren. Dies dient der exakteren Darstellung für das Finanzamt. Denn je genauer und detaillierter ihr einen Einblick über die Arbeitsmittel gebt, desto eher kann beim Finanzamt nachvollzogen werden, ob die steuerliche Absetzbarkeit korrekt ist. In dieser Spalte kann frei nach Wahl eingetragen werden.

Die **dritte Spalte** ist das Steuerkennzeichen[202]. Dieses füllt sich je nach Eintrag in Spalte A in Excel vollautomatisch aus. Das Kennzeichen dient dazu, dass ihr abschließend die Summe der jeweiligen entstandenen Kostenart aus der nebenstehenden Tabelle ablesen und in das jeweilige Steuerformular überführen könnt *(Links der nachstehenden Tabelle stehen die entsprechenden Felder der Steuerformulare, um euch den Übertrag zu erleichtern).*

Kosten gesamt	713,67 €	Übertragen in
Fortbildungskosten	256,17 €	Anlage N Z. 45
Arbeitsmittel	457,50 €	Anlage N Z. 42 & 43
Summe Sonderausgaben	- €	Anlagen Sonderausg.

Abbildung 27: Excel – Summe der Kostenposten.

In die **vierte Spalte** gebt ihr das Kaufdatum des Artikels ein. Dies dient dazu, den Kauf nachvollziehbar zu machen und falls eine Abschreibung durchzuführen ist, diese korrekt zu kalkulieren. Eine (erforderliche) Abschreibung erledigt meine Excel-Datei hierbei für euch völlig automatisch (Spalte „Anrechenbar"). Ist ein Artikel teurer als die Grenze des GWG, wird er entsprechend des Kaufdatums auf die Nutzungsdauer abgerechnet.

In der **fünften Spalte** wird die Kaufsumme[203] für den Artikel eingesetzt und in der **sechsten Spalte** die anrechenbare Summe für das laufende Jahr berechnet. Über der sechsten Spalte seht ihr die Summe der anrechenbaren Kosten. Das ist die Summe der Kosten, die ihr in diesem Steuerjahr absetzen könnt. Diese Summe wird in der Anlage N (2019) Zeile 42 und 43 eingetragen und dient als Referenz nach dem Erhalt des Steuerbescheides.

	Aufwendungen für Arbeitsmittel – soweit nicht steuerfrei ersetzt – (Art der Arbeitsmittel bitte einzeln angeben.)		EUR		
42	Arbeitsmittel f. Studium (s. Excel-Aufstellung)		458 ,–		
43		+	,–	320	458 ,–
	Aufwendungen für ein häusliches Arbeitszimmer				
44				325	,–
	Fortbildungskosten – soweit nicht steuerfrei ersetzt –				
45	Semesterbeiträge			330	257 ,–

Abbildung 28: Anlage N – Übertrag Arbeitsmittel.

[202] Fortbildungskosten, Arbeitsmittel oder Sonderausgaben.

[203] Die Aufwandssumme setzt sich zusammen aus Artikelpreis und den Beschaffungskosten.

4.2.1.3 Doppelte Haushaltsführung

Die **doppelte Haushaltsführung** bei Arbeitnehmern ist ein Sachverhalt, bei welchem der Arbeitnehmer **zwei eigenständige Haushalte führt** – einen in der Nähe der ersten Tätigkeitsstätte und einen am Lebensmittelpunkt – und zwischen diesen regelmäßig pendelt. Habt ihr nicht? Vielleicht doch! Bei jungen Menschen zählt die Ausnahme, bspw. am Studienort (oder Praktikumsort) eine Wohnung, ein WG- oder Wohnheim-Zimmer zu bewohnen und noch bei den Eltern ein Zimmer zu beziehen und infolgedessen die Möglichkeit zu haben, die doppelte Haushaltsführung abzusetzen.[204] Ist diese bewilligt, so gilt diese bis zur Beendigung der Beschäftigung (bzw. des Studiums).

Die **vier Bedingungen für eine doppelte Haushaltsführung**, die ihr erfüllen müsst:

(1) Ihr müsst einen **eigenen Hausstand am Lebensmittelpunkt führen**. Bei Studierenden kann hier ausreichen, **bei den Eltern einen separaten Raum** (z.B. Kinderzimmer) während der Anwesenheit zu beziehen. Zudem müsst ihr euch an den **regelmäßig anfallenden Betriebskosten der Unterkunft**[205] eurer Eltern **zu <u>mindestens</u> 10% finanziell beteiligen.**[206]

(2) **Euer Lebensmittelpunkt muss am Hauptwohnsitz**[207] **(hier: Wohnort der Eltern) liegen** und ihr **sucht** diesen **regelmäßig auf.** Eine Mindestanzahl an Besuchen existiert nicht, sollte aber je nach Entfernung zwischen **6 – 52-mal pro Jahr**[208] liegen. Die Begründung als „Lebensmittelpunkt" kann mit Bezug zur Familie, Freundeskreis oder Verein erklärt werden.

(3) Der **zweite Haushalt** muss **beruflich** (durch Studium/Praktikum) **veranlasst** sein.

(4) Ihr müsst durch den **zusätzlichen beruflich veranlassten Hausstand am Ort** oder **in der Nähe der ersten Tätigkeitsstätte** eure **Fahrtzeit oder -strecke an die Tätigkeitsstätte verkürzen**[209]: (1) Die Zweitwohnung muss die Fahrzeit um **mindestens 50%** im Vergleich zur Anfahrt vom Lebensmittelpunkt verkürzen. (2) Die **Zweitwohnung** muss in **maximal 50 Kilometer Entfernung** zur ersten Tätigkeitsstätte liegen. (3) Liegt der **Lebensmittelpunkt** ebenfalls **maximal 50 Kilometer** (oder eine Stunde Fahrzeit je Wegstrecke) entfernt, kann keine doppelte Haushaltsführung angesetzt werden, da diese Fahrstrecke vom Finanzamt als **zumutbare Strecke** gewertet wird und somit keinen doppelten Haushalt erfordert.

Die **erste Anforderung** belegt ihr dem Finanzamt durch eine Skizze des Kinderzimmers bei den Eltern. Diese muss die Grundrisse, die grobe Einrichtung (Schrank, Bett, etc.) und die Maße des Raumes ausweisen.[210] Es reicht auch aus, wenn Gemeinschaftsräume wie Küche und Bad zusammen mit den Eltern genutzt werden, um im Elternhaus einen **eigenen Hausstand** zu führen.[211]

[204] BFH, Urteil vom 19.09.2012 – Az. VI R 78/10; Bei mehr als einer wöchentlichen Heimfahrt: Wahlrecht (s. Kapitel 5.7.3).

[205] Kostenaufstellung nicht offiziell geregelt: Grundsteuer, Abschreibung, Kreditkosten, Miete, Nebenkosten (Strom, Wasser, Heizung, Abfallgebühren, Versicherungen, Schornsteinfeger), Renovierungen, Anschaffung notwendiges Mobiliar und Lebensmittel. *FG Niedersachen (19.09.2019 – Az. 9 K 209/18) dürfen die Daten des stat. Bundesamtes als Grundlage herangezogen werden.*

[206] **ACHTUNG:** Dies wird aktuell vor dem BFH (Az. VI R 39/19) geklärt. Mehr dazu im Kapitel „Gesetzliche Veränderungen".

[207] **ACHTUNG**: Dies hat **Nichts** mit der Meldeadresse beim Einwohnermeldeamt zu tun!

[208] BFH, Urteil vom 19.09.2012 – Az. VI R 78/10. Bei mindestens zwei monatlichen Heimfahrten ist davon auszugehen, dass der Lebensmittelpunkt am Heimatort liegt (R 42 Abs. 1 S. 8 LStrR. 2005).

[209] Da die Finanzgerichte bis 2020 bei Entfernungsregeln der Wohnsitze recht unkonkret waren, existieren seit November 2020 **exakte Regelungen** hierzu, die auch nachträglich anzuwenden sind.

[210] Das Finanzamt verweist hier gerne auf Urteile, nach denen das Bewohnen des Kinderzimmers **nicht** ausreichend sei, um einen eigenen Haushalt zu bewohnen (z.B. BFH, Urteil vom 07.10.2020 – Az. 13 K 1756/18 E & Urteil vom 01.03.2017 – Az. VI B 74/16). Diese Urteile sind allerdings nur für wirtschaftlich selbständige (i.S.v. berufstätige) Kinder geltend. Bei Studierenden hat in den von mir betreuten Steuerfällen ein Kinderzimmer ausgereicht (s. Urteile nächste Fußzeile).

[211] FG Münster, Urteil vom 12.03.2014 – Az. VI K 3093/11 E und BFH, Urteil vom 26.07.2012 – Az. VI R 10/12.

Offen gesagt, ist der **zweite Teil des ersten Anforderungspunktes** der kritischste der Anforderungen, da die **finanzielle Beteiligung** vorliegen sollte, um einen „eigenen Haushalt im Haushalt der Eltern" zu führen. Einige Studierende beteiligen sich daher während des Studiums finanziell an den Betriebsausgaben der elterlichen Unterkunft, um in den steuerlichen Vorteil der doppelten Haushaltsführung zu gelangen. In den letzten Jahren und bei vielen betreuten Fällen ging auch häufig als Begründung durch, je nach finanzieller Lage des Studierenden, Einkäufe für die Eltern übernommen oder Aufgaben rund um Haus/Wohnung oder Auto für die Familie erledigt und so die Betriebsausgaben reduziert zu haben. Reine Dienstleistungen als Betriebskostenbeteiligung reichen allerdings **nicht** aus. Eine gewisse Höhe einer finanziellen Beteiligung an den Kosten sollte stattgefunden haben.[212] Diese Zahlungen müssen nicht regelmäßig oder per Überweisung stattgefunden haben, sondern können auch unregelmäßig in bar geleistet worden sein.[213]

Die **zweite Anforderung**, „den **Nachweis des Lebensmittelpunktes**", könnt ihr in vielerlei Hinsicht aufzeigen: Von dem Partner, der noch am Heimatort lebt, der familiären Nähe oder der Mitgliedschaft im Ortsverein wird alles seitens des Finanzamtes akzeptiert. Die Meldung des Wohnsitzes (Erst- und Zweitwohnsitz) beim Einwohnermeldeamt hat hiermit **nichts** zu tun!

Die **dritte** und **vierte Anforderung** dürfte recht einfach belegbar sein: Den **zusätzlichen Hausstand** belegt ihr durch einen Mietvertrag oder -zahlungen. Dieser muss dauerhaft verfügbar sein (Hotelunterkunft ist nicht möglich). Die **berufliche Begründung** könnt ihr durch die Immatrikulationsbescheinigung oder einen Arbeitsvertrag nachweisen. Die **Fahrstreckenreduktion** kann durch Vorlegen der Entfernung oder Fahrplanauskunft z.B. der Deutschen Bahn belegt werden.

TIPP: Doppelte Haushaltsführung **immer** in der Nähe der ersten Tätigkeitsstätte. Reisekosten abseits dieser. Jedoch haben Reisekosten immer **Vorrang** vor der doppelten Haushaltsführung. Daher setzt das Praktikum oder Auslandssemester besser als Reisekosten ab.

4.2.1.3.1 Steuerliche Auswirkungen der doppelten Haushaltsführung

Das Absetzen der **doppelten Haushaltsführung** bringt steuerliche **Vorteile** mit sich: So lassen sich der Verpflegungsmehraufwand am Zweithaushalt für die ersten drei Monate, die Kosten für die Unterkunft[214] und die Entfernungspauschale einer wöchentlichen Heimfahrt geltend machen.

4.2.1.3.1.1 Verpflegungsmehraufwand (Drei-Monats-Frist)

Durch Bestehen der doppelten Haushaltsführung könnt ihr für die Anwesenheit am Zweithaushalt während der ersten drei Monate den **Verpflegungsmehraufwand** absetzen (Volle Tage, sowie An- und Abreisetage). Dies soll dazu dienen, mit der Verpflegungssituation am neuen Wohnort „klarzukommen". Ihr könnt diesen Verpflegungsmehraufwand jedoch auch absetzen, wenn ihr bereits einmal in dieser Gegend gelebt habt – ihr also die Verpflegungssituation vor Ort kennt oder nur in einen anderen Ortsteil zieht.[215] Nach den ersten drei Monaten dürft ihr den Verpflegungsmehraufwand nur absetzen, sofern ihr euch abseits der Wohnadresse und ersten Tätigkeitsstätte beruflich aufhaltet (Reisetätigkeit: s. auch Kapitel 4.2.1.1.2.4 und Tipp beachten).

---

[212] Wie genau dies definiert sein kann, findet ihr hier: Vgl. BDO. Diese Zahlungen müssen **nicht** regelmäßig stattgefunden haben (Vgl. BFH, Urteil vom 18.09.2019 – Az. 9 K 209/18). Es existieren auch Urteile, die **ohne finanzielle Beteiligung** zugunsten des Steuerpflichtigen ausgingen. Diese hatten jedoch besondere Umstände (z.B. ausgegliederte Wohnung statt Kinderzimmer).

[213] Die finanzielle Beteiligung am Haushalt der Eltern müssen eure Eltern **nicht** als Mieteinnahmen in ihrer Steuererklärung angeben, da diese finanziellen Beteiligungen **keine Mieteinnahmen** darstellen. Die Kosten für Betriebsausgaben sind Kosten der privaten Lebensführung und sind somit **nicht** einkommensteuerpflichtig für eure Eltern.

[214] Hierunter fällt nicht nur Miete einer Wohnung, sondern auch Kosten für eine Jugendherberge, Wohnwagen oder Pension.

[215] BFH, Urteile vom 08.07.2010 – Az. VI R 11/08 & Az. VI R 10/08.

4.2.1.3.1.2 Kosten der Unterkunft

Durch das Absetzen der doppelten Haushaltsführung seid ihr dazu befähigt die **Miete** oder **Unterkunftskosten** (inkl. Nebenkosten – auch Hotel- oder Airbnb-Rechnungen), die gezahlte GEZ, die Zweitwohnungssteuer, sowie **das notwendige und preislich angemessene Mobiliar** abzusetzen.[216] Bei Letzterem ist es zwingend erforderlich, dass es sich hierbei **nicht** um **Luxus** handelt. Es darf sich hierbei nur um die Aufwendungen für die **notwendige** Einrichtung handeln. Als notwendig gelten *„alle Gegenstände, die zur Führung eines geordneten Haushalts erforderlich sind. Dazu gehören insbesondere die notwendige Einrichtung für eine Schlafmöglichkeit, Aufbewahrungsmöbel wie Schränke, das notwendige Sitzmobiliar wie zumindest ein Tisch, ferner eine Kücheneinrichtung und ggf. eine Badezimmereinrichtung. Hierzu gehören ferner die notwendigen Gardinen und ggf. Fenstervorhänge.“*[217] Die nachweisbaren Kosten für die Wohnungseinrichtung sind als sonstige Mehraufwendungen unbegrenzt abziehbar.[218] Bis zu 5.000 Euro werden hierbei meist ohne Prüfung seitens des Finanzamtes anerkannt.[219]

Zur **Erstausstattung** eurer Studierendenbude gehören z.B.:
- Bett, Matratze und Bettwäsche,
- Stühle und Tische,
- Küche mit Utensilien, Herd, Mikrowelle, Kühlschrank, Spüle und Waschmaschine,
- Schränke, Regale, Kommoden und Vorhänge,
- Badezimmereinrichtung,
- Hausratsgegenstände, wie z.B. Töpfe, Geschirr, Pfannen, Staubsauger und andere Reinigungsgeräte, Kaffeemaschine, Lampen, Mülleimer,
- normaler Fernseher, notwendige technische Einrichtungsgegenstände und Telefonanschluss.

Die Designer-Lederwohnlandschaft oder der 85“-Fernseher allerdings **nicht** (gilt als „Luxus“).

TIPP: Bei der **absetzbaren Wohnungseinrichtung des zweiten Haushaltes** gilt, sich an der unteren Preisgrenze für Mobiliar und Elektronik zu orientieren!

Bis 2019 galt gesetzlich ein absetzbarer Kostenhöchstbetrag von 1.000 Euro/Monat beim Absetzen der doppelten Haushaltsführung. Dies wurde jedoch annulliert und ist nun beim Absetzen der Unterkunftskosten in der Höhe unbegrenzt (auch rückwirkend). Die **Kaltmiete** – auch bei Bezug einer Pension / Airbnb – bleibt bis maximal 1.000 Euro/Monat begrenzt absetzbar. Ist der Mietbetrag **einer möblierten Wohnung** höher als der Grenzbetrag, so kann dieser, sofern er per Mietvertrag nicht nach Miete und Möbel aufgeteilt wurde, nach Schätzung aufgeteilt werden.

4.2.1.3.1.3 Heimfahrten

Durch die doppelte Haushaltsführung dürft ihr **Heimfahrten** zu eurem Lebensmittelpunkt (im Studierendenfall: meist Heimfahrten zu den Eltern) entweder pauschal zu 0,30 €/km der einfachen Strecke **oder** die tatsächlich entstandenen Kosten steuerlich absetzen.[220] Eine maximale Anzahl ist hier gesetzlich nicht vorgegeben. Da es sich dabei um euren „Lebensmittelpunkt“ handelt, sollte die Anzahl der Fahrten zwischen **6 bis 52-mal** pro Jahr (bei **mehr** als einer Heimfahrt pro Woche besteht Wahlrecht: s. Kapitel 5.7.3) und in einem plausiblen Rahmen liegen. Beim Absetzen der Heimfahrten ist es unerheblich, ob Kosten entstanden sind oder ihr kostenlos mitgenommen wurdet, denn Heimfahrten werden steuerlich wie die Entfernungspauschale gehandhabt.

---

216 BFH, Urteil vom 09.08.2007 – Az. VI R 10/06, BStBl. 2007 II, 820 und vom 03.12.1982 – Az. VI R 228/80.

217 FG Köln vom 05.02.1992 – Az. 4 K 5056/87.

218 BFH, Urteil vom 06.06.2019 – Az. VI R 18/17.

219 Schreiben des Bundesfinanzministeriums vom 25.11.2020, Textziffer 108 (Vereinfachungsregel).

220 Ab 2021: 0,38 Euro/km ab dem 21. Kilometer.

4.2.1.3.1.4 Umzugskosten des Zweithaushaltes

Die **Umzugskosten** bei einer doppelten Haushaltsführung (Zweithaushalt) sind im Gegensatz zu einem Umzug des Ersthaushaltes nur in tatsächlicher Höhe absetzbar (Kosten müssen belegt werden). Hierzu zählen die Aufwendungen für Umzugshelfer, einen Umzugswagen und für Umzugskartons. Eine Umzugskostenpauschale wird im Rahmen einer doppelten Haushaltsführung (wie bei einem Umzug des Ersthaushaltes) nur bei **Auflösen des Lebensmittelpunktes** gewährt.

4.2.1.3.2 Beispiele für die doppelte Haushaltsführung

Zur **besseren Verständlichkeit** rund um diese komplexe Thematik absetzbarer Umzugs-, Unterkunfts- und Heimfahrtkosten sind folgend Beispiele dargestellt[221]:

Situation „Doppelte Haushaltsführung": Es liegt eine finanzielle Beteiligung bei den Eltern vor oder es werden zwei unabhängig Haushalte geführt. Folglich kann eine wöchentliche „Heimfahrt", die Drei-Monats-Frist, sowie die Unterkunftskosten geltend gemacht werden. Die Umzugskosten dürfen nur in ihrer tatsächlichen Höhe abgesetzt werden. Ausnahme wieder hierbei, wenn die doppelte Haushaltsführung aufgelöst wird. Zieht man jedoch wieder zu den Eltern, dürfen nur die tatsächlichen Kosten angesetzt werden. Verlegt man den Lebensmittelpunkt an den Ort der Arbeitsstätte, so darf die Umzugskostenpauschale abgesetzt werden.

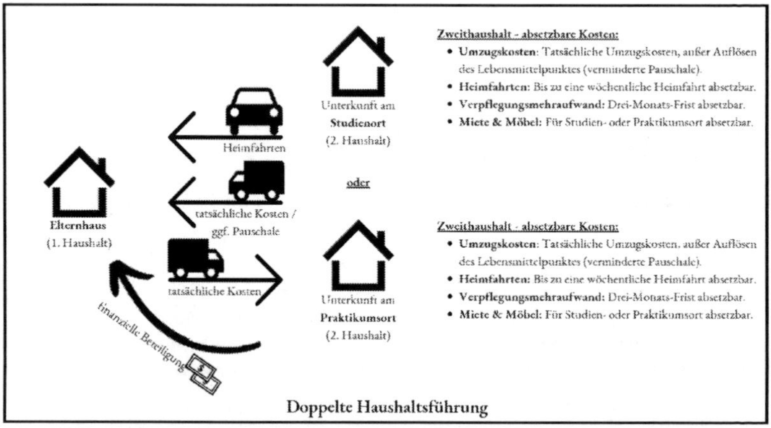

Abbildung 29: Beispiel absetzbarer Kosten bei doppelter Haushaltsführung.

Fall 1: A zieht 2017 für sein Studium von Heidelberg nach Köln um und setzt die doppelte Haushaltsführung an. Die Ersteinrichtung kauft er bei IKEA, zusätzlich gönnt er sich einen Kaffeevollautomaten für 2.000 Euro und eine neue Küche für 5.000 Euro. Die Kaltmiete in Köln beträgt 1.100 Euro. Bei den Eltern steht noch das Kinderzimmer frei und zusätzlich zahlt A die Einkäufe der Familie (um ca. 100 Euro), sobald er in der Heimat ist.

A kann die doppelte Haushaltsführung absetzen. Er erfüllt alle Voraussetzungen und beteiligt sich finanziell an den Betriebsausgaben der Eltern (Annahme: Maximal 1.000 Euro Betriebsausgaben des Elternhauses pro Monat). Von der Kaltmiete in Köln darf allerdings nur 1.000 Euro pro Monat (Höchstbetrag Kaltmiete) abgesetzt werden. Die Miete wird ohne Abschreibungen abgesetzt.

[221] In den Beispielen wird **immer** davon ausgegangen, dass die Zeit- und Streckenersparnis, sowie die Abstandsanforderungen erfüllt sind. Liegen diese nicht vor, so wird dies in dem entsprechenden Beispiel explizit erwähnt!

Von den Umzugskosten kann A nur die tatsächlich angefallenen Kosten und keine Pauschale geltend machen. Zusätzlich kann A alle Möbel unter der GWG-Grenze direkt absetzen. Die Küche muss er über eine Nutzungsdauer von 10 Jahren abschreiben. Der Kaffeevollautomat gilt in dieser Preisklasse als Luxus-Einrichtung und darf nicht abgesetzt werden. Zudem kann A die ersten drei Monate in Köln den vollen Verpflegungsmehraufwand absetzen und jede Heimfahrt nach Heidelberg pauschal mit 0,30 Euro/km oder den tatsächlichen Kosten absetzen.

Fall 2: A löst nach Studiumsende den Haushalt bei den Eltern auf und zieht an den Studiumsort.

A kann nun hierfür die verminderte Umzugskostenpauschale und weitere Kosten des Umzuges (z.B. Fahrkosten) absetzen, da er die doppelte Haushaltsführung am Lebensmittelpunkt auflöst.

Situation „Potentielle doppelte Haushaltsführung": Wird nun wie im letzten Beispiel parallel eine Wohnung am Studien- und eine am Praktikumsort geführt, so können Fahrten zwischen diesen Wohnungen abgesetzt werden. Am Praktikumsort kann zusätzlich die Unterkunft und die Drei-Monats-Frist geltend gemacht werden. Wird an einem der beiden Orte keine eigene Wohnung bewohnt (z.B. WG), kann bei Auflösen der doppelten Haushaltsführung nur die verminderte Umzugskostenpauschale abgesetzt werden. Gleiches gilt für den Umzug vom Elternhaus in die Wohnung oder zurück. **Alternativ** kann diese Situation auch als Reisekosten abgesetzt werden, sofern der Praktikumsort nicht die erste Tätigkeitsstätte wird. Der Vorteil der Reisetätigkeit ist, diese steuerlich einfacher abgesetzt zu bekommen.

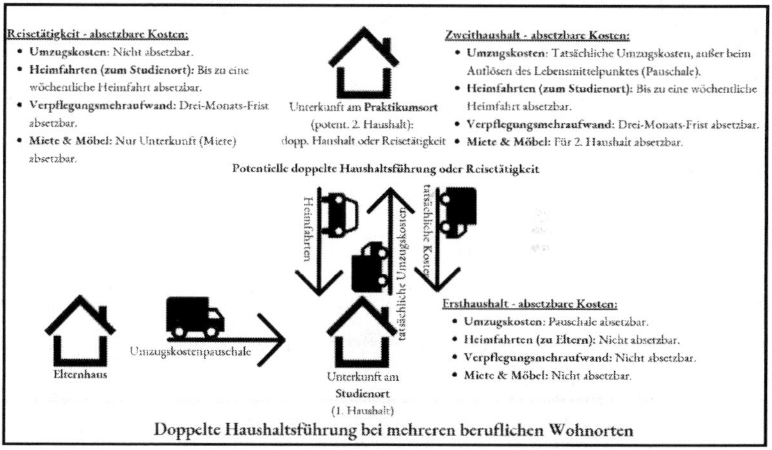

Abbildung 30: Beispiel absetzbarer Kosten bei Unterhalt von mehreren beruflich bedingten Haushalten.

Fall 3: B studiert in Heidelberg, wo auch seine Eltern in der Nähe wohnen, und bewohnt in der Weststadt ein WG-Zimmer. Für ein Praktikum in Stuttgart zieht er um. Gleichzeitig zahlt er das WG-Zimmer in Heidelberg weiterhin.

B kann nun für die neue Bleibe in Stuttgart die doppelte Haushaltsführung und Möbel für die Stuttgarter Wohnung, die tatsächlichen Umzugskosten, die Pauschalen für den Verpflegungsmehraufwand (Drei-Monats-Frist) und „Heimfahrten" an den Studienort nach Heidelberg absetzen. Zudem kann für den Rückzug nach Heidelberg nur die tatsächlichen Kosten absetzen, da er an den Lebensmittelpunkt zurückzieht. (Er könnte, falls er zeitgleich immatrikuliert ist, die **Mietkos-**

ten in Stuttgart auch ohne Vorliegen der doppelten Haushaltsführung als Reisetätigkeit absetzen, da der Praktikumsort eine Auswärtstätigkeit ist.)

Situation „Keine doppelte Haushaltsführung": Durch Aufgabe des Ersthaushaltes (z.B. durch Untervermietung) oder fehlender finanzieller Beteiligung (bei den Eltern) fehlt eine Voraussetzung für die doppelte Haushaltsführung. So können **keine** Heimfahrten, Unterkunftskosten oder die Drei-Monats-Frist abgesetzt werden. Jedoch kann die Umzugskostenpauschale aktiviert werden. Diese kann im zweiten Fall (Auszug aus Elternhaus) allerdings nur vermindert abgesetzt werden.

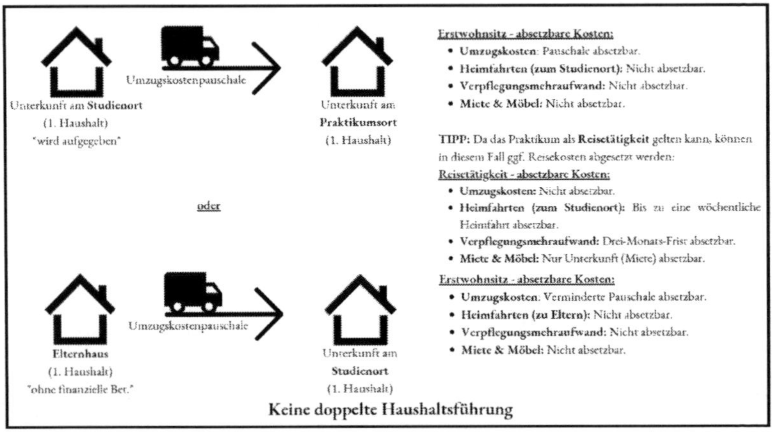

Abbildung 31: Beispiel absetzbarer Kosten bei keiner doppelter Haushaltsführung.

Fall 4: B zieht für sein Studium ins 30 km entfernte Karlsruhe um und setzt die doppelte Haushaltsführung ab. Die Kaltmiete in Karlsruhe beträgt 400 Euro. Bei den Eltern steht noch das Kinderzimmer frei und A zahlt der Familie eine vereinbarte anteilige Kostenbeteiligung (15%).

B kann die doppelte Haushaltsführung wahrscheinlich **nicht** absetzen, da der Lebensmittelpunkt (bei den Eltern) zu nah an der ersten Tätigkeitsstätte liegt. Er kann daher weder Miete, noch Einrichtung absetzen. Für die Umzugskosten kann B auch keine Umzugskostenpauschale absetzen, da er angab seinen Zweithaushalt in Karlsruhe zu haben. Hätte B Karlsruhe als neuen Ersthaushalt abgesetzt, hätte er die Umzugskostenpauschale ebenso nicht absetzen können, da die Fahrzeitersparnis zu gering wäre – außer er wäre in fußläufige Nähe der Uni gezogen (Ausnahmeregelung).

Fall 5: A zieht während des Gap-Years für ein Praktikum (in Aachen) von Heidelberg nach Köln, da ihm Köln besser als Aachen gefällt. Er möchte hierfür die doppelte Haushaltsführung absetzen, da er in Heidelberg noch in einer WG-Miete bezahlt und dieses Zimmer parallel nutzt.

A kann **keine** doppelte Haushaltsführung absetzen, da sich zwar die Fahrzeit verkürzt. Köln jedoch mit 80 km zu weit von Aachen entfernt liegt. Würde das Praktikum in Düsseldorf (40 km Entfernung) stattfinden, könnte er die doppelte Haushaltsführung geltend machen.

4.2.1.3.3 Überführen der doppelten Haushaltsführung in Excel und Steuerformulare

Die Überführung der **Unterkunftskosten der doppelten Haushaltsführung** in Excel besitzt eine ähnliche Struktur wie die der Arbeitsmittelkosten (Arbeitsmittel werden durch Einrichtungsgegenstände und Miete[222] ersetzt). Das für den Zweithaushalt gekaufte **Inventar** wird aufgelistet, falls nötig abgeschrieben und aufsummiert. Die Summe wird in die Zeile 85 der Anlage N übertragen. Die Summe der **Miet- und Nebenkosten** wird in Zeile 79 der Anlage N eingesetzt.

	Sonstige Aufwendungen (z. B. Kosten für den Umzug, die Einrichtung und den Hausrat, jedoch ohne Kosten der Unterkunft lt. Zeile 79)		
85	Möbel & Hausrat für Wohnheimzimmer (Aufstellung s. Excel)	550	978 ,–

Abbildung 32: Anlage N – Übertrag von Möbel und Hausrat.

	Kosten der Unterkunft am Ort der ersten Tätigkeitsstätte		
79	Aufwendungen (z. B. Miete einschließlich Stellplatz- / Garagenkosten, Nebenkosten)	530	3.250 ,–

Abbildung 33: Anlage N – Übertrag der Unterkunftskosten.

Heimfahrten werden wie Abb. *„Übertrag der Heimfahrten"* angegeben: Die *„40"* gibt hierbei die Anzahl der Fahrten und die *„265"* die einfache zurückgelegte Wegstrecke zwischen den Wohnadressen an. Zusätzlich sollten die Adressen, sowie das Start- und Enddatum vermerkt sein. Die Angabe zu den Fahrten (Anzahl und Kilometer) werden in der Anlage N in die Zeile 74 übertragen.

Heimfahrten – Doppelte Haushaltsführung		
Heimfahrten		
Eigene Anschrift	Ringe 39, 50667 Köln	
Anschrift Lebensmittelpunkt	Hauptstr. 12, 68723 Musterstadt	
Zeitraum	**Start**	**Ende**
Heimfahrten	**01.01.**	**31.12.**
Anzahl Heimfahrten	40	Fahrten
Einfache Entfernung Heimfahrten	265	Km
Pauschale	0,30	Euro/Km
Summe Heimfahrten	**3.180,00**	**Euro**

Abbildung 34: Excel – Übertrag der Heimfahrten.

	Wöchentliche Heimfahrten		km		Anzahl	
74	einfache Entfernung (ohne Flugstrecken)	514	265	515	40	EUR

Abbildung 35: Anlage N – Übertrag der Heimfahrten.

Den **Verpflegungsmehraufwand** für die **ersten drei Monate am neuen Wohnort** wird ähnlich der Abbildung *„Übertrag Drei-Monats-Frist neuer Zweithaushalt"* abgesetzt. So kann in den ersten drei Monaten bei einem Umzug des Zweithaushaltes der Verpflegungsmehraufwand für die Anwesenheitstage abgesetzt werden. Jedoch gilt hier zu beachten, dass für diese Tage **keine weiteren** Pauschalverpflegungen für Lerngruppen, Nebenjobs oder andere Auswärtstätigkeiten abgesetzt werden können. Die Pauschalbeträge werden in Anlage N in die Zeilen 81 und 82 übertragen.

Drei-Monats-Frist – Dopp. Haushaltsführung		
Verpflegungsmehraufwand Drei-Monats-Frist		
Anzahl Tage neuer Wohnort	78	Tage
Pauschalbetrag a 24h	24	Euro
Anzahl Tage An- und Abreise	4	Tage
Pauschalbetrag An- und Abreise	12	Euro
Summe Verpflegungsmehraufwand	**1.920,00**	**Euro**
Summe Drei-Monats-Frist	**1.920,00**	**Euro**

Abbildung 36: Excel – Übertrag Drei-Monats-Frist neuer Zweithaushalt.

	Pauschbeträge für Mehraufwendungen für Verpflegung Die Verpflegungsmehraufwendungen lt. Zeilen 81 bis 84 können nur für einen Zeitraum von 3 Monaten nach Bezug der Unterkunft am Ort der ersten Tätigkeitsstätte geltend gemacht werden; geht der doppelten Haushaltsführung eine Auswärtstätigkeit voraus, ist dieser Zeitraum auf den Dreimonatszeitraum anzurechnen. Bei einer doppelten Haushaltsführung im Inland:			
81	An- und Abreisetage	541	4	Anzahl der Tage
82	Abwesenheit von 24 Stunden	542	78	Anzahl der Tage

Abbildung 37: Anlage N – Übertrag Drei-Monats-Frist neuer Zweithaushalt.

222 Möbel (falls kein GWG) müssen abgeschrieben werden, Unterkunftskosten nicht.

4.2.2 Sonderausgaben

Auch wenn ihr in der Zweitausbildung seid, könnt ihr nicht alle entstandenen Kosten als Werbungskosten absetzen. Es gibt Kostenarten, die per steuerlicher Definition als Sonderausgaben anzugeben sind. **Sonderausgaben** im Sinne des deutschen Einkommensteuergesetzes (§ 10, § 10a EStG) sind Aufwendungen, die weder Betriebsausgaben noch Werbungskosten sind und auch nicht wie Betriebsausgaben oder Werbungskosten (i.d.R. privat veranlasst) behandelt werden und dennoch geltend macht werden können. Das deutsche Steuergesetz liefert keine konkrete Definition, sondern bietet in § 10 bis 10g EStG eine Auflistung der darunterfallenden Kosten. Sonderausgaben werden vom Gesamtbetrag der Einkünfte abgezogen, sofern sie den Sonderausgaben-Pauschbetrag überschreiten. Sie mindern dadurch das zu versteuernde Einkommen, tragen jedoch nicht zu einem Verlustvortrag bei. Gebt ihr keine Sonderausgaben an, so wird euch eine Pauschale von 36 Euro veranlagt. Diese Pauschale steht jedem Steuerpflichtigen zu.

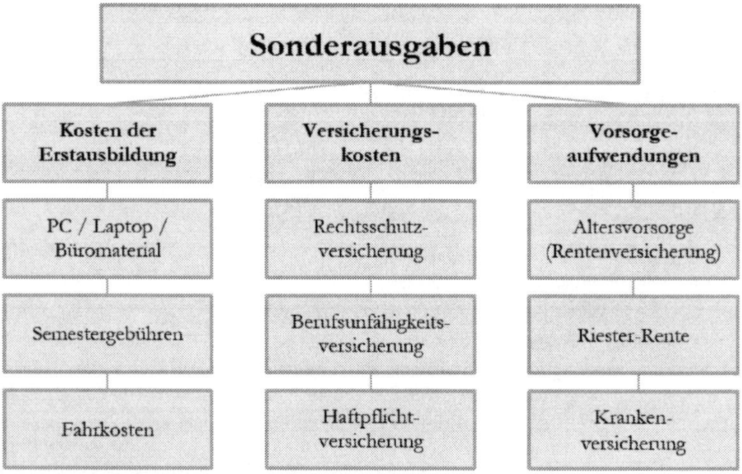

Abbildung 38: Übersicht – Sonderausgaben.

Sonderausgaben umfassen alles, was ihr versicherungs- oder vorsorgetechnisch aufwendet. Diese unterteilen sich in **Altersvorsorgeaufwendungen** (wie Renten), **sonstige Vorsorgeaufwendungen** (wie Krankenkassenbeiträge o. Versicherungen) und **anderen Sonderausgaben** (wie Aufwendungen für die Erstausbildung). Bei Sonderausgaben unterscheidet man zwischen **beschränkt** und **unbeschränkt** absetzbaren Kosten. Wer von Sonderausgaben profitieren möchte, muss in entsprechendem Jahr Einkommensteuer bezahlt haben. Unter Sonderausgaben fallen Kosten wie

- **Altersvorsorge** (§ 10 Abs. 1 Nr. 1 EStG) (Rente z.B.) [beschränkt abzugsf. 21.388 Euro]: Altersvorsorgeaufwendungen sind Ausgaben für eine Basis-Altersvorsorge (also Beiträge zur gesetzlichen Rentenversicherung und Rürup-Rente). Diese sind im Jahr 2019 mit 88% absetzbar (max. 24.305 Euro als ledige Person). Dies bedeutet 21.388 Euro können maximal abgesetzt werden. Der Berücksichtigungssatz (2019: 88%) sollte jedes Jahr bis 2025 um 2% steigen, jedoch wurde beschlossen bereits 2023 100% steuerlich zu berücksichtigen. Bei Verheirateten kann der doppelte Betrag geltend gemacht werden. Beiträge zur Riester-Rente sind hiervon unberührt und werden bis zu einem Betrag von 2.100 Euro steuerlich berücksichtigt.

Arbeitnehmerbetrag	4.650 €	aus Lohnsteuerbescheinigung Nr. 23a
Arbeitgeberbetrag	4.650 €	aus Lohnsteuerbescheinigung Nr. 22a
Basisrentenvertrag	2.000 €	z.B. Rürüp
Summe	**11.300 €**	
Höchstbetrag	24.305 €	
88% von 11.300 €	9.944 €	
Abzgl. steuerfr. AG-Anteil	4.650 €	aus Lohnsteuerbescheinigung Nr. 22a
Anrechenbarer Vorsorgebetrag	**5.294 €**	

- **Basis-Krankenkassenbeiträge** (§ 10 Abs. 1 Nr. 3 EStG) (KV-Beiträge) [unbeschränkt abzugsf.] und **sonstige Vorsorgeaufwendungen** (§ 10 Abs. 1 Nr. 3a EStG) wie Wahlleistungen der Krankenkassenbeiträge, Arbeitslosigkeit-, Erwerbs- und Berufsunfähigkeit- (BU) sowie Unfall-, Haftpflicht- (auch Kfz-Haftpflicht) und Risikolebensversicherungen [beschränkt abzugsf.: 1.900 Euro / 2.800 Euro].
    - Kranken- und Pflegeversicherung sind bis zu 1.900 Euro (bei Personen, die einen Arbeitgeberzuschuss hierzu erhalten) bzw. 2.800 Euro (bei Personen, die die Kosten allein aufbringen – z.B. Studierende) steuerlich absetzbar. Unabhängig dieser Grenzen können **Basiskrankenkassenbeiträge** in voller Höhe abgesetzt werden.
    - **Wahlleistungen** der Krankenkasse, Unfall-, Haftpflicht- und Berufsunfähigkeitsversicherungen können nur steuerlich abgesetzt werden, sofern die **Höchstgrenzen** noch nicht ausgereizt wurden.
- **Gezahlte Kirchensteuer** (§ 10 Abs. 1 Nr. 4 EStG) [unbeschränkt abzugsf.].
  Falls ihr Kirchensteuer von eurem Lohn entrichtet habt, so könnt ihr diese in voller Höhe absetzen.
- **Außergewöhnliche Belastungen** (§ 33 EStG) [unbeschränkt abzugsf.].
  Sofern euch außergewöhnliche Belastungen entstanden sind und diese die zumutbare Belastungsgrenze[223] überstiegen haben, so können diese steuerlich als Sonderausgaben abgesetzt werden. Gründe für außergewöhnliche Belastungen können Krankheitskosten (sofern keine Erstattung seitens der Krankenkasse vorliegt), Pflegekosten (von näheren Angehörigen oder von einem selbst), Bestattungskosten (z.B. eines Angehörigen) und sonstige Kosten (z.B. Wiederbeschaffung von Hausrat nach Unwetter oder Brand oder Sicherung der Gesundheit durch Schimmelbeseitigung in der Wohnung) sein.
- Und natürlich die Sonderausgaben für die **Erstausbildung** (§ 9 Abs. 6 EStG) [beschränkt abzugsf.: 6.000 Euro].[224]

Steuerermäßigungstatbestände

Steuerermäßigungstatbestände sind keine Werbungskosten oder Sonderausgaben, sondern werden direkt von der **Steuerlast** abgezogen. Darunter fallen Spenden und Aufwendungen für haushaltsnahe Beschäftigungsverhältnisse.

- **Haushaltsnahe Beschäftigungsverhältnisse** (§ 35a EStG) [beschränkt abzugsf.].
  20% der haushaltsnahen Aufwendungen (u.a. Hausmeister, Handwerker) zahlt der deutsche Fiskus zurück. Jedoch gelten hier verschiedene Höchstgrenzen (s. Kapitel Anlage haushaltsnahe Dienstleistungen).

223 BFH, Urteil vom 19.01.2017 – Az. VI R 75/14.

224 Bis zu 6.000 Euro pro Jahr.

- **Spenden** (§ 10b Abs. 3 S. 1 EStG) (z.B. an **gemeinnützige** Organisationen wie Arche/Greenpeace)[225]. Auch Sachspenden könnt ihr bei der Steuer absetzen. Wichtig ist dabei, dass die Spende für einen satzungsmäßigen Vorsatz eines Vereins innerhalb der EU gespendet wird [unbeschränkt abzugsf.:].[226] Spenden an Privatpersonen (Bettler) oder Freizeitvereine (z.B. Sport oder Musik) sind demnach **nicht** absetzbar. Spendet ihr in einem Jahr, in welchem Sonderausgaben keinen Einfluss hätten, so könnt ihr die Beiträge auch ins Folgejahr übertragen lassen!
  - **Maximal** dürfen absetzbare Spenden **20% des jährlichen Einkommens** darstellen.
  - **Parteispenden** oder Parteimitgliedschaftsbeiträge unter 1.650 Euro werden zu 50% direkt von der Steuerlast abgezogen. Der Anteil über 1.650 Euro (für Ledige) wird als Sonderausgaben behandelt.

Diese Liste ist nicht vollumfänglich, da Unterhaltszahlungen, Kinderbetreuungskosten, etc. für den Hauptteil der Studierenden nicht bedeutend sind, jedoch auch zu den Sonderausgaben zählen. **Eine abschließende Liste findet ihr unter §§ 10 bis 10g EStG.**

Diese oben genannten Kosten könnt ihr als Studierende, ebenso wie als Berufstätige, als Sonderausgaben absetzen. Bei der KFZ-Versicherung eures Fahrzeuges (unabhängig ob PKW, Mofa oder E-Bike) wird jedoch nur die Haftpflichtversicherung als anrechnungsfähig akzeptiert. Zudem gibt es für ledige Personen einen **Sonderausgabenpauschalbetrag** von 36 Euro, für verheiratete Personen beträgt dieser 72 Euro. Dieser wird gewährt, sofern man keine unbeschränkt abziehbaren Sonderausgaben absetzt.

TIPP: Sofern euer Ziel darin liegt, einen **möglichst hohen Verlust** im entsprechenden Steuerjahr zu erzielen und nicht eure Steuerlast in diesem Jahr zu minimieren (normale Steuererklärung), könnt ihr die Sonderausgaben auslassen. Diese minimieren nur das zu versteuernde Einkommen im entsprechenden Steuerjahr. Können jedoch nicht ins Folgejahr übernommen werden.

4.2.2.1 Beispiele für Sonderausgaben

Fall 1: A hat Medizin studiert und möchte Arbeitsmittel (7.000 Euro) absetzen. Zusätzlich setzt er noch Basis-Krankenkassenbeiträge eines Arbeitsverhältnisses (1.000 Euro), die KFZ-Haftpflicht (400 Euro) und zusätzlich noch 900 Euro für die Berufsunfähigkeitsversicherung und 300 Euro für den Winterdienst, der in der Nebenkostenabrechnung steht, ab.

A kann nur 6.000 Euro für Arbeitsmittel als Sonderausgaben für seine Erstausbildung absetzen. Zudem kann er 1.900 Euro der Vorsorgeaufwendungen (1.000 + 400 + 900 > Höchstbetrag) als Single absetzen (Würde A den Basiskrankenversicherungsbeitrag ohne seinen Arbeitgeber zahlen, würde sich der Höchstbetrag auf 2.800 Euro erhöhen). Die 300 Euro aus der Nebenkostenabrechnung kann er als haushaltsnahe Dienstleistungen zu 20% absetzen (60 Euro).

Fall 2: B studiert BWL auf Bachelor und möchte Ausbildungskosten (5.800 Euro) absetzen. Zusätzlich fallen bei ihm nur Kosten für eine Brille (640 Euro) als außergewöhnliche Belastungen an. Er verdient im Bachelor bereits 2.000 Euro nebenher.

B kann seine Erstausbildungskosten in Höhe von 5.800 Euro (max. 6.000) absetzen. Die Brille kann er als außergewöhnlichen Belastungen zu 540 Euro (= 640 Euro – 5% des Einkommens von 2.000 Euro) als Sonderausgaben anrechnen, da er die zumutbare Belastungsgrenze überschreitet.

---

[225] Hierfür werden bis 50 Euro keine Nachweise verlangt.

[226] Hierbei müsst ihr bei gebrauchten Gegenständen den aktuellen Preis nach Alter, Zustand und Qualität schätzen.

5 AUSFÜLLEN DER STEUERFORMULARE

Nachdem ihr eure gesammelten Daten in Excel-Dateien übertragen habt, geht es an die Steuerformulare. Sofern ihr keine Kapitalerträge (Zinsen, Dividenden oder Aktienverkäufe – hierfür Anlage K) oder Mieteinnahmen (hierfür Anlage M) euer Eigen nennt, werden für euch als Studierende der **Mantelbogen M** (ggf. Anlage Sonderausgaben, Anlage Außergewöhnliche Belastungen, Anlage Haushaltsnahe Aufwendungen, Anlage Sonstiges), die **Anlage N** und **die Anlage Vorsorgeaufwendungen.** (ggf. noch Anlage S, sofern ihr als Selbständige tätig wart) benötigt.

Woher bekomme ich die Steuerformulare?
https://www.formulare-bfinv.de oder örtliches Finanzamt [227]

Wichtig ist, dass ihr diese korrekt ausfüllt und die entsprechenden Kreuze (vor allem die für die Verlustvorträge oder Verlustrücktrags und der Verlustvortragsübernahme)[228] richtig setzt. Es empfiehlt sich, der Verlustfeststellung ein kurzes Anschreiben inklusive der Sachlage beizulegen. Dies verhindert unnötige Fragestellungen seitens des Finanzamtes und einer unnötig langwierigen Diskussion zur Klärung des Sachverhaltes. Was in einem solchen Anschreiben enthalten sein sollte, ist pauschal nicht eindeutig zu beantworten und kommt darauf an, welche Komplexität in eurem Lebenslauf steckt. Ich empfehle folgende Punkte aufzunehmen:

- Persönliche Anrede und Einleitung „hiermit den Verlust aus dem Studium für das Steuerjahr X geltend zu machen".
- Was ihr in entsprechendem (Steuer-)Jahr gemacht habt: Erst- oder Zweitausbildung, Auslandssemester, Praktikum oder Gap-Year.
- Ob Auslandssemester oder Praktika für das Studium notwendig waren. Hierbei kann man direkt aufzeigen, dass Praktika oder Austauschsemester dafür dienten, sich besser auf den Arbeitsmarkt vorzubereiten oder in der Studienordnung vorgegeben waren.
- Und ihr infolgedessen diese Tätigkeiten als Reisekosten absetzt.[229]
- Ebenso könnt ihr eine Begründung für spezielle Arbeitsmittel hinzufügen.

Das sind die typischen Fragen, die von den Steuersachbearbeitern gestellt werden, falls Unklarheiten bestehen sollten. Im Anhang findet ihr ein typisches – von mir vorgefertigtes – Anschreiben, das den Vorgang mit der Finanzbehörde vereinfachen sollte.

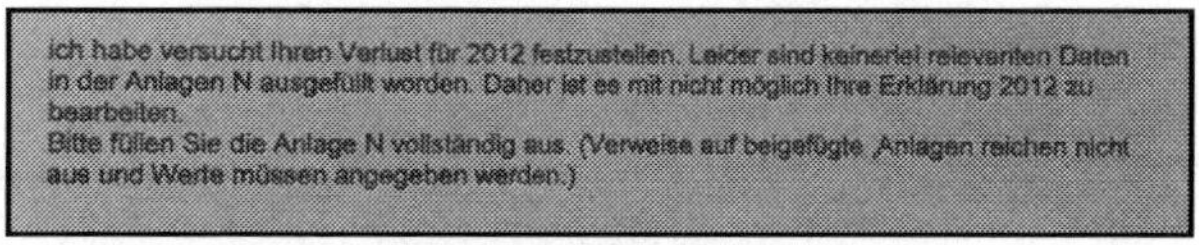
ich habe versucht Ihren Verlust für 2012 festzustellen. Leider sind keinerlei relevanten Daten in der Anlagen N ausgefüllt worden. Daher ist es mit nicht möglich Ihre Erklärung 2012 zu bearbeiten.
Bitte füllen Sie die Anlage N vollständig aus. (Verweise auf beigefügte Anlagen reichen nicht aus und Werte müssen angegeben werden.)

Abbildung 39: Antwort des Finanzamtes aufgrund fehlerhaften Ausfüllens der Steuerformulare.

Es ist wichtig, die Steuerformulare ordentlich (**leserlich** und **vollständig**) auszufüllen. Füllt man diese nicht korrekt aus, so erhält man vom Finanzamt obige Antwort mit der Chance zur Nachbesserung. Hat der Beamte keine Lust auf ein fehlerbehaftetes Steuerformular zu antworten, kürzt er möglicherweise eure angesetzten Kosten.

[227] Oder ihr nutzt die Steuersoftware Steuertipps. Mit dieser könnt ihr eure gesammelten Kosten übertragen und auf die amtlichen Steuerformulare ausdrucken lassen. **TIPP**: Software-CDs von Steuertipps gibt es gebraucht sehr günstig bei Ebay. Ihr benötigt hier für jedes Steuerjahr die entsprechende Software.

[228] Bis 2019 auf Mantelbogen, danach Anlage Sonstige.

[229] Hierbei z.B. Verweis zu der Quelle „Berger".

5.1 Mantelbogen M / Hauptvordruck

Der **Mantelbogen M** (oder **Hauptvordruck**) gehört zwingend zu euren Steuerunterlagen, denn auf diesem merkt ihr an, was ihr dem Finanzamt mitteilen möchtet (hier: **Erklärung zur Feststellung des verbleibenden Verlustvortrags**) und gebt eure personenbezogenen Daten wie Steuernummer, Steuer-ID, damaligen Beruf, Wohnsitz und Kontoverbindung zur Personenfeststellung an.

Die **Abkürzung** Zeile (Z.) bezieht sich im Folgenden auf das Steuerformular. Die Abkürzung Nummer (Nr.) bezieht sich auf den Ausdruck der elektronischen Lohnsteuerbescheinigung.

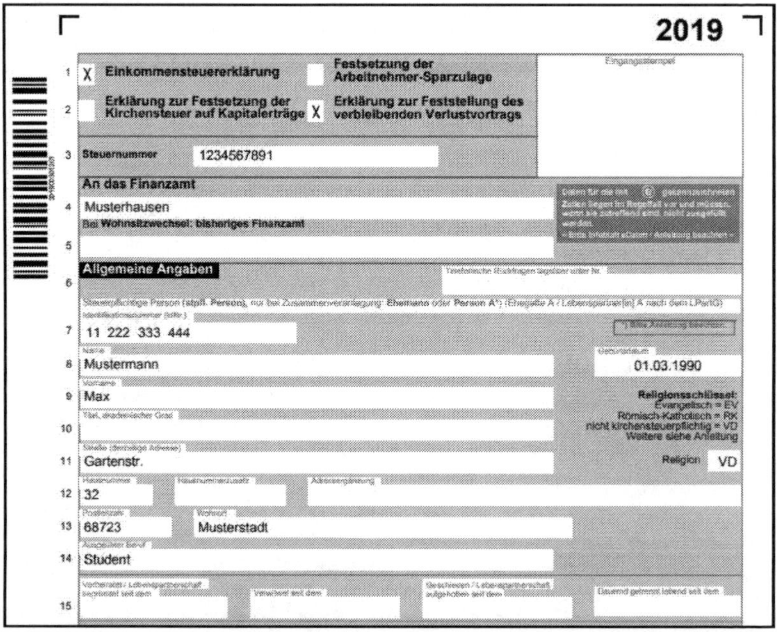

2019

1 X Einkommensteuererklärung | Festsetzung der Arbeitnehmer-Sparzulage

2 Erklärung zur Festsetzung der Kirchensteuer auf Kapitalerträge | X Erklärung zur Feststellung des verbleibenden Verlustvortrags

3 Steuernummer 1234567891

An das Finanzamt

4 Musterhausen

Bei Wohnsitzwechsel: bisheriges Finanzamt

5

6 Allgemeine Angaben

7 11 222 333 444

8 Mustermann — 01.03.1990

9 Max

Religionsschlüssel: Evangelisch = EV, Römisch-Katholisch = RK, nicht kirchensteuerpflichtig = VD, Weitere siehe Anleitung

10

11 Gartenstr. — Religion VD

12 32

13 68723 Musterstadt

14 Student

15

Abbildung 40: Mantelbogen / Hauptvordruck.

ACHTUNG: 2019 wurde der Mantelbogen aufgeteilt. Wurden bis 2018 noch haushaltsnahe Beschäftigungsverhältnisse, Sonderausgaben und außergewöhnliche Belastungen in den Mantelbogen eingetragen, existieren für diese Kosten seit 2019 eigene Anlagen.

In den oberen Zeilen ist das Kästchen bei *„Erklärung zur Feststellung des verbleibenden Verlustvortrags"* anzukreuzen, um euren Verlust anzumelden. Zusätzlich ist auf den folgenden Seiten noch das Kreuzchen bei *„es wurde im Vorjahr ein Verlustvortrag festgestellt"* wichtig.[230] Dies ist entweder anzukreuzen, wenn bereits der Steuerbescheid des Vorjahres einen Verlust vorsieht oder ihr plant mehrere Steuerjahre gleichzeitig beim Finanzamt abzugeben. Ansonsten müsst ihr auf dem **Mantel-**

[230] Nur bis 2019.

bogen Seite 1 / Hauptvordruck eure aktuelle Adresse, eure Stellenbezeichnung im Steuerjahr (Student:in oder Praktikant:in), eure Bankverbindung (inkl. IBAN und BIC) und eure Steuerkennungen (Steuer-Nr. und Steuer-ID) angeben.

INFO: Die **Steuer-ID** ist elfstellig. Ältere **Steuernummern** sind 10- und neuvergebene Steuernummern 13-stellig. Die Steuer-ID behaltet ihr ein Leben lang. Die Steuernummer erhaltet ihr immer neu ausgestellt, falls ihr heiratet, selbständig werdet oder das Finanzamt wechselt.

Mit ⓔ gekennzeichnete Zeilen der Steuerformulare: Seit 2019 sind einzelne Abschnitte der Steuerformulare mit einem ⓔ gekennzeichnet (eDaten). Diese Zeilen müssen zur Vereinfachung nicht mehr von euch ausgefüllt werden, da diese dem Finanzamt mittlerweile durch elektronische Datenübermittlung der mitteilungspflichtigen Stellen (wie Arbeitgeber oder Versicherungen) vorliegen. Wisst ihr, dass Abweichungen entstanden sind, so müsst ihr diese jedoch weiterhin angeben.

Anliegen (Z. 1 – 5)

In diesen Zeilen geht es darum, für euch den richtigen Betreff anzukreuzen. Wollt ihr einen Verlustvortrag anschreiben, dann markiert das zugehörige Kästchen. Seid ihr bereits im Beruf, so kreuzt ihr nur „*Einkommensteuererklärung*" an. Arbeitnehmer-Sparzulage und Kirchensteuer auf Kapitalerträge sind nur bei Kapitaleinkünften anzukreuzen.

Zeile 3 dient zum Eintragen der Steuernummer. Diese Nummer wird vom Finanzamt an jede steuerpflichtige natürliche oder juristische Person vergeben, unter der die Person beim Finanzamt geführt wird. Für alle Verwaltungsvorgänge innerhalb der Steuerbehörden ist diese **10-stellige / 13-stellige Steuernummer** von zentraler Bedeutung. Habt ihr noch keine Steuererklärung abgegeben, so lasst ihr die Zeile frei. Zeile 4 und 5 stehen für das derzeitige oder letzte Finanzamt (sofern ihr bereits an ein anderes Finanzamt eine Steuererklärung abgegeben habt und danach umgezogen seid).

Allgemeine Angaben (Z. 6 – 28)

In Zeile 6 bis 28 werden die persönlichen Daten wie die Telefonnummer (Z. 6), Name und akademischer Titel (Z. 8 bis 10), aktuelle Anschrift (Z. 11 bis 13), damalige Berufsbezeichnung (Z. 14), Religion (Z. 11), Bankverbindung (Zeile 26 bis 28) und die Identifikationsnummer (Steuer-ID) angegeben (Z. 7). Diese Identifikationsnummer wird vom Finanzamt vergeben und ist bei Umzug zu melden. Seit 2008 besitzen alle deutschen Bürger eine solche Steuer-Identifikationsnummer. Diese 11-stellige Nummer erhält man mit einem Brief vom Bundeszentralamt für Steuern mit der sogenannten elektronischen Lohnsteuerkarte (ELStAM) und ist lebenslang gleichbleibend.[231] Ist man bereits verheiratet, so füllt der Ehepartner zusätzlich die Zeilen 16 bis 23 für sich aus und beantwortet die Frage nach der Veranlagung in Zeile 24.

INFO: Alle relevanten Aufwendungen dürfen auf den Anlagen auf den nächsten Euro **aufgerundet** werden. Lediglich die Lohnsteuer, der Solidaritätszuschlag und die Kirchensteuer werden auf den Steuerbögen auf den Cent genau angeben!

[231] Vor 2013 wurden diese Daten auf einer gelben Lohnsteuerkarte mitgeteilt.

2019

1 X **Einkommensteuererklärung** ☐ **Festsetzung der Arbeitnehmer-Sparzulage**

2 ☐ **Erklärung zur Festsetzung der Kirchensteuer auf Kapitalerträge** X **Erklärung zur Feststellung des verbleibenden Verlustvortrags**

Eingangsstempel

3 **Steuernummer** 1234567891

An das Finanzamt

4 Musterstadt

Bei **Wohnsitzwechsel: bisheriges Finanzamt**

5

Daten für die mit ⓔ gekennzeichneten Zeilen liegen im Regelfall vor und müssen, wenn sie zutreffend sind, nicht ausgefüllt werden.
– Bitte Infoblatt eDaten / Anleitung beachten –

Allgemeine Angaben

6 Telefonische Rückfragen tagsüber unter Nr. 0173-599999

Steuerpflichtige Person (**stpfl. Person**), nur bei Zusammenveranlagung: **Ehemann** oder **Person A***) (Ehegatte A / Lebenspartner[in] A nach dem LPartG)

7 Identifikationsnummer (IdNr.) 11 222 333 444

*) Bitte Anleitung beachten.

8 Name: Mustermann — Geburtsdatum: 01.03.1993

9 Vorname: Max

Religionsschlüssel:
Evangelisch = EV
Römisch-Katholisch = RK
nicht kirchensteuerpflichtig = VD
Weitere siehe Anleitung

10 Titel, akademischer Grad:

11 Straße (derzeitige Adresse): Gartenstraße — Religion: KV

12 Hausnummer: 32 — Hausnummerzusatz: — Adressergänzung:

13 Postleitzahl: 68723 — Wohnort: Musterstadt

14 Ausgeübter Beruf: Student

15 Verheiratet / Lebenspartnerschaft begründet seit dem — Verwitwet seit dem — Geschieden / Lebenspartnerschaft aufgehoben seit dem — Dauernd getrennt lebend seit dem

Nur bei Zusammenveranlagung: **Ehefrau** oder **Person B** (Ehegatte B / Lebenspartner[in] B nach dem LPartG)

16 IdNr.

17 Name — Geburtsdatum

18 Vorname

Religionsschlüssel:
Evangelisch = EV
Römisch-Katholisch = RK
nicht kirchensteuerpflichtig = VD
Weitere siehe Anleitung

19 Titel, akademischer Grad

20 Straße (falls von Zeile 11 abweichend) — Religion

21 Hausnummer — Hausnummerzusatz — Adressergänzung

22 Postleitzahl — Wohnort (falls von Zeile 13 abweichend)

23 Ausgeübter Beruf

Nur von Ehegatten / Lebenspartnern auszufüllen

24 ☐ Zusammenveranlagung ☐ Einzelveranlagung von Ehegatten / Lebenspartnern ☐ Wir haben Gütergemeinschaft vereinbart

Bankverbindung – Bitte stets angeben –

25 IBAN (inländisches Geldinstitut): DE 46 1000 1000 1000 1000 10

26 IBAN (ausländisches Geldinstitut):

27 BIC zu Zeile 26: NORSDE56XXX

28 X **Kontoinhaber** lt. Zeile 8 und 9 ☐ lt. Zeile 17 und 18 oder: Name (im Fall der Abtretung bitte amtlichen Abtretungsvordruck einreichen)

034037_19 - 20210420

2019ESt1A011NET – Aug. 2019 – **2019ESt1A011NET**

Abbildung 41: Mantelbogen – Seite 1.

Alternative Zustelladresse (Z. 31 – 35)

Auf **Mantelbogen Seite 2** müsst ihr, bis auf die Unterschrift (Z. 42), nichts mehr zwingend ausfüllen. Ältere Mantelbögen (2018 und älter) besitzen weitere Seiten. Hierunter sind die außergewöhnlichen Belastungen, Sonderausgaben und haushaltsnahe Aufwendungen einzutragen. Diese sind im Weiteren bei den nun gesondert einzureichenden Anlagen behandelt.

Wichtig beim Mantelbogen Seite 2 ist die **alternative Adresseingabe.** Falls ihr öfter umzieht oder nicht ständig am Wohnort anzutreffen seid, könnt ihr hier eine alternative Zustelladresse eintragen (z.B. die der Eltern). So wird euch der Steuerbescheid an diese hinterlegte Adresse geschickt. Es empfiehlt sich aufgrund der Bearbeitungszeit beim Finanzamt, sechs Monate im Voraus zu planen.

Einkommensersatzleistungen (Z. 38 – 39)

In Zeile 38 ist die Summe der Lohnersatzleistungen (Einkünfte mit Progressionsvorbehalt) wie Arbeitslosen-, Eltern- oder Krankengeld einzutragen.

Ergänzende Angaben und Unterschrift (Z. 40 – 42)

Besonders wichtig ist es, die finale Unterschrift (Z. 42) und das heutige Datum einzufügen. Hiermit bestätigt ihr die eigenständige Erstellung, ebenso wie die wahre Aussage eurer Steuererklärung. Die „*1*“in Zeile 40 könnt ihr angeben, wenn ihr dem Finanzamt, wie von mir empfohlen, noch ein **extra Schreiben oder eine Kostenaufstellung** beilegt und begründet, wie es zu einigen Ausgaben während des Studiums kam. In Zeile 42 könnt ihr angeben, ob euch jemand bei der Steuererklärung geholfen hat (**Achtung**: Dies dürfen offiziell nur nahe Angehörige, wie beispielsweise eure Eltern, der Verein für Lohnsteuerhilfe und Steuerberater).

5.1.1 Mantelbögen vor 2019 / neue Anlagen

Bis 2018 waren die Mantelbögen noch **vierseitig**. Die nun reduzierten Seiten wurden auf verschiedene Anlagen verteilt. Die erste Seite des Bogens (bis Z. 36) war identisch mit der bereits beschriebenen Version aus 2019. Zusätzlich lassen sich die **Sonderausgaben** (jetzt Anlage Sonderausgaben) auf Seite zwei eintragen. Auf Seite drei folgen (Anlage) **Außergewöhnliche Belastungen** und (Anlage) **Haushaltsnahe Aufwendungen** (Handwerker, Putzfrau o.Ä.). Die jeweiligen Zeilenzuordnungen verändern sich manchmal geringfügig über die jeweiligen Steuerjahre, daher würde eine Einzelbetrachtung der Steuerformulare der letzten sieben Jahre unverhältnismäßig großen Aufwand bereiten. Jedoch sollte mit einer Anleitung aus einem beliebigen Steuerjahr auch alle anderen Steuerjahre problemlos ausgefüllt werden können.

Für Studierende und die Abgabe einer Verlustfeststellung sind die weiter besprochenen Inhalte der abgesonderten Steuerformulare nicht bedeutend, da es sich hierbei um Sonderausgaben handelt. Trotz allem werde ich im Folgenden die neuen Anlagen vorstellen und dabei aufzeigen, wo ihr die entsprechenden Zeilen in den Vorjahresformularen findet.

Steuernummer, Name und Vorname
1234567891, Mustermann, Max

Der Steuerbescheid soll nicht mir / uns zugesandt werden, sondern:

– Nur ausfüllen, wenn dem Finanzamt keine entsprechende Bekanntgabevollmacht vorliegt –

31 Name

32 Vorname

33 Straße

34 Hausnummer | Hausnummerzusatz | Postfach

35 Postleitzahl | Wohnort

36 Staat (falls Anschrift im Ausland)

Antrag auf Festsetzung der Arbeitnehmer-Sparzulage

15

		stpfl. Person / Ehemann / Person A	Ehefrau / Person B
37	Für alle vom Anbieter übermittelten elektronischen Vermögensbildungsbescheinigungen wird die Festsetzung der Arbeitnehmer-Sparzulage beantragt	17 1 = Ja	18 1 = Ja

Einkommensersatzleistungen

18

	– ohne Beträge lt. Zeile 28 der Anlage N –	stpfl. Person / Ehemann / Person A EUR	Ehefrau / Person B EUR
38	– die dem Progressionsvorbehalt unterliegen, z. B. Arbeitslosengeld, Elterngeld, Insolvenzgeld, Krankengeld, Mutterschaftsgeld	120 ,—	121 ,—
39	– vergleichbare Leistungen i. S. d. Zeile 38 aus einem EU- / EWR-Staat oder der Schweiz	136 ,—	137 ,—

Ergänzende Angaben zur Steuererklärung

40 Über die Angaben in der Steuererklärung hinaus sind weitere oder abweichende Angaben oder Sachverhalte zu berücksichtigen. Diese ergeben sich aus der beigefügten Anlage, welche mit der Überschrift **„Ergänzende Angaben zur Steuererklärung"** gekennzeichnet ist. 175 1 1 = Ja

Hinweis: Wenn über die Angaben in der Steuererklärung hinaus weitere oder abweichende Angaben oder Sachverhalte berücksichtigt werden sollen, tragen Sie bitte eine „1" ein. Gleiches gilt, wenn bei den in der Steuererklärung erfassten Angaben bewusst eine von der Verwaltungsauffassung abweichende Rechtsauffassung zugrunde gelegt wurde. Falls Sie mit Abgabe der Steuererklärung lediglich Belege und Aufstellungen einreichen, ist keine Eintragung vorzunehmen.

Unterschrift

Datenschutzhinweis:
Die mit der Steuererklärung / dem Antrag angeforderten Daten werden aufgrund der §§ 149, 150 und 181 Abs. 2 der Abgabenordnung, der §§ 25, 46 und 51a Abs. 2d des Einkommensteuergesetzes sowie des § 14 Abs. 4 des Fünften Vermögensbildungsgesetzes erhoben.
Informationen über die Verarbeitung personenbezogener Daten in der Steuerverwaltung und über Ihre Rechte nach der Datenschutz-Grundverordnung sowie über Ihre Ansprechpartner in Datenschutzfragen entnehmen Sie bitte dem allgemeinen Informationsschreiben der Finanzverwaltung. Dieses Informationsschreiben finden Sie unter www.finanzamt.de (unter der Rubrik „Datenschutz") oder erhalten Sie bei Ihrem Finanzamt.

41 Die Steuererklärung wurde unter Mitwirkung eines Angehörigen der steuerberatenden Berufe i. S. d. §§ 3 und 4 des Steuerberatungsgesetzes erstellt: 1 = Ja

Bei der Anfertigung dieser Steuererklärung hat mitgewirkt:

42 Datum, Unterschrift(en) **Steuererklärungen sind eigenhändig – bei Ehegatten / Lebenspartnern von beiden – zu unterschreiben.**

2019ESt1A012NET **2019ESt1A012NET**

Abbildung 42: Mantelbogen – Seite 2.

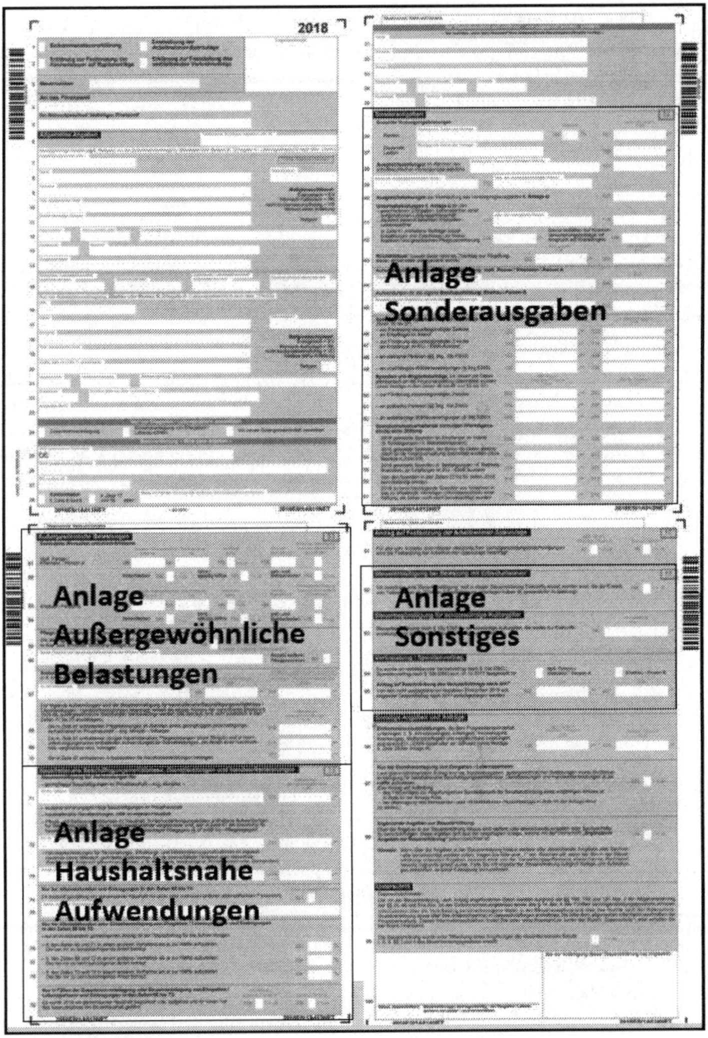

Abbildung 43: Mantelbogen – Umstrukturierung.

Die Felder der vierten Seite des alten Mantelbogens sind vereinzelt noch auf der zweiten Seite des neuen Mantelbogens zu finden oder auf der Anlage Sonstiges. Einzig wichtig wäre hier bei der letzten Seite der alten Bögen die Zeile für die Unterschrift (letzte Zeile) und die Zeile zur vergangenen Feststellung des Verlustvortrags (*„Es wurde ein verbleibender Verlustvortrag nach §10d EStG festgestellt für …“*). Hier sollte, sofern ihr das vorhergehende Steuerjahr auch als Verlustvortrag einreicht, ein Kreuz bei *„stpfl. Person“* gesetzt werden.

5.2 Anlage Außergewöhnliche Belastungen

Beginnen wir mit der Abspaltung der **„außergewöhnlichen Belastungen"** vom Mantelbogen. Diese gesonderte Anlage stellt seit 2019 eine ausführlichere Version der dritten Seite des damaligen Mantelbogens dar. In dieser Anlage kann man Behinderten-, Hinterbliebenen- und Pflegepauschalbeträge beantragen sowie Krankheitskosten und außergewöhnliche Belastungen geltend machen. In den Zeilen 1 bis 3 sind Name, Vorname und Steuernummer anzugeben.

Behinderten- und Hinterbliebenen-Pauschalbetrag (Z. 4 – 10)

Sofern bei euch eine **Behinderung** nachweislich vorliegt, könnt ihr diese hier absetzen und euren steuerlichen Vorteil des Pauschalbetrages sichern. Den Hinterbliebenen-Pauschalbetrag können Witwen- und Waisen in Zeile 10 beantragen. Dieser beträgt 370 Euro. In 2018 sind diese Angaben in Zeilen 61 bis 64 des Mantelbogens zu finden.

Pflege-Pauschalbetrag (Z. 11 – 12)

Sofern ihr eine Person pflegt, die *„nicht nur vorübergehend hilflos"*[232] ist, kann der Steuerpflichtige hier anstelle einer vom Gesamtbetrag der Einkünfte abhängigen Steuerermäßigung nach § 33 EStG die Bemessungsgrundlage der Einkommensteuer um einen **Pflege-Pauschbetrag von 924 Euro**[233] im Kalenderjahr verringern. Vor 2019 sind diese Angaben in Zeilen 65 und 66 des Mantelbogens zu finden.

Ab 2021 gibt es deutliche Verbesserungen: Ab Pflegegrad 2 gibt es einen Pauschalbetrag von 600 Euro. Bei Pflegegrad 3 beträgt dieser 1.110 Euro. Ab Pflegegrad 4 stehen zukünftig 1.800 Euro zu. Der Pauschalbetrag steht allen Pflegepersonen anteilig zu. Aus diesem Grund wird der Bogen aus ausführlicher und der Pflegepauschalbetrag ist in den Zeilen 11 bis 16 zu finden.

Andere Aufwendungen (Z. 13 – 22)

In diesen Zeilen tragt ihr Kosten ein, die euch z.B. durch **Krankheit** (Kosten für Medikamente oder Behandlungen/Therapien, die nicht durch Krankenkasse erstattet wurden) (Z. 13), einen **Unfall**, durch **Pflege** (Z. 14) oder **Bestattungen** (Z. 17) entstanden sind. Die Rechtsprechung hat im Laufe der Zeit jedoch weitere Kostenarten erlaubt. Hierunter könnt ihr auch Physiotherapie, Kosten für eine Brille, eine Gehhilfe oder sonstige ähnliche Hilfsmittel eintragen (Z. 18) (Ab 2021: Z. 31 bis 38). Vor 2018 sind diese Angaben in Zeilen 67 und 70 des Mantelbogens zu finden.

Die Aufwendungen wirken sich steuerlich nur aus, soweit sie die sog. **zumutbare Eigenbelastung**, die von der Höhe der Einkünfte aus allen Einkunftsarten und den persönlichen Verhältnissen (Familienstand, berücksichtigungsfähige Kinder) abhängt, übersteigen. Bei einem ledigen Haushalt ohne Kinder und einem Einkommen von unter 15.340 Euro sind dies 5%. Die Kosten für außergewöhnliche Belastungen müssen also 5% des Einkommens übersteigen, um angerechnet werden zu können.[234] Steigt das Einkommen oder ändert sich die Familiensituation, ändert sich auch der Prozentsatz.[235] Übersteigen die abgesetzten Kosten diese Grenze nicht, so können diese in den Zeilen 20 bis 22 als haushaltsnahe Aufwendungen abgesetzt werden.

---

[232] Dies ist eine steuerliche Definition und muss zwingend erfüllt sein.

[233] Bei Pflegestufe 4 oder 5.

[234] § 33 Abs. 3 EStG.

[235] Online-Rechner: https://www.finanzamt.bayern.de/Informationen/Steuerinfos/Steuerberechnung/Zumutbare_Belastung/.

2019

Zeile			
1	Name: Mustermann		**Anlage Außergewöhnliche Belastungen**
2	Vorname: Max		
3	**Steuernummer** 1234567891		

Außergewöhnliche Belastungen / Pauschbeträge

Behinderten-Pauschbetrag — 53

– bei erstmaliger Beantragung / Änderung bitte Nachweis einreichen –

Zeile		Ausweis / Rentenbescheid / Bescheinigung gültig von	bis	unbefristet gültig	Grad der Behinderung
4	stpfl. Person / Ehemann / Person A	100	101	102 1 = Ja	105
5	Ich bin – geh- und stehbehindert	104 1 = Ja			
6	– blind / ständig hilflos	103 1 = Ja			
7	Ehefrau / Person B	150	151	152 1 = Ja	155
8	Ich bin – geh- und stehbehindert	154 1 = Ja			
9	– blind / ständig hilflos	153 1 = Ja			

Hinterbliebenen-Pauschbetrag

Zeile		stpfl. Person / Ehemann / Person A	Ehefrau / Person B
10	Ich beantrage den Hinterbliebenen-Pauschbetrag	380 1 = Ja	381 1 = Ja

Pflege-Pauschbetrag

– bei erstmaliger Beantragung / Änderung bitte Nachweis einreichen –

11 Die unentgeltliche persönliche Pflege einer ständig hilflosen Person in ihrer oder in meiner Wohnung erfolgte durch — 200 (1 = stpfl. Person / Ehemann / Person A, 2 = Ehefrau / Person B, 3 = beide Ehegatten / Lebenspartner)

12 Name, Anschrift und Verwandtschaftsverhältnis der hilflosen Person(en) — Anzahl weiterer Pflegepersonen 201

Andere Aufwendungen

Zeile	Art der Aufwendungen	Summe der Aufwendungen EUR	Anspruch auf zu erwartende / Erhaltene Versicherungsleistungen, Beihilfen, Unterstützungen, Wert des Nachlasses usw. EUR
	Krankheitskosten (z. B. Arznei-, Heil- und Hilfsmittel, Kurkosten)		
13		,–	,–
	Pflegekosten (z. B. häusliche Pflege und Heimunterbringung)		
14		+ ,–	+ ,–
	Behinderungsbedingte Aufwendungen (z. B. Umbaukosten)		
15		+ ,–	+ ,–
	Behinderungsbedingte Kfz-Kosten		
16		+ ,–	+ ,–
	Bestattungskosten (z. B. Grabstätte, Sarg, Todesanzeige)		
17		+ ,–	+ ,–
	Sonstige außergewöhnliche Belastungen		
18	Lesebrille für Studium	+ 639,–	+ ,–
19		300 639,–	301 0,–

Für folgende Aufwendungen wird die Steuerermäßigung für haushaltsnahe Beschäftigungsverhältnisse / Dienstleistungen / Handwerkerleistungen beantragt, soweit sie wegen Abzugs der zumutbaren Belastung nicht als außergewöhnliche Belastungen berücksichtigt werden (die Beträge sind nicht zusätzlich in den Zeilen 4 bis 6 der Anlage Haushaltsnahe Aufwendungen einzutragen):

Zeile			Aufwendungen (abzüglich Erstattungen) EUR
20	Die in Zeile 19 enthaltenen Pflegeleistungen im Rahmen eines geringfügigen Beschäftigungsverhältnisses im Privathaushalt – sog. Minijob – betragen	370	,–
21	Die in Zeile 19 enthaltenen übrigen haushaltsnahen Pflegeleistungen (ohne Minijob) und in Heimunterbringungskosten enthaltenen Aufwendungen für Dienstleistungen, die denen einer Haushaltshilfe vergleichbar sind, betragen	371	,–
22	Die in Zeile 19 enthaltenen Arbeitskosten für Handwerkerleistungen betragen	372	,–

035007_19 - 20200406 (V2)

2019Anl-agB391NET – Aug. 2019 – **2019Anl-agB391NET**

Abbildung 44: Anlage Außergewöhnliche Belastungen.

5.3 Anlage Haushaltsnahe Aufwendungen

Habt ihr zwei linke Hände, benötigt Hilfe im Haushalt oder wird euch durch einen Hausmeister der Winterdienst erledigt, so könnt ihr diese Kosten durch diese Anlage dem Finanzamt melden. Ebenso sind hierbei auch Nebenkosten (nur Dienstleistungen) eurer Wohnung (oder WG) absetzbar.

In den Zeilen 1 bis 3 sind hierzu wie auf allen Steuerformularen Name, Vorname und Steuernummer anzugeben. Ehepartner können zusammen ein Formular abgeben. Je nachdem, was bei euch anfiel, sind entsprechende Zeilen mit den Ausgaben und der entsprechenden Tätigkeit auszufüllen. So können **haushaltsnahe Dienstleistungen** durch reguläre Beschäftigungsverhältnisse wie den Hausmeister oder Winterdienst aus der Nebenkostenabrechnung (20% der Kosten, maximal 510 Euro jährlich) in Zeile 5 oder durch **Mini-Jobs** (auf 450-€-Basis), wie die selbst eingestellte Putzfrau der Wohnung/WG, in Zeile 4 (20%, maximal 4.000 Euro jährlich) eingetragen werden. **Handwerkerleistungen**, z.B. durch Renovierungen (20% der Aufwendungen, höchstens 1.200 Euro jährlich), werden in Zeile 6 vermerkt (ohne Materialkosten).[236] Dazu zählen sämtliche Renovierungs-, Erhaltungs- und Modernisierungsmaßnahmen ebenso wie alle Wartungen und Reparaturen rund ums Haus, z. B. auch die Reparatur von Haushaltsgeräten vor Ort oder die Wartung der Heizung sowie die Kosten für den Schornsteinfeger. In die Zeilen der Steuerformulare werden immer die vollen Beträge der entsprechenden Leistungen vermerkt. Das Finanzamt berechnet anschließend die Anrechnungshöhe dieser Dienstleistungen.

Die Höchstbeträge sind haushaltsbezogen und eventuell auf Partner oder Mitbewohner zu verteilen. Deshalb muss man in Zeile 7 und 8 die Anzahl und die Namen der Mitbewohner benennen. Wohnt ihr mit einem Partner zusammen oder in einer WG, so kann nur eine Person die Kostenbeiträge absetzen oder ihr müsst diese unter euch aufteilen. In Zeilen 9 bis 11 gibt man aufgrund dessen den für sich abzusetzenden prozentualen Anteil der Aufwendungen an.

Kosten, die ihr aus euren Nebenkostenabrechnungen (z.B. Hausmeisterkosten) absetzen wollt, müssen dort detailliert aufgeschlüsselt werden, um steuerlich abgesetzt werden zu können.

Vor 2019 werden diese Kosten in den Mantelbogen eingetragen. Die entsprechenden Zeilen findet ihr z.B. für 2018 von Zeile 71 bis 79.

Haushaltsnahe Dienstleistungen

Haushaltsnahe Dienstleistungen sind Reinigung der Wohnung oder des Treppenhauses (Putzdienste), Schornsteinfeger, Wartungsdienstleistungen, Gartenpflege, Winterdienst, Fütterung und Pflege von Haustieren, Pflege und Betreuung von Kindern oder Reinigung von Gemeinschaftsflächen. Ebenso sind die Transport- oder Dienstleistungskosten (Helfer) eines **privaten** Umzugs als haushaltsnahe Dienstleistungen steuerlich absetzbar.

Handwerkerleistungen

Handwerkerleistungen sind Reparaturen, die zum Erhalt oder der Renovierung dienen: Streichen von Wänden oder Fassaden, Austausch von alten Böden, Modernisierungsarbeiten, Kontrollmaßnahmen (z.B. bei Fahrstühlen), etc.

236 Zeile 6 wird ab dem Steuerjahr 2020 auf die Zeilen 6 bis 9 erweitert.

2019

Name
1 Mustermann

Vorname
2 Max

3 **Steuernummer** 1234567891

Anlage Haushaltsnahe Aufwendungen

Haushaltsnahe Beschäftigungsverhältnisse, Dienstleistungen und Handwerkerleistungen

Steuerermäßigung für Aufwendungen 18

Geringfügige Beschäftigungen im Privathaushalt – sog. Minijobs –

Aufwendungen (abzüglich Erstattungen) EUR

Art der Tätigkeit
4 Putzfrau 202 800,–

Haushaltsnahe Beschäftigungsverhältnisse / Dienstleistungen
- sozialversicherungspflichtige Beschäftigungen im Privathaushalt
- haushaltsnahe Dienstleistungen, Hilfe im eigenen Haushalt
- Pflege- und Betreuungsleistungen im Haushalt, in Heimunterbringungskosten enthaltene Aufwendungen für Dienstleistungen, die denen einer Haushaltshilfe vergleichbar sind; das in Zeile 19 der Anlage Außergewöhnliche Belastungen als Erstattung für häusliche Pflege- und Betreuungskosten berücksichtigte Pflegegeld (§ 37 SGB XI) / Pflegetagegeld

Art der Tätigkeit / Aufwendungen
5 Winterdienst durch Hausmeister 212 100,–

Handwerkerleistungen
für Renovierungs-, Erhaltungs- und Modernisierungsmaßnahmen im eigenen Haushalt (ohne öffentlich geförderte Maßnahmen, für die zinsverbilligte Darlehen oder steuerfreie Zuschüsse in Anspruch genommen werden, z. B. KfW-Bank, landeseigener Förderbanken oder Gemeinden)

Summe der Rechnungsbeträge EUR | darin enthaltene Lohnanteile, Maschinen- und Fahrtkosten inkl. Umsatzsteuer EUR

Art der Aufwendungen
6 Renovierung 1.200,– 214 600,–

Nur bei Alleinstehenden und Eintragungen in den Zeilen 20 bis 22 der Anlage Außergewöhnliche Belastungen und / oder in den Zeilen 4 bis 6 der Anlage Haushaltsnahe Aufwendungen:

Anzahl der weiteren Personen

7 Es bestand ganzjährig ein gemeinsamer Haushalt mit einer oder mehreren anderen alleinstehenden Person(en) 223

Name, Vorname, Geburtsdatum
8

Nur bei Alleinstehenden oder Einzelveranlagung von Ehegatten / Lebenspartnern und Eintragungen in den Zeilen 20 bis 22 der Anlage Außergewöhnliche Belastungen und / oder in den Zeilen 4 bis 6 der Anlage Haushaltsnahe Aufwendungen:

Laut einzureichendem gemeinsamen Antrag ist der Höchstbetrag für die Aufwendungen

9 – lt. Zeile 20 der Anlage Außergewöhnliche Belastungen und / oder Zeile 4 der Anlage Haushaltsnahe Aufwendungen in einem anderen Verhältnis als je zur Hälfte aufzuteilen. Der bei mir zu berücksichtigende Anteil beträgt 224 %

10 – lt. Zeile 21 der Anlage Außergewöhnliche Belastungen und / oder Zeile 5 der Anlage Haushaltsnahe Aufwendungen in einem anderen Verhältnis als je zur Hälfte aufzuteilen. Der bei mir zu berücksichtigende Anteil beträgt 225 %

11 – lt. Zeile 22 der Anlage Außergewöhnliche Belastungen und / oder Zeile 6 der Anlage Haushaltsnahe Aufwendungen in einem anderen Verhältnis als je zur Hälfte aufzuteilen. Der bei mir zu berücksichtigende Anteil beträgt 226 %

Nur in Fällen der Zusammenveranlagung oder Einzelveranlagungen von Ehegatten / Lebenspartnern und Eintragungen in den Zeilen 20 bis 22 der Anlage Außergewöhnliche Belastungen und / oder in den Zeilen 4 bis 6 der Anlage Haushaltsnahe Aufwendungen:

stpfl. Person / Ehemann / Person A | Ehefrau / Person B

12 Es wurde 2019 ein gemeinsamer Haushalt begründet oder aufgelöst und für einen Teil des Kalenderjahres ein Einzelhaushalt geführt 219 1 = Ja 220 1 = Ja

035009_19 - 20191216 (V2)

2019Anl35a381NET – Aug. 2019 – 2019Anl35a381NET

Abbildung 45: Anlage Haushaltsnahe Aufwendungen.

5.4 Anlage Sonderausgaben

Sonderausgaben – wie gezahlte Kirchensteuer, Mitgliedsbeiträge, Spenden, Berufsausbildungskosten (Erstausbildung!) – werden in der **Anlage Sonderausgaben** behandelt. Die entsprechenden Zeilen findet ihr in leicht veränderter Reihenfolge auf der zweiten Seite des früheren Mantelbogens. In den ersten drei Zeilen gibt man wie gewohnt Name, Vorname und Steuernummer an.

Kirchensteuer (Z. 4)

Die **Kirchensteuer**, sofern gezahlt, tragt ihr in Zeile 4 ein.[237] Die gezahlten Beiträge findet ihr auf dem Ausdruck der elektronischen Lohnsteuerbescheinigung (Nr. 6). Gezahlte Kirchensteuer ist unbegrenzt als Sonderausgabe absetzbar.

Spenden und Mitgliedsbeiträge (Z. 5 – 12)

Spenden oder Mitgliedsbeiträge, egal ob an NGOs, Tierheime oder politische Gesellschaften, tragt ihr in die Zeilen 5 bis 12 ein. Der Vordruck unterscheidet zwischen vier Arten von Zuwendungen: Zuwendungen für gemeinnützige, mildtätige und kirchliche Zwecke von Vereinen oder Organisationen (Z. 5), Beiträge oder Spenden an Parteien (Z. 7), Zuwendungen an unabhängige Wählervereinigungen (Z. 8) und Spenden in den Vermögensstock einer Stiftung (Z. 9 bis 12). Für Vereine oder Organisationen im Ausland nutzt man Zeile 6. Ebenso könnt ihr Sachspenden mit ihrem geschätzten Wert[238] in diese Spalten eintragen und so steuerlich absetzen. Für Steuerjahre 2018 und früher sind diese Angaben im Mantelbogen in Zeilen 46 bis 57 zu finden.

Berufsausbildungskosten (Z. 13 – 14)

Die **Berufsausbildungskosten** der **Erstausbildung** (inklusive Kosten für Arbeitsmittel, Aufwendungen der doppelten Haushaltsführung, Fahr- und Reisekosten einschließlich der Verpflegungsmehraufwendungen während der Erstausbildung) tragt ihr als Summe in die Zeile 13 ein. Zu empfehlen ist, hierbei wiederum diese Kosten separat aufgelistet darzustellen. Diese absetzbaren Kosten sind auf 6.000 Euro pro Steuerjahr begrenzt. Für Steuerjahre 2018 und früher sind diese Angaben im Mantelbogen in den Zeilen 44 und 45 zu machen.

Weitere Aufwendungen (Z. 15 – 21)

Unter weitere Aufwendungen der Sonderausgaben fallen **Renten** (abseits der gesetzlichen Abzüge vom Lohn) (Z. 15), dauernde **Lasten** (Z. 16), Ausgleichszahlungen und **Unterhaltsleistungen** (an Kinder oder geschiedene Ehegatten) (Z. 17 und 18). Dies sind allesamt Zahlungen, die ihr an andere (z.B. Ex-Partner) leistest. Diese Ausführungen sind für euch als Studierende nicht entscheidend, da sie zumeist eher weniger auf typische Studierende zutreffen. Ab 2020 und 2021 sind die **weiteren Aufwendungen** ausführlicher in den Bögen dargestellt. Vor 2019 sind diese Angaben im Mantelbogen in Zeilen 36 bis 43 zu finden.

---

[237] Seid ihr aus der Kirche ausgetreten, entfällt dies selbstverständlich.

[238] Hierfür gilt es den aktuellen Marktwert anzugeben. Am besten recherchieren, wie ähnliche Artikel bei Ebay gehandelt werden. Hierbei Alter, Zustand und damaliger Kaufpreis berücksichtigen. Zusätzlich solltet ihr euch von der gespendeten Ware eine **Zuwendungsbestätigung** mit Art und Zustand der Sachspende, Spender und Empfänger ausstellen lassen.

2019

Anlage Sonderausgaben

1	Name	Mustermann
2	Vorname	Max
3	Steuernummer	1234567891

Angaben zu Sonderausgaben

– Ohne Versicherungsaufwendungen und Altersvorsorgebeiträge –

52

Kirchensteuer

			2019 gezahlt EUR		2019 erstattet EUR
4	soweit diese nicht als Zuschlag zur Abgeltungsteuer einbehalten oder gezahlt wurde	103	134,–	104	,–

Zuwendungen (Spenden und Mitgliedsbeiträge)

			lt. Bestätigungen EUR		lt. Betriebsfinanzamt EUR
	Spenden und Mitgliedsbeiträge (ohne Beträge in den Zeilen 9 bis 12)				
5	– zur Förderung steuerbegünstigter Zwecke an Empfänger im Inland	123	,–	124	,–
6	– zur Förderung steuerbegünstigter Zwecke an Empfänger im EU- / EWR-Ausland	133	,–	134	,–
7	– an politische Parteien (§§ 34g, 10b EStG)	127	,–	128	,–
8	– an unabhängige Wählervereinigungen (§ 34g EStG)	129	,–	130	,–

			stpfl. Person / Ehemann / Person A EUR		Ehefrau / Person B EUR
	Spenden in das zu erhaltende Vermögen (Vermögensstock) einer Stiftung				
9	2019 geleistete Spenden an Empfänger im Inland (lt. Bestätigungen / lt. Betriebsfinanzamt)	208	50,–	209	,–
10	2019 geleistete Spenden (lt. Bestätigungen / lt. Betriebsfinanzamt) an Empfänger im EU- / EWR-Ausland	224	,–	225	,–
11	Von den Spenden in den Zeilen 9 und 10 sollen 2019 berücksichtigt werden	212	50,–	213	,–
12	2019 zu berücksichtigende Spenden aus Vorjahren in das zu erhaltende Vermögen (Vermögensstock) einer Stiftung, die bisher noch nicht berücksichtigt wurden	214	,–	215	,–

Berufsausbildungskosten

			EUR
	Aufwendungen für die eigene **Berufsausbildung: stpfl. Person / Ehemann / Person A**		
13	Bezeichnung der Ausbildung, Art und Höhe der Aufwendungen	200	,–
	Aufwendungen für die eigene **Berufsausbildung: Ehefrau / Person B**		
14	Bezeichnung der Ausbildung, Art und Höhe der Aufwendungen	201	,–

Weitere Aufwendungen

Gezahlte Versorgungsleistungen

				Zu % abziehbar		tatsächlich gezahlt EUR
15	Renten	Rechtsgrund, Datum des Vertrags	102	%	101	,–
16	Dauernde Lasten	Rechtsgrund, Datum des Vertrags			100	,–

Unterhaltsleistungen lt. **Anlage U** an den

17	– geschiedenen Ehegatten, Lebenspartner einer aufgehobenen Lebenspartnerschaft – dauernd getrennt lebenden Ehegatten / Lebenspartner	117	IdNr. der unterstützten Person	116	,–
18	In Zeile 17 enthaltene Beiträge (abzgl. Erstattungen und Zuschüsse) zur Basis-Kranken- und gesetzlichen Pflegeversicherung	118	EUR ,–	Davon entfallen auf Krankenversicherungsbeiträge mit Anspruch auf Krankengeld 119	,–

Ausgleichszahlungen im Rahmen des schuldrechtlichen Versorgungsausgleichs

19	Rechtsgrund, Datum der erstmaligen Zahlung			121	,–
20	Name der empfangsberechtigten Person	132	IdNr. der empfangsberechtigten Person		
21	**Ausgleichsleistungen** zur Vermeidung des Versorgungsausgleichs lt. **Anlage U**			131	,–

035006_19 - 2019121б (V2)

2019AnlSonderausgaben401NET – Aug. 2019 – **2019AnlSonderausgaben401NET**

Abbildung 46: Anlage Sonderausgaben.

5.5 Anlage Sonstiges

Auf dieser Anlage ist nur ein Kreuz zu setzen, sofern ihr im Vorjahr einen Verlustvortrag erwirtschaftet habt oder das Vorjahr gerade beim Finanzamt parallel bearbeitet wird. In den ersten drei Zeilen vermerkt ihr, wie bei allen Steuerformularen, Namen und Steuernummer. Das Kreuz ist in Zeile 7 bei *„Es wurde ein verbleibender Verlustvortrag nach §10d EStG festgestellt"* bei *„stpfl. Person"* zu setzen. Dieses Kreuz ist für die Steuerjahre vor 2019 auf dem Mantelbogen zu finden. In Zeile 8 vermerkt ihr zudem, ob ihr den Verlust ggf. ins Vorjahr (**Verlustrücktrag**) übertragen wollt und falls ja, wieviel eures Verlustes ihr **vortragen** wollt. Bedenkt, dass ihr hierbei nur so viel Verlust vortragen braucht, um **inklusive Sonderausgaben des Vorjahres** auf den **Steuerfreibetrag** zu kommen (falls Einkünfte im Vorjahr erzielt wurden). Wollt ihr dies nicht (**Verlustvortrag**), so tragt in Zeile 8 („Antrag auf Beschränkung des Verlustrücktrags nach [Jahr]") eine Null ein.

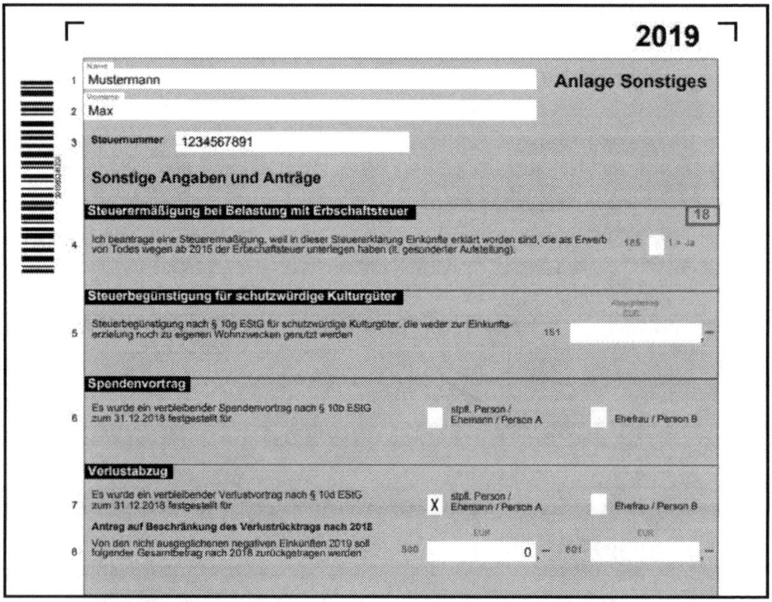
2019

Anlage Sonstiges

1 Name: Mustermann

2 Vorname: Max

3 Steuernummer 1234567891

Sonstige Angaben und Anträge

Steuerermäßigung bei Belastung mit Erbschaftsteuer 18

4 Ich beantrage eine Steuerermäßigung, weil in dieser Steuererklärung Einkünfte erklärt worden sind, die als Erwerb von Todes wegen ab 2016 der Erbschaftsteuer unterlegen haben (lt. gesonderter Aufstellung). 185 [ ] 1 = Ja

Steuerbegünstigung für schutzwürdige Kulturgüter

5 Steuerbegünstigung nach § 10g EStG für schutzwürdige Kulturgüter, die weder zur Einkunftserzielung noch zu eigenen Wohnzwecken genutzt werden 151 [ ] ,–

Spendenvortrag

6 Es wurde ein verbleibender Spendenvortrag nach § 10b EStG zum 31.12.2018 festgestellt für [ ] stpfl. Person / Ehemann / Person A [ ] Ehefrau / Person B

Verlustabzug

7 Es wurde ein verbleibender Verlustvortrag nach § 10d EStG zum 31.12.2018 festgestellt für [X] stpfl. Person / Ehemann / Person A [ ] Ehefrau / Person B

Antrag auf Beschränkung des Verlustrücktrags nach 2018

8 Von den nicht ausgeglichenen negativen Einkünften 2019 soll folgender Gesamtbetrag nach 2018 zurückgetragen werden 800 EUR 0,– 801 EUR [ ] ,–

Abbildung 47: Anlage Sonstiges.

5.6 Anlage Vorsorgeaufwand

Die **Anlage Vorsorgeaufwendungen** benötigt ihr, um eure Krankenkassen- (KV), Pflege- (PV), Rechts-, Arbeitslosen-, Haftpflichtversicherung und Rentenvorsorge steuerlich als Sonderausgaben geltend zu machen. Die **Vorsorgeaufwendungen** beinhalten die Kosten, welche euch direkt vom Lohn abgezogen werden, wie auch die, die ihr freiwillig und selbständig leistet. Die steuerlich abzugsfähigen Vorsorgeaufwendungen werden in Altersvorsorgeaufwendungen (Z. 4 bis 11) und sonstige Vorsorgeaufwendungen (ab Z. 11) unterteilt. Die sonstigen Vorsorgeaufwendungen werden nochmals in Basis-Kranken- und Pflegeversicherungsbeiträge und andere Versicherungsbeiträge gegliedert. Diese Anlage existiert schon seit mehreren Steuerjahren und ist demnach immer, sofern ihr Kosten hierfür abzusetzen habt, einzureichen. In die ersten drei Zeilen tragt ihr Name, Vorname und Steuernummer ein.

Altersvorsorge (Z. 4 – 10)

Die **Altersvorsorgeaufwendungen** setzt sich aus gesetzlicher Rentenversicherung, freiwillig geleisteter Rentenversicherung und Rürup-Rente zusammen.

In die linken Zeilen (rechte Zeilen benutzt der Ehepartner) 4 bis 10 tragt ihr eure **geleisteten Beiträge zur Altersvorsorge**[239] (Z. 4 für Arbeitnehmeranteil zur Rentenversicherung und Z. 9 für den Arbeitgeberanteil der **gesetzlichen Leistungen als Übertrag der Lohnsteuerbescheinigung** Nr. 22 a/b und Nr. 23 a/b, **freiwillige geleistete Vorsorgebeiträge** – z.B. als Mini-Jobber – kommen in Z. 6) ein.

Wurden **Beiträge** seitens der Krankenkasse **erstattet**, z.B. durch Bonusprogramm, sind diese in Zeile 7 einzutragen. Einzahlungen in **private Rentenversicherungen** (Rürup, z.B. Z. 8) werden in die übrigen Zeilen übertragen.[240] In Zeile 10 gehören die Rentenversicherungsbeiträge (Arbeitgeberanteil) eines pauschal besteuerten Mini-Jobs (nur, falls freiwillig geleistete Beiträge in Z. 6 vermerkt wurden).

Hierbei sind bei Einzelveranlagung[241] maximal 25.787 Euro zugelassen. Die Beiträge der Altersvorsorgeaufwendungen werden nur zu 88% (2019, +2% jedes spätere Jahr: 2020 entspricht dann 90%, ab 2023: 100%) und abzüglich des Arbeitgeberanteils zur Rentenversicherung als Sonderausgaben angerechnet.[242]

Sonstige Vorsorgeaufwendungen (ab Z. 11)

Die sonstigen Vorsorgeaufwendungen werden in Basis-Kranken- und Basis-Pflegeversicherungsbeiträge für eine Grundvorsorge (Basisabsicherung) und andere Versicherungsbeiträge gegliedert. Für alle Vorsorgeaufwendungen gibt es einen Höchstbetrag (1.900 bzw. 2.800 Euro pro Person[243]). Die Aufwendungen der Basisabsicherung sind immer in voller Höhe absetzbar, auch wenn diese über den Höchstbetrag hinausgehen. Aufwendungen für andere sonstige Vorsorgeaufwendungen sind nur absetzbar, soweit die Höchstgrenzen noch nicht durch die

[239] § 10 Abs. 1 Nr. 2 EStG.

[240] Wie bereits bei der Anlage N könnt ihr auch bei dieser Anlage pro Arbeitgeber eine separate Anlage benutzen.

[241] Als ledige Person.

[242] Vgl. Kapitel Sonderausgaben.

[243] 2.800 Euro, falls man selbst die Vorsorgeaufwendungen trägt (z.B. Selbständige:r, Student:in). 1.900 Euro, falls der Arbeitgeber diese mitträgt (z.B. Angestellte:r).

Basisabsicherung ausgeschöpft wurden. Diese können dann bis zum Erreichen der Höchstbeträge abgesetzt werden.

Gesetzliche Krankenkassen- und Pflegeversicherung (Z. 11 – 22)

Seid ihr **gesetzlich krankenversichert**, so tragt ihr in die Zeilen 11 bis 22 eure Krankenkassenbeiträge ein. Die **Basisbeiträge der Krankenkassen** werden vollständig als Sonderausgaben angerechnet. Pauschal jedoch um 4% für Krankengeld gekürzt.[244] Bei einer Familienkrankenversicherung lasst ihr diese Zeilen frei, da die Kosten von euren Eltern getragen werden. Hattet ihr einen Job während des Studiums, so entnehmt ihr die Kosten der Krankenversicherung dem Ausdruck der elektronischen Lohnsteuerbescheinigung (KV: Z. 11 aus Nr. 25, PV: Z. 13/Nr. 26 und Z. 14). Ergeben sich aus den Beiträgen Anteile, die keinen Anspruch auf Krankengeld begründen (z.B. pflichtversicherte Praktikanten / Studierende), dann muss der Krankenversicherungsbeitrag zusätzlich in Zeile 12 vermerkt werden.

Freiwillig Versicherte (z.B. Studierende, die nicht mehr familienkrankenversichert sind) tragen die gezahlten Beiträge in Zeile 16 und 18 und übernehmen die tatsächlich bezahlten Kosten inklusive Pflegebeiträge den Krankenkassenabrechnungen (KV: Z. 16, PV: Z. 18) aus der Abrechnung der Krankenkasse (s. folgende Abbildung). Wurden hierbei wiederum Beiträge erstattet, so sind diese Erstattungen in Zeile 19 einzutragen.

In Zeile 22 können Beiträge für **Wahlleistungen** (wie z.B. Auslandsreiseversicherung) angeführt werden. Werden seitens der Kranken- und Pflegekasse Rückerstattung geleistet (z.B. Erstattungen durch Bonusprogramm), so werden diese in Zeile 14 und 15 vermerkt.

Geben Sie eine Steuererklärung ab? Dann tragen Sie die Beträge bitte so in die "Anlage Vorsorgeaufwand" Ihrer Steuererklärung ein:

Zeile 16:	gezahlte Beiträge zur Krankenversicherung	68,91 EUR
Zeile 18:	gezahlte Beiträge zur Pflegeversicherung	15,47 EUR

Abbildung 48: Auszug aus Abrechnung mit der ges. Krankenkasse.

Private Krankenkassen- und Pflegeversicherung (Z. 23 – 28)

Seid ihr **privat versichert**, so tragt ihr in die Zeilen 23 bis 28 eure **privaten Krankenkassenbeiträge** des entsprechenden Jahres ein. Die Beiträge der privaten Kassen sind im gleichen Umfang abzugsfähig wie die zur gesetzlichen Kranken- und Pflegeversicherung. Das heißt, dass man die Beiträge zur Basiskrankenversicherung in voller Höhe absetzen kann, Wahlleistungen oder Ansprüche auf Krankengeld hingegen – genau wie bei der gesetzlichen Versicherung – mit Einschränkungen (s. dazu Kapitel Sonderausgaben).

Wie hoch die jeweiligen Beitragsteile ausfallen, kann man in der Bescheinigung der privaten Krankenversicherungsgesellschaft entnehmen (Z. 23 Beiträge der Basiskrankenversicherung, Z. 24 Beiträge der Pflegeversicherung, Z. 25 erstattet Beiträge, Z. 26 Zuschüsse der gezahlten Beiträge durch beispielsweise der Deutschen Rentenversicherung, Z. 27 und 28 gezahlte Zusatzleistungen der privaten Basis- und Pflegeversicherung). Diese Beiträge werden auf der Abrechnung der Krankenversicherung separat aufgelistet.

[244] § 10 Abs. 1 Nr. 3a S. 4 EStG.

2019

1	Name: Mustermann					**Anlage Vorsorgeaufwand**
2	Vorname: Max					
3	**Steuernummer** 1234567891					Daten für die mit (e) gekennzeichneten Zeilen liegen im Regelfall vor und müssen, wenn sie zutreffend sind, nicht ausgefüllt werden. – Bitte Infoblatt eDaten / Anleitung beachten – 52

Angaben zu Vorsorgeaufwendungen

Zeile	Beiträge zur Altersvorsorge		stpfl. Person / Ehemann / Person A EUR		Ehefrau / Person B EUR	
4	Arbeitnehmeranteil lt. Nr. 23 a / b der Lohnsteuerbescheinigung	300	769	400		(e)
5	Beiträge zur landwirtschaftlichen Alterskasse, zu berufsständischen Versorgungseinrichtungen, die den gesetzlichen Rentenversicherungen vergleichbare Leistungen erbringen (abzüglich steuerfreier Zuschüsse lt. Nr. 22 b der Lohnsteuerbescheinigung) – ohne Beiträge, die in Zeile 4 geltend gemacht werden –	301		401		
6	Beiträge zu gesetzlichen Rentenversicherungen – ohne Beiträge, die in Zeile 4 geltend gemacht werden –	302		402		
7	Erstattete Beiträge und / oder steuerfreie Zuschüsse zu den Zeilen 4 bis 6 (ohne Zuschüsse, die von den Beiträgen lt. Zeile 8 abzuziehen sind und ohne Zuschüsse lt. Zeile 9 und 10)	309		409		(e)
8	Beiträge zu zertifizierten Basisrentenverträgen (sog. Rürup-Verträge) mit Laufzeitbeginn nach dem 31.12.2004 (abzüglich steuerfreier Zuschüsse) – ohne Altersvorsorgebeiträge, die in der Anlage AV geltend gemacht werden –	303		403		(e)
9	Arbeitgeberanteil / -zuschuss lt. Nr. 22 a / b der Lohnsteuerbescheinigung	304	769	404		(e)
10	Arbeitgeberanteil zu gesetzlichen Rentenversicherungen im Rahmen einer pauschal besteuerten geringfügigen Beschäftigung (bitte Anleitung beachten)	306		405		
	Beiträge zur inländischen gesetzlichen Kranken- und Pflegeversicherung					
11	Arbeitnehmerbeiträge zu Krankenversicherungen lt. Nr. 25 der Lohnsteuerbescheinigung	320	629	420		(e)
12	In Zeile 11 enthaltene Beiträge, aus denen sich kein Anspruch auf Krankengeld ergibt	322		422		
13	Arbeitnehmerbeiträge zu sozialen Pflegeversicherungen lt. Nr. 26 der Lohnsteuerbescheinigung	323	120	423		(e)
14	Zu den Zeilen 11 bis 13: Von der Kranken- und / oder sozialen Pflegeversicherung erstattete Beiträge	324		424		(e)
15	In Zeile 14 enthaltene Beiträge zur Krankenversicherung, aus denen sich kein Anspruch auf Krankengeld ergibt, und zur sozialen Pflegeversicherung	325		425		(e)
16	Beiträge zu Krankenversicherungen – ohne Beiträge, die in Zeile 11 geltend gemacht werden – (z. B. bei Rentnern, bei freiwillig gesetzlich versicherten Selbstzahlern)	326	69	426		(e)
17	In Zeile 16 enthaltene Beiträge zur Krankenversicherung, aus denen sich ein Anspruch auf Krankengeld ergibt	328		428		
18	Beiträge zu sozialen Pflegeversicherungen – ohne Beiträge, die in Zeile 13 geltend gemacht werden – (z. B. bei Rentnern, bei freiwillig gesetzlich versicherten Selbstzahlern)	329	16	429		(e)
19	Zu den Zeilen 16 bis 18: Von der Kranken- und / oder sozialen Pflegeversicherung erstattete Beiträge	330		430		(e)
20	In Zeile 19 enthaltene Beiträge zur Krankenversicherung, aus denen sich ein Anspruch auf Krankengeld ergibt	331		431		
21	Zuschuss zu den Beiträgen lt. Zeile 16 und / oder 18 – ohne Beträge lt. Zeile 37 und 39 – (z. B. von der Deutschen Rentenversicherung)	332		432		(e)
22	Über die Basisabsicherung hinausgehende Beiträge zu Krankenversicherungen (z. B. für Wahlleistungen, Zusatzversicherungen) abzüglich erstatteter Beiträge	338		438		
	Beiträge zur inländischen privaten Kranken- und Pflegeversicherung					
23	Beiträge zu Krankenversicherungen (nur Basisabsicherung, keine Wahlleistungen)	350		450		(e)
24	Beiträge zu Pflege-Pflichtversicherungen	351		451		(e)
25	Zu den Zeilen 23 und 24: Von der privaten Kranken- und / oder Pflege-Pflichtversicherung erstattete Beiträge	352		452		(e)
26	Zuschuss von dritter Seite zu den Beiträgen lt. Zeile 23 und / oder 24 (z. B. von der Deutschen Rentenversicherung)	353		453		(e)
27	Über die Basisabsicherung hinausgehende Beiträge zu Krankenversicherungen (z. B. für Wahlleistungen, Zusatzversicherungen) abzüglich erstatteter Beiträge	354		454		
28	Beiträge (abzüglich erstatteter Beiträge) zu zusätzlichen Pflegeversicherungen (ohne Pflege-Pflichtversicherung)	355		455		

2019AnlVor241NET – Aug. 2019 – **2019AnlVor241NET**

034098_19 - 20191216 (V1)

Abbildung 49: Anlage Vorsorgeaufwand – Seite 1.

Ausländische Kranken- und Pflegeversicherung (Z. 31 – 36)

Krankenkassenbeiträge und Pflegebeiträge, wie auch Rentenabzüge, die von Löhnen aus dem Ausland abgezogen wurden (bei Auslandsaufenthalt durch das Studium oder Praktikum) vermerkt ihr in den Zeilen 31 bis 36. Auch die zusätzlich zur Inlandskrankenversicherung bezahlte Auslandskrankenversicherung tragt ihr hier ein. Die ausländische Versicherung kann sowohl gesetzlich als auch privat sein und muss im Wesentlichen mit einer inländischen Versicherung vergleichbar sein. Eine Reisekrankenversicherung oder eine im Inland abgeschlossene Auslandskrankenversicherung kann hier somit nicht abgesetzt werden.

Steuerfreie Krankenkassenzuschüsse (Z. 37 – 39)

Sofern der Arbeitgeber euch Zuschüsse gewährt hat, ist dies auf dem Ausdruck der elektronischen Lohnsteuerbescheinigung (Z. 37/Nr. 24 a für gesetzliche KV, Z. 38/Nr. 24 b für private KV oder Z. 39/Nr. 24 c für gesetzliche PV) vermerkt und ihr müsst dies in die vorliegenden Zeilen 37 bis 39 übertragen.

Weitere sonstige Vorsorgeaufwendungen (Z. 40 – 50)

Weitere Vorsorgeaufwendungen tragt ihr in die folgenden Zeilen ein. Zeile 40 bis 45 behandeln für andere Personen übernommene Kranken- und Pflegeversicherungsbeiträge. Alle weiteren Vorsorgeaufwendungen, die geltend gemacht werden dürfen, kommen in die Zeilen 45 bis 50. So werden bezahlte **Arbeitslosenversicherungen** in Zeile 45/46 (aus Nr. 27), **Berufsunfähigkeitsversicherungen** in Zeile 47 und **Unfall- bzw. Haftpflichtversicherungen** (wie z.B. KFZ-Haftpflichtversicherung, Tierhaftpflichtversicherung, Risikolebensversicherung oder private Haftpflichtversicherung) in Zeile 48, **Rentenversicherungen** in Zeile 49/50 übertragen. Die **weiteren sonstigen Vorsorgeaufwendungen** (Beitrage zu Arbeitslosen-, Erwerbs- und Berufsunfähigkeitsversicherungen, zu Unfall- und Haftpflichtversicherungen sowie zu Renten- und Lebensversicherungen) könnt ihr im Rahmen der Höchstbeträge i.H.v. 1.900 Euro (sofern man einen steuerfreien Zuschuss durch den Arbeitgeber – s. Ausdruck elektronische Lohnsteuerbescheinigung – erhält, ansonsten erhalten Studierende, die ihre Krankenkassenbeiträge durch eine gesetzliche studentische oder private Krankenversicherung selbst aufbringen müssen, eine Höchstgrenze i.H.v. 2.800 Euro) geltend machen, soweit der Höchstbetrag nicht bereits durch Beiträge zu Basis-Kranken- und gesetzlichen Pflegeversicherungen ausgeschöpft wurde. Andere Versicherungen können infolgedessen nur berücksichtigt werden, sofern die Höchstgrenzen nicht bereits durch die Basisversicherungen erreicht wurden (s. Kapitel Sonderausgaben). Beiträge zu Kasko-, Hausrat- und Rechtsschutz sind steuerlich **nicht** absetzbar.

Ergänzende Angaben zu den Vorsorgeaufwendungen (Z. 51 – 57)

Wurden Beiträge zur Krankenversicherung persönlich gezahlt, so tragt in Zeile 51 eine *„2“* (für Nein) ein. Dies gilt vor allem bei Studierenden ohne Berufstätigkeit und Familienversicherung. Seid ihr als Praktikant:in und Student:in nicht rentenversicherungspflichtig, so tragt ihr in Zeile 54 eure Berufsart „Student“ ein und hinterlegt eine *„1“* für Ja.

TIPP: Lasst euch nicht verunsichern, wenn einzelne Zeilenzuordnungen der verschiedenen Steuerjahre nicht übereinstimmen. In den vergangenen Jahren haben diese sich um +/- 4 Zeilen verschoben bzw. wurden auf andere Formulare transferiert.

Steuernummer, Name und Vorname
1234567891, Mustermann, Max

Beiträge zur ausländischen gesetzlichen oder privaten Kranken- und Pflegeversicherung

Zeile			stpfl. Person / Ehemann / Person A EUR		Ehefrau / Person B EUR
31	Beiträge (abzüglich steuerfreier Zuschüsse – ohne Beträge lt. Zeile 37 –) zur Krankenversicherung, die mit einer inländischen Krankenversicherung vergleichbar ist (nur Basisabsicherung, keine Wahlleistungen)	333	,–	433	,–
32	In Zeile 31 enthaltene Beiträge zur Krankenversicherung, aus denen sich kein Anspruch auf Krankengeld ergibt	334	,–	434	,–
33	Beiträge (abzüglich steuerfreier Zuschüsse – ohne Beträge lt. Zeile 39 –) zur sozialen Pflegeversicherung / Pflege-Pflichtversicherung, die mit einer inländischen Pflegeversicherung vergleichbar ist	335	,–	435	,–
34	Zu den Zeilen 31 bis 33: Von der Kranken- und / oder sozialen Pflegeversicherung / Pflege-Pflichtversicherung erstattete Beiträge	336	,–	436	,–
35	In Zeile 34 enthaltene Beiträge zur Krankenversicherung, aus denen sich kein Anspruch auf Krankengeld ergibt, und zur sozialen Pflegeversicherung	337	,–	437	,–
36	Über die Basisabsicherung hinausgehende Beiträge (abzüglich erstatteter Beiträge) zu Krankenversicherungen und zusätzlichen Pflegeversicherungen (z. B. für Wahlleistungen, Zusatzversicherungen)	339	,–	439	,–

Steuerfreie Arbeitgeberzuschüsse

Zeile					
37	Gesetzliche Krankenversicherung lt. Nr. 24 a der Lohnsteuerbescheinigung	360	,–	460	,– (e)
38	Private Krankenversicherung lt. Nr. 24 b der Lohnsteuerbescheinigung	361	,–	461	,– (e)
39	Gesetzliche Pflegeversicherung lt. Nr. 24 c der Lohnsteuerbescheinigung	362	,–	462	,– (e)

Als Versicherungsnehmer für andere Personen übernommene Kranken- und Pflegeversicherungsbeiträge

– „Andere Personen" sind z. B. Kinder, für die **kein** Anspruch auf Kindergeld / Kinderfreibetrag besteht (bei Anspruch auf Kindergeld / Kinderfreibetrag sind die Eintragungen in den Zeilen 31 bis 42 der Anlage Kind vorzunehmen). –

40 600 IdNr. der mitversicherten Person | Name, Vorname, Geburtsdatum der mitversicherten Person

Zeile			stpfl. Person / Ehegatte / Lebenspartner EUR
41	Beiträge (abzüglich steuerfreier Zuschüsse) zu privaten Krankenversicherungen (nur Basisabsicherung, keine Wahlleistungen)	601	,– (e)
42	Beiträge (abzüglich steuerfreier Zuschüsse) zu Pflege-Pflichtversicherungen	602	,– (e)
43	Zu den Zeilen 41 und 42: Von der privaten Kranken- und / oder Pflege-Pflichtversicherung erstattete Beiträge	603	,– (e)
44	Beiträge (abzüglich erstatteter Beiträge) zu privaten Kranken- und / oder Pflegeversicherungen (ohne Basisabsicherung, z. B. für Wahlleistungen, Zusatzversicherungen)	604	,–

Weitere sonstige Vorsorgeaufwendungen

Zeile			stpfl. Person / Ehemann / Person A EUR		Ehefrau / Person B EUR
45	Arbeitnehmerbeiträge zur Arbeitslosenversicherung lt. Nr. 27 der Lohnsteuerbescheinigung	370	122,–	470	,– (e)

Beiträge (abzüglich steuerfreier Zuschüsse und erstatteter Beiträge) zu

Zeile			stpfl. Person / Ehegatte / Lebenspartner EUR
46	– Versicherungen gegen Arbeitslosigkeit – ohne Beträge, die in Zeile 45 geltend gemacht werden –	500	,–
47	– freiwilligen eigenständigen Erwerbs- und Berufsunfähigkeitsversicherungen	501	499,–
48	– Unfall- und Haftpflichtversicherungen sowie Risikoversicherungen, die nur für den Todesfall eine Leistung vorsehen	502	50,–
49	– Rentenversicherungen mit Kapitalwahlrecht und / oder Kapitallebensversicherungen mit einer Laufzeit von mindestens 12 Jahren sowie einem Laufzeitbeginn und der ersten Beitragszahlung vor dem 1.1.2005	503	,–
50	– Rentenversicherungen ohne Kapitalwahlrecht mit Laufzeitbeginn und erster Beitragszahlung vor dem 1.1.2005 (auch steuerpflichtige Beiträge zu Versorgungs- und Pensionskassen) – ohne Altersvorsorgebeiträge, die in der Anlage AV geltend gemacht werden –	504	,–

Ergänzende Angaben zu Vorsorgeaufwendungen

Zeile			stpfl. Person / Ehemann / Person A			Ehefrau / Person B	
51	Haben Sie zu Ihrer Krankenversicherung oder Ihren Krankheitskosten Anspruch auf steuerfreie Zuschüsse, steuerfreie Arbeitgeberbeiträge oder steuerfreie Beihilfen?	307		2 = Nein	407		2 = Nein
	Es bestand 2019 keine gesetzliche Rentenversicherungspflicht aus dem **aktiven** Dienstverhältnis / aus der Tätigkeit						
52	– als Beamter / Beamtin	380		1 = Ja	480		1 = Ja
53	– als Vorstandsmitglied / GmbH-Gesellschafter-Geschäftsführer/in	381		1 = Ja	481		1 = Ja
	– als (z. B. Praktikant/in, Student/in im Praktikum)						
54	Bezeichnung: Student	382	1	1 = Ja	482		1 = Ja
55	Aufgrund des genannten Dienstverhältnisses / der Tätigkeit bestand hingegen eine Anwartschaft auf Altersversorgung	383		1 = Ja 2 = Nein	483		1 = Ja 2 = Nein
56	Die Anwartschaft auf Altersversorgung wurde ganz oder teilweise ohne eigene Beitragsleistungen erworben	384		1 = Ja 2 = Nein	484		1 = Ja 2 = Nein
57	Es wurde Arbeitslohn aus einem **nicht aktiven** Dienstverhältnis – insbesondere Betriebsrente / Werkspension – bezogen, bei dem es sich nicht um steuerbegünstigte Versorgungsbezüge (Zeilen 11 bis 16 der Anlage N) handelt. Bei Altersteilzeit ist hier keine Eintragung vorzunehmen.	385		1 = Ja	485		1 = Ja

2019AnlVor242NET

2019AnlVor242NET

Abbildung 50: Anlage Vorsorgeaufwand – Seite 2.

5.7 Anlage N – Nichtselbständige Arbeit

Neben dem Mantelbogen und den abgesonderten Anlagen benötigt ihr zudem die **Anlage N**. N steht hierbei für **Nichtselbständige Arbeit.** Also Arbeit, die in einem Dienstverhältnis (nichtselbständig) durchgeführt wird. Dies deutet darauf hin, dass es eine Person oder Organisation (Unternehmen) gibt, die euch eure Arbeit zuteilt und mit der ihr euch in einem Angestellten-Verhältnis befindet. Hierunter fallen Werkstudierendentätigkeiten, Praktika, Voll- oder Teilzeitberufe.

ACHTUNG: Die Anlage N müsst ihr auch ausfüllen, wenn ihr keine nichtselbständigen Einnahmen in dem entsprechenden Steuerjahr zu verzeichnen habt, da ihr eure Werbungskosten in dieser Anlage angebt.

Seid ihr verheiratet, so muss jeder der Ehepartner die Anlage N separat für sich ausfüllen. Bei mehreren Arbeitsverhältnissen können die Gehälter in mehrere Anlagen überführt oder in einer Anlage addiert werden.

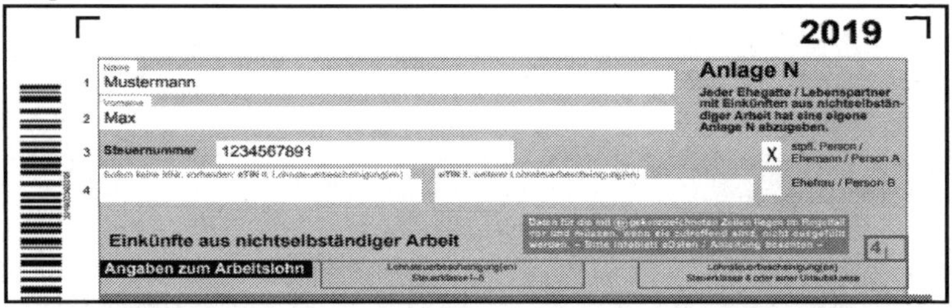
2019
Anlage N
1 Mustermann
2 Max
3 Steuernummer 1234567891
X stpfl. Person / Ehemann / Person A
Ehefrau / Person B
4
Einkünfte aus nichtselbständiger Arbeit
Angaben zum Arbeitslohn

Abbildung 51: Anlage N.

INFO: Ab dem **Steuerjahr 2020** wurden die Seiten der Anlage N geringfügig umgestellt und insbesondere die Reisekosten detaillierter aufgegliedert.

5.7.1 Anlage N Seite 1 – Lohn

Die erste Seite der Anlage dient dazu **Einnahmen** (Lohn / Gehalt) anzugeben. In die ersten Zeilen tragt ihr, wie bei allen Anlagen, euren Namen, die Steuernummer und eTIN ein (Zeile 1 bis 4), damit die Anlage dem Mantelbogen und dem Ausdruck der elektronischen Lohnsteuerbescheinigung zugeordnet werden kann. Zusätzlich setzt ihr das Kreuz bei *„stpfl. Person"*.

Arbeitslohn (Z. 5 – 10)

Euren **Bruttoarbeitslohn** (Z. 6), die **Lohn-** (Z. 7) und **Kirchensteuer** (Z. 9) und den **Solidaritätszuschlag** (Z. 8) übertragt ihr vom **Ausdruck der elektronischen Lohnsteuerbescheinigung** (Nr. 3 bis 5). Diesen Bescheid erhaltet ihr am Ende des Jahres oder bekommt diesen nach vorzeitigem Austritt von eurem Arbeitgeber zugeschickt.[245] In diesem sind die Zeilen so benannt wie auf eurem Steuerformular und gehören ebenso übertragen. Bei Lohnsteuerklasse 1 bis 5 nutzt ihr die linke Spalte, bei Arbeitslohn der Lohnsteuerklasse 6 die rechte Spalte. In Zeile 5 tragt ihr die entsprechende Lohnsteuerklasse ein. Übt ihr mehrere Jobs aus, könnt ihr die Werte der Lohnsteuerbescheinigungen addieren oder jeweils separate Anlagen ausfüllen. Alle Daten, die für die Zeilen 5 bis 20 von Bedeutung sind, stehen auf dem Ausdruck der elektronischen Lohnsteuerbescheinigung.

[245] Falls dies bei eurem Arbeitgeber nicht automatisch geschieht, müsst ihr diesen vom Arbeitgeber anfordern.

Pensionsbezug (Z. 11 – 15)

Steuerbegünstigte **Vorsorgebezüge** (Nr. 8 ff.) seitens des Arbeitgebers (wie Pensionsleistungen) werden in die Zeilen 11 bis 15 eingetragen. So werden folgend steuerbegünstigte Vorsorgebezüge (Z. 11) und Freibeträge für Vorsorgefreibeträge (Z. 12/Nr. 29) eingetragen und in Zeile 15 der Wert aus Nr. 32 der Lohnsteuerjahresbescheinigung für Sterbegeld, Kapitalauszahlung, Abfindungen oder Nachzahlungen übernommen. Meist sind diese Angaben für euch als Student:in **nicht** von Bedeutung.

Einmalzahlung und Abfindungen (Z. 16 – 19)

In die Zeilen 16 bis 19 notiert ihr **Einmalzahlungen**. Dies ist z.B. bei einem Abfindungsvertrag der Fall und kann auf Personen zutreffen, die beruflich freigestellt werden und vom Arbeitgeber infolgedessen eine Ausgleichszahlung erhalten (Nr. 9 und 10 der Lohnsteuerbescheinigung). Ist dieser Wert für mehrere Jahre ausgezahlt worden, so wird dieser in Zeile 16 eingetragen. Wird die gezahlte Abfindung nicht ermäßigt besteuert, so wird die gezahlte Abfindung (Nr. 19 der Lohnsteuerbescheinigung) in Zeile 18 vermerkt. Die auf diese Zahlungen abgeführten Steuern werden in Zeile 19 (Lohnsteuer, Solidaritätszuschlag) und Zeile 20 (Kirchensteuer) eingesetzt.

TIPP: Wenn euer Arbeitgeber euch im Werkstudierendenjob oder Praktikum pauschal besteuert hat[246], müsst ihr das Gehalt aus der elektronische Lohnsteuerbescheinigung nicht mehr angeben. Euer Arbeitgeber hat dann bereits eure Steuer beim Staat beglichen.

Arbeitslohn ohne Steuerabzug (Z. 21)

In Zeile 21 tragt ihr steuerpflichtige Löhne ein, von denen bisher kein Steuerabzug vorgenommen wurde. Dies kann auftreten, wenn ihr direkt oder aus dem Ausland bezahlt werdet.

Lohn aus dem Ausland (Z. 22 – 26)

Habt ihr im **Ausland** gearbeitet[247] (Praktikum / Studierendenjob während des Auslandssemesters oder als Grenzgänger: Nr. 16 Ausdruck der elektronischen Lohnsteuerbescheinigung), so nutzt ihr hierfür die Zeilen 22 bis 26 (Lohn aus dem Ausland). Zusätzlich müsst ihr die **Anlage N-AUS** ausfüllen.[248] (Auch bei Doppelbesteuerungsabkommen.)

Steuerfreie Einnahmen / Ehrenamt / Lohnersatzleistungen (Z. 27 – 28)

Die Zeilen 27 bis 28 sind für **steuerfreie Einkünfte mit Progressionsvorbehalt** vorgesehen.[249] Einnahmen aus einer **nebenberuflichen Übungsleiterstelle** oder **Ehrenämtern** trägt man in Zeile 27 ein. Hierbei kann man bis zu 720 bzw. 2.400 Euro steuerfrei verdienen.[250] **Lohnersatzleistungen**, wie z.B. Arbeitslosen-, Kurzarbeiter-, Krankengeld oder Verdienstausfallentschädigung, kommen in Zeile 28. Zahlt der Arbeitgeber diese Leistungen, so sind diese auf der Lohnsteuerbescheinigung (Nr. 15) zu finden. Andere Lohnersatzleistungen (der Krankenkasse und/oder Arbeitsagentur) gehören in den Hauptvordruck.

---

246 Fragt hierfür am besten bei eurem Arbeitgeber nach (meist liegt der pauschale Steuersatz zwischen 2 und 20%).

247 Bei weniger als 183 Beschäftigungstagen pro Jahr im Ausland sind die Einkünfte in Deutschland zu versteuern (183-Tage-Regelung).

248 Die Versteuerung ausländischer Lohneinkünfte ist zu komplex, um diese hier zu erläutern. Deshalb empfehle ich euch den VLH oder einen Steuerberater hierfür aufzusuchen.

249 Steuerlich gesehen müssen diese Einkünfte berücksichtigt werden, um Steuerpflichtige ohne diese Einkünfte gleichzustellen.

250 Vgl. Kapitel 4. Die steuerfreien Beträge erhöhen sich 2021.

2019

Anlage N

Jeder Ehegatte / Lebenspartner mit Einkünften aus nichtselbständiger Arbeit hat eine eigene Anlage N abzugeben.

1 Name: Mustermann

2 Vorname: Max

3 **Steuernummer** 1234567891 — X stpfl. Person / Ehemann / Person A

4 Sofern keine IdNr. vorhanden, eTIN lt. Lohnsteuerbescheinigung(en) — eTIN lt. weiterer Lohnsteuerbescheinigung(en) — Ehefrau / Person B

Einkünfte aus nichtselbständiger Arbeit

Daten für die mit (e) gekennzeichneten Zeilen liegen im Regelfall vor und müssen, wenn sie zutreffend sind, nicht ausgefüllt werden. – Bitte Infoblatt »Daten / Anleitung« beachten –

4

Angaben zum Arbeitslohn

Zeile		Kz	Lohnsteuerbescheinigung(en) Steuerklasse 1–5 EUR Ct	Kz	Lohnsteuerbescheinigung(en) Steuerklasse 6 oder einer Urlaubskasse EUR Ct	
5	Steuerklasse	168	1			(e)
6	Bruttoarbeitslohn	110	7.328 ,–	111	,–	(e)
7	Lohnsteuer	140	1.682,00	141		(e)
8	Solidaritätszuschlag	150	92,28	151		(e)
9	Kirchensteuer des Arbeitnehmers	142	134,38	143		(e)
10	Nur bei Konfessionsverschiedenheit: Kirchensteuer für den Ehegatten / Lebenspartner	144		145		(e)

Zeile		Kz	1. Versorgungsbezug	Kz	2. Versorgungsbezug	
11	**Steuerbegünstigte Versorgungsbezüge** (in Zeile 6 enthalten)	200	,–	210	,–	(e)
12	Bemessungsgrundlage für den Versorgungsfreibetrag lt. Nr. 29 der Lohnsteuerbescheinigung	201	,–	211	,–	(e)
13	Maßgebendes Kalenderjahr des Versorgungsbeginns lt. Nr. 30 der Lohnsteuerbescheinigung	206		216		(e)
14	Bei unterjähriger Zahlung: Erster und letzter Monat, für den Versorgungsbezüge gezahlt wurden, lt. Nr. 31 der Lohnsteuerbescheinigung	202 / 203	Monat – Monat	212 / 213	Monat – Monat	(e)
15	Sterbegeld, Kapitalauszahlungen / Abfindungen und Nachzahlungen von Versorgungsbezügen lt. Nr. 32 der Lohnsteuerbescheinigung (in den Zeilen 6 und 11 enthalten)	204	,–	214	,–	(e)
16	Ermäßigt zu besteuernde Versorgungsbezüge für mehrere Jahre lt. Nr. 9 der Lohnsteuerbescheinigung	205	,–	215	,–	(e)
17	**Ermäßigt besteuerte Entschädigungen / Arbeitslohn für mehrere Jahre** lt. Nr. 10 der Lohnsteuerbescheinigung			166	,–	(e)
18	**Entschädigungen / Arbeitslohn für mehrere Jahre** – ggf. lt. Nr. 19 der Lohnsteuerbescheinigung – vom Arbeitgeber nicht ermäßigt besteuert			165	,–	(e)

Steuerabzugsbeträge zu den Zeilen 16 und 17

Zeile		Kz			Kz		
19	Lohnsteuer	146		Solidaritätszuschlag	152		(e)
20	Kirchensteuer Arbeitnehmer	148		Kirchensteuer Ehegatte / Lebenspartner	149		(e)

Zeile		Kz	EUR
21	Steuerpflichtiger Arbeitslohn, von dem kein Steuerabzug vorgenommen worden ist (soweit nicht in der Lohnsteuerbescheinigung enthalten)	115	,–
22	Steuerfreier Arbeitslohn nach Doppelbesteuerungsabkommen / sonstigen zwischenstaatlichen Übereinkommen (Übertrag aus den Zeilen 52, 71 und / oder 82 der ersten **Anlage N-AUS**)	139	,–
23	Steuerfreier Arbeitslohn nach Auslandstätigkeitserlass (Übertrag aus Zeile 67 der ersten **Anlage N-AUS**)	136	,–
24	Steuerfreie Einkünfte (Besondere Lohnbestandteile) nach Doppelbesteuerungsabkommen / sonstigen zwischenstaatlichen Übereinkommen / Auslandstätigkeitserlass (Übertrag aus Zeile 81 der ersten **Anlage N-AUS**)	178	,–
25	Beigefügte **Anlage(n) N-AUS**		Anzahl

26 Grenzgänger nach 117 (2 = Frankreich, 3 = Schweiz, 4 = Österreich) — 116 Arbeitslohn in EUR / CHF ,– — 135 Schweizerische Abzugsteuer in CHF

27 Steuerfrei erhaltene Aufwandsentschädigungen / Einnahmen — aus der Tätigkeit als — 118 EUR ,–

28 Kurzarbeitergeld, Zuschuss zum Mutterschaftsgeld, Verdienstausfallentschädigung nach dem Infektionsschutzgesetz, Aufstockungsbeträge nach dem Altersteilzeitgesetz, Altersteilzeitzuschläge nach Besoldungsgesetzen (lt. Nr. 15 der Lohnsteuerbescheinigung) — 119 ,– (e)

2019AnlN031NET – Aug. 2019 – **2019AnlN031NET**

Abbildung 52: Anlage N – Seite 1.

5.7.2 Anlage N Seite 2 – Werbungskosten

Auf **Seite 2 der Anlage N** beginnt das Thema der **Werbungskosten**. Da die Zeilen im Umfang zu gering für den Sachverhalt **„Studium absetzen"** ausfallen, verweist man bei den Ausgaben für die Zweitausbildung auf die beiliegenden Excel-Dateien („Auflistung s. Excel-Anlage"). Die Summen aus der bearbeiteten Excel-Datei übertragt ihr – um das Finanzamt zu unterstützen - in die zugehörige Zeile. Bei den Werbungskosten gilt es dringend zwischen den verschiedenen Arten (Entfernungspauschale, Reisekosten, Arbeitsmitteln und doppelter Haushaltsführung) zu unterscheiden.

Entfernungspauschale (Z. 31 – 39)

In den Zeilen 31 bis 39 müssen die alltäglichen Arbeitswege (**Anfahrt an die erste Tätigkeitsstätte**) inklusive typischer Arbeitswoche und Kranken- wie auch Urlaubstage eingetragen werden. Da ihr als Student:in jedoch keine Urlaubstage und „typische Arbeitswoche" besitzt, rate ich euch das beigefügte Excel-Sheet zu benutzen. Die Übersichtlichkeit ist – auch aufgrund der verschiedenen Arbeitsstätten – für das Finanzamt so besser gegeben. Die Adresse eurer ersten Tätigkeitsstätte und der Summe der Anwesenheitstage sind in Zeile 31 einzutragen. Ändert sich die erste Tätigkeitsstätte, dann wird die neue Tätigkeitsstätte in Zeile 32 vermerkt. Ändert sich eure Wohnadresse und damit der Anfahrtsweg zur ersten Tätigkeitsstätte, so wird die veränderte Anfahrt in Zeile 36 - 38 vermerkt.[251] Zeile 39 und 40 dient für Ersatzleistungen des Arbeitgebers (Nr. 17/18 der Lohnsteuerbescheinigung) oder der ARGE. Hier müssen diese Zuschüsse eingetragen werden.[252]

Möchtet ihr die Fahrt zur ersten Tätigkeitsstätte unterteilen, um nicht die 4.500-Euro-Grenze der Pendlerpauschale zu überschreiten, so müsst ihr die Kilometer aus Feld 111 auf die Felder dahinter nach Nutzung der Transportmittel aufteilen. Wurden – beispielsweise durch Baustellen – andere Fahrtrouten gewählt, so kann man diese in den Zeile 36 ff. angeben. Möchtet ihr die tatsächlichen jährlichen Kosten öffentlicher Verkehrsmittel angeben, so könnt ihr diese in die vorletzte Spalte eintragen.

35 31 110 120 111 102 km 112 12 km 113 km 90 km 114 115 1 = Ja

Abbildung 53: Anlage N – Entfernungspauschale aufteilen und eintragen.

Aufwendungen für Arbeitsmittel (Z. 40 – 43)

Ab Zeile 40 werden die sonstigen Werbungskosten des Studiums wie **Arbeitsmittel** und **Fortbildungskosten**, sowie **Kosten für Berufsverbände oder Gewerkschaften** (in Z. 40: z.B. IG Metall, IG BCE, Verdi) eingetragen.[253] Bei Studierenden zählen auch Beiträge für AStA oder andere Hochschulorganisationen mit zu diesen Beiträgen. **Kosten für Arbeitsmittel** werden in Zeile 41 und 42 eingetragen. Hierfür empfehle ich wiederum einen Verweis zur Excel-Liste, da die Arbeitsmittel einzeln angegeben werden sollten und der Platz auf den Steuerformularen hierfür nicht ausreichend sein dürfte.

---

[251] Als Vollzeitstudent:in kann Zeile 36 (alternative erste Tätigkeitsstätte) nur genutzt werden, wenn ihr die Hochschule oder Wohnadresse in entsprechendem Steuerjahr gewechselt habt.

[252] Als Vollzeitstudent:in müsst ihr hier weder Zuschüsse noch das Semesterticket eintragen. Diese Zuschüsse gewähren nur Arbeitgeber und stehen auf dem Ausdruck der elektronischen Lohnsteuerbescheinigung Nr. 17 und 18.

[253] § 9 Abs. 1 S. 3 Nr. 3 EStG.

Häusliches Arbeitszimmer (Z. 44)

Bitte beachtet hierbei, dass ein häusliches Arbeitszimmer ein extra Raum einer Wohnung sein muss, der abgetrennt durch eine abschließbare Tür von der restlichen Wohnung ist und zu mindestens 90% beruflich genutzt wird. Es genügt nicht, dass ein Schreibtisch bei euch im (WG-) Zimmer steht.

Exkursion Arbeitszimmer

Kosten für ein Arbeitszimmer könnt ihr nur dann absetzen, wenn ihr einen abtrennbaren Raum (kein Durchgangszimmer) als euer Arbeitszimmer habt, der fast ausschließlich (mind. 90%) zu beruflichen Zwecken genutzt wird. Diesen müsst ihr in den allgemeinen Bedingungen nachweisen können. Lebt ihr also in einer WG oder einem Studierendenwohnheim bzw. einer Zweizimmerwohnung, wird euch das nicht gelingen (auch ein Raumteiler erfüllt die Bedingungen nicht[254]). Nichtsdestotrotz könnt ihr als Student:in Kosten für Schreibtisch, Schreibtischstuhl und Schreibtischzubehör als Arbeitsmittel absetzen.[255] Für Aufwendungen, die durch das Arbeiten von zu Hause entstehen, gilt ein Abzugsverbot.[256] Der Gesetzgeber lässt jedoch **zwei Ausnahmen** zu:

1. Steht für die berufliche oder betriebliche Tätigkeit kein anderer Arbeitsplatz zur Verfügung, können Kosten von bis zu **1.250 Euro pro Jahr** geltend gemacht werden (**beschränkter** Abzug). Dies trifft z.B. auf Lehrer, Freiberufler und die **meisten Studierende** (auch Duale) zu.

2. Ist das Arbeitszimmer **Mittelpunkt** (Beispielsweise bei Selbständigen, **Fernstudierenden,** Heimarbeitern oder ab drei Home-Office-Tagen pro Woche.) der gesamten beruflichen oder betrieblichen Tätigkeit, sind eure Kosten **unbeschränkt** abzugsfähig. Ab 2023 kann in diesem Fall statt der tatsächlichen Kosten auch eine **Pauschale** von 1.260 Euro geltend gemacht werden.

Je nach Studiensituation, könnt ihr demzufolge ein **Arbeitszimmer** steuerlich absetzen. Solltet ihr also einen freien Raum haben, so könnt ihr diesen als Arbeitsraum absetzen. Teilt ihr euch den Raum, so kann jeder Mitbewohner die Kosten geltend machen.[257] Kostentechnisch könnt ihr bei **Mietwohnungen** eure Miete, die Einrichtung des Raumes und die Nebenkosten wie Energie, Versicherung, Renovierung und Reinigung (anteilig zu den Quadratmetern eurer Gesamtwohnung) absetzen. Bei **Wohneigentum** könnt ihr anteilig die Schuldzinsen, öffentliche Abgaben (wie Grundsteuer, Müllabfuhrgebühren, Wasser, etc.), Energiekosten, Renovierungskosten und die Gebäudeabschreibung absetzen.

Die entstandenen Kosten für diesen separaten Arbeitsraum listet ihr geordnet auf und fügt diese Liste eurer Steuererklärung bei. Die Summe der Kosten, die das Arbeitszimmer verursacht, tragt ihr abschließend in Zeile 44 der Anlage N ein.

Fortbildungskosten und weitere Werbungskosten (Z. 45 – 48)

Fortbildungskosten (wie z.B. Semester- und Kursgebühren; Z. 45) und **weitere Werbungskosten** (z.B. Telefonkosten, Kontoführung, Umzugskosten oder Bewerbungskosten; Z. 46 ff.) sind in die Zeilen 45 bis 48 einzutragen.

[254] BFH, Urteil vom 17.02.2016 – Az. X R 32/11.

[255] Die Voraussetzung hierfür ist, dass euch euer Arbeitgeber (als Student:in: Universität) keinen Arbeitsplatz zur Verfügung stellt. Dies erfüllt im Allgemeinen jede:r Studierende.

[256] § 4 Abs. 5 Nr. 6b EStG in Verbindung mit § 9 Abs. 5 EStG & die Home-Office-Pauschale seit 2020.

[257] BFH, Urteil vom 15.12.2016 – Az. VI R 53/12.

Reisekosten (Z. 49 – 51)

Reisekosten, also Fahrten abseits der ersten Tätigkeitsstätte, werden in den Zeilen 49 bis 57 angeben (ab 2020: Seite 3, Z. 61 – 72). Zeile 49 stellt fest, wie die Fahrt durchgeführt wurde und ist für Studierende aufgrund des fehlenden Firmenwagens oder kostenlosen Sammelbeförderung (hierzu zählt nicht das Semesterticket) mit einer *„2"* zu füllen. Zeile 50 berechnet sich aus dem Produkt der **Reisefahrtwege** (Hin- und Rückweg x 0,30 Euro/km) **zzgl. Reisenebenkosten**. Eine extra Auflistung der Kostenaufstellung ist beizulegen. Ersetzt euch der Arbeitgeber (z.B. bei einem Vorstellungsgespräch oder innerhalb des Jobs) die Reisekosten, so setzt ihr keine Reisefahrtkosten an, da euer Arbeitgeber die Ausgaben auch steuerlich absetzen wird oder vermerkt die Zahlungen in Zeile 51 (aus Nr. 20 der elektronischen Lohnsteuerbescheinigung).

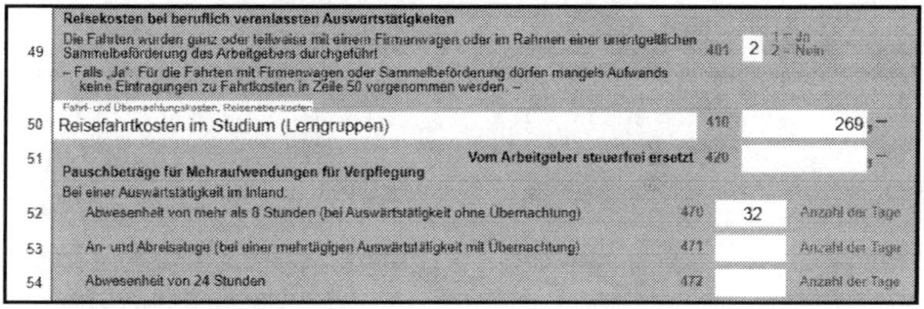
	Reisekosten bei beruflich veranlassten Auswärtstätigkeiten			
49	Die Fahrten wurden ganz oder teilweise mit einem Firmenwagen oder im Rahmen einer unentgeltlichen Sammelbeförderung des Arbeitgebers durchgeführt – Falls „Ja": Für die Fahrten mit Firmenwagen oder Sammelbeförderung dürfen mangels Aufwands keine Eintragungen zu Fahrtkosten in Zeile 50 vorgenommen werden. –	401	2	1 = Ja 2 = Nein
	Fahrt- und Übernachtungskosten, Reisenebenkosten			
50	Reisefahrtkosten im Studium (Lerngruppen)	410	269	,–
51	**Vom Arbeitgeber steuerfrei ersetzt**	420		,–
	Pauschbeträge für Mehraufwendungen für Verpflegung Bei einer Auswärtstätigkeit im Inland			
52	Abwesenheit von mehr als 8 Stunden (bei Auswärtstätigkeit ohne Übernachtung)	470	32	Anzahl der Tage
53	An- und Abreisetage (bei einer mehrtägigen Auswärtstätigkeit mit Übernachtung)	471		Anzahl der Tage
54	Abwesenheit von 24 Stunden	472		Anzahl der Tage

Abbildung 54: Anlage N – Reisekostenbeispiel. [258]

Pauschalbeträge für Mehraufwendungen für Verpflegung (Z. 52 – 57)

Die Zeilen 52 – 54 benötigt man zum Eintrag der **Verpflegungsmehraufwandspauschalen**. Hierbei wird die **Gesamtanzahl der Abwesenheitstage** eingetragen. Ich empfehle, die deutlich übersichtlichere Excel-Datei beizulegen, die Summe der Abwesenheitstage zu addieren und in die Zeilen 52 bis 54 eintragen.[259] Zeile 52 ist für **Tage mit mindestens 8 Stunden Abwesenheitsdauer** ohne Übernachtung, Zeile 53 für **An- und Abreisetage** mehrtägiger Reisen mit Übernachtung und Zeile 54 für **Tage mit voller Abwesenheit** (24 Stunden) von der ersten Tätigkeitsstätte und der Wohnadresse. Zeile 55 ist von euch von geringerer Bedeutung, außer die Hochschule (oder Arbeitgeber) erstatten euch während der Auswärtstätigkeit die Verpflegung.

Für **Auslandsaufenthalte** und deren Reisekosten ist Zeile 56 zu nutzen. Die explizite Aufstellung nehmt ihr bitte separat vor und verweist auf dem Steuerformular darauf. Bei einer Auslandstätigkeit sind Reisefahrt-, Reisenebenkosten und Verpflegungsmehraufwand als eine Summe in der Anlage N Zeile 56 anzugeben. Wurden euch Kosten vom Arbeitgeber ersetzt, sind diese in Zeile 57 (vom Ausdruck der elektronischen Lohnsteuerbescheinigung Nr. 20) zu entnehmen.

---

[258] Die 268,80 Euro (gerundet: 269 Euro) ergeben sich aus der Reisefahrtkostenpauschale zur Lerngruppe (z.B. 16 km x (2 x 0,20 Euro/km) x 42-mal). 0,20 Euro/km, da mit dem Motorroller zurückgelegte Strecke.

[259] Die Zahlen im Beispiel (Abb. *Anlage N – Seite 2*) sind die übertragenen Zahlen aus den Excel-Beispielen. Die „Reisefahrtkosten inkl. Reisenebenkosten" (Z. 50) setzen sich aus der Summe der Anfahrten multipliziert mit der Fahrtkostenpauschale der gesamten Fahrtstrecke + ggf. Reisenebenkosten zusammen: Fahrten zur Lerngruppe (268,80 Euro) + zum Nebenjob (180,00 Euro) + Fahrt zum Seminar (153,60 Euro) + **798,60 Euro Reisenebenkosten** (Hotel, Parkgebühren, etc.) = **1.401 Euro**.
ACHTUNG: Ab dem **Steuerjahr 2020** werden die **Fahrtkosten** (Anlage N, Z. 62: 603 Euro), **Übernachtungskosten** (Anlage N, Z. 63: z.B. 600 Euro für Hotel) und **Reisenebenkosten** (Anlage N, Z. 64: z.B. 98,60 Euro für Sonstiges) auf der Anlage N getrennt dargestellt.

Steuernummer, Name und Vorname
1234567891, Mustermann, Max

Werbungskosten – ohne Beträge lt. Zeile 91 bis 94 –

Wege zwischen Wohnung und erster Tätigkeitsstätte / Sammelpunkt / weiträumigem Tätigkeitsgebiet (Entfernungspauschale) 8

Zeile	Erste Tätigkeitsstätte in (PLZ, Ort und Straße)	vom	bis	Arbeitstage je Woche	Urlaubs- und Krankheitstage
31	Universität zu Köln, Albertus-Magnus-Platz, 50923 Köln	01.01.	31.12.		
32					

Sammelpunkt / nächstgelegener Zugang zum weiträumigen Tätigkeitsgebiet (PLZ, Ort und Straße)

Zeile					
33					
34					

Zeile	Ort lt. Zeile	aufgesucht an Tagen	einfache Entfernung (nur volle Kilometer eingetragen)	davon mit eigenem oder zur Nutzung überlassenem Pkw zurückgelegt	davon mit Sammelbeförderung des Arbeitgebers zurückgelegt	davon mit öffentl. Verkehrsmitteln, Motorrad, Fahrrad o. Ä., als Fußgänger, als Mitfahrer einer Fahrgemeinschaft zurückgelegt	Aufwendungen für Fahrten mit öffentlichen Verkehrsmitteln (ohne Fähr- und Flugkosten) EUR	Behinderungsgrad mind. 70 oder mind. 50 und Merkzeichen „G"
35	31	110 190	111 8 km	112 km	113 km	8 km	114 ,–	115 1 = Ja
36		130	131 km	132 km	133 km	km	134 ,–	135 1 = Ja
37		150	151 km	152 km	153 km	km	154 ,–	155 1 = Ja
38		170	171 km	172 km	173 km	km	174 ,–	175 1 = Ja

Zeile				
39	Arbeitgeberleistungen lt. Nr. 17 und 18 der Lohnsteuerbescheinigung	steuerfrei ersetzt 290 EUR ,–	pauschal besteuert 295 EUR ,–	
40	Von der Agentur für Arbeit oder dem Jobcenter gezahlte Fahrtkostenzuschüsse		291	,–

Beiträge zu Berufsverbänden (Bezeichnung der Verbände)

Zeile				
41	AStA-Beitrag		310	59 ,–

Aufwendungen für Arbeitsmittel – soweit nicht steuerfrei ersetzt – (Art der Arbeitsmittel bitte einzeln angeben.)

Zeile		EUR		
42	Arbeitsmittel für Studium	2.183 ,–		
43	(s. beiliegende Excel-Anlage)	+ ,–	320	2.183 ,–

Aufwendungen für ein häusliches Arbeitszimmer

Zeile			
44		325	,–

Fortbildungskosten – soweit nicht steuerfrei ersetzt –

Zeile			
45	Semesterbeitrag	330	225 ,–

Weitere Werbungskosten – soweit nicht steuerfrei ersetzt –

Fähr- und Flugkosten bei Wegen zwischen Wohnung und erster Tätigkeitsstätte / Sammelpunkt / weiträumigem Tätigkeitsgebiet

Zeile				
46		,–		

Sonstiges (z. B. Bewerbungskosten, Kontoführungsgebühren)

Zeile				
47	Bewerbungskosten	+ 171 ,–		
48	Pauschale (Kontoführung und Telefon)	+ 136 ,–	380	307 ,–

Reisekosten bei beruflich veranlassten Auswärtstätigkeiten

49 Die Fahrten wurden ganz oder teilweise mit einem Firmenwagen oder im Rahmen einer unentgeltlichen Sammelbeförderung des Arbeitgebers durchgeführt – 401 – 2 (1 = Ja, 2 = Nein)

– Falls „Ja": Für die Fahrten mit Firmenwagen oder Sammelbeförderung dürfen mangels Aufwands keine Eintragungen zu Fahrtkosten in Zeile 50 vorgenommen werden. –

Fahrt- und Übernachtungskosten, Reisenebenkosten

Zeile			
50	Reisefahrtkosten inkl. Reisenebenkosten (s. beiliegende Excel-Anlage)	410	1.401 ,–
51	Vom Arbeitgeber steuerfrei ersetzt	420	,–

Pauschbeträge für Mehraufwendungen für Verpflegung

Bei einer Auswärtstätigkeit im Inland:

Zeile				
52	Abwesenheit von mehr als 8 Stunden (bei Auswärtstätigkeit ohne Übernachtung)	470	82	Anzahl der Tage
53	An- und Abreisetage (bei einer mehrtägigen Auswärtstätigkeit mit Übernachtung)	471	2	Anzahl der Tage
54	Abwesenheit von 24 Stunden	472	6	Anzahl der Tage
55	Kürzungsbeträge wegen Mahlzeitengestellung (eigene Zuzahlungen sind ggf. gegenzurechnen)	473	0 ,–	
56	Bei einer Auswärtstätigkeit im Ausland (Berechnung bitte in einer gesonderten Aufstellung):	474	3.584 ,–	
57	Vom Arbeitgeber steuerfrei ersetzt	480	0 ,–	

2019AnlN032NET 2019AnlN032NET

Abbildung 55: Anlage N – Seite 2.

5.7.3 Anlage N Seite 3 – Doppelte Haushaltsführung

Auf **Seite 3 der Anlage N** geht es um die **Mehraufwendungen für die doppelte Haushaltsführung** (ab 2020: Seite 4, Z. 91 – 117). Beantragt ihr diese nicht, könnt ihr die Seite auslassen.

Allgemeine Angaben zur doppelten Haushaltsführung (Z. 61 – 69)

In den Zeilen 61 bis 69 werden allgemeine Angaben zur Führung einer doppelten Haushaltsführung abgefragt. Der **Grund** für eine mögliche doppelte Haushaltsführung kann in eurem Fall entweder ein **Studium** oder ein **Praktikum** in weiterer Entfernung zum Lebensmittelpunkt (bspw. Elternhaus) sein (Z. 62). In Zeile 61 gebt ihr den Beginn der doppelten Haushaltsführung und in Zeile 63 das Enddatum an, sofern es im Steuerjahr endet. Läuft die doppelte Haushaltsführung über das Jahr hinaus, so tragt ihr den 31.12. ein. Die Anschrift des Zweithaushaltes folgt in Zeile 64. Zeile 65 muss während eines Auslandsaufenthaltes mit einer „*1*" versehen werden. Ebenso müsst ihr angeben, dass ihr durch euer Zimmer bei den Eltern einen eigenständigen Haushalt aufweist (Z. 66 „*1*"). Auch, wenn ihr Bad oder Küche mit euren Eltern teilt, so könnt ihr in deren Haus einen eigenständigen Haushalt führen. Als Anforderung hierfür gilt, dass ihr den elterlichen Haushalt finanziell mit unterhalten (> 10%) und die Haushaltsführung mitbestimmen müsst.[260] In Zeile 67 ist die Anschrift des Ersthaushaltes, also womöglich eurer Eltern, einzutragen und das Datum seit Begründung des Ersthaushaltes. In Zeile 68 müsst ihr angeben, ob ihr bereits vor Bestehen des doppelten Haushaltes an diesem Ort beschäftigt/eingeschrieben wart („*1*" = Ja).

Falls man **mehr als einmal pro Woche** zwischen den Wohnorten pendelt, besitzt man ein **Wahlrecht**: Man kann entweder die kompletten Kosten der doppelten Haushaltsführung geltend machen (Unterkunft, Verpflegungspauschale und maximal eine wöchentliche Heimfahrt) oder man setzt stattdessen sämtliche Fahrten zwischen Ersthaushalt (bspw. bei den Eltern – Achtung: Nachweispflicht der Fahrten!) und Arbeitsplatz im Rahmen der Entfernungspauschale ab (Z. 69). Bei Letzterem gilt die Höchstgrenze der Entfernungspauschale. Sofern dieses Wahlrecht zugunsten der Heimfahrten ausfällt, sind die folgenden Zeilen nicht mehr auszufüllen.

Fahrkosten (Z. 70 – 78)

In Zeile 70 („*2*" für keinen Firmenwagen) bis 73 werden Fahrten zwischen Ersthaushalt (bei den Eltern) und erster Tätigkeitsstätte eingetragen. Je nach Verkehrsmittel wird die Entfernung oder die tatsächlichen Kosten in die entsprechende Zeile eingetragen. In Zeile 71 bis 73 wird die erste Fahrt bei Start der doppelten Haushaltsführung vom Hauptwohnsitz zur Tätigkeitsstätte bzw. die letzte Fahrt nach Auflösen der doppelten Haushaltsführung von der Tätigkeitsstätte zum Ersthaushalt eingetragen.

In der Zeile 74 werden die dauerhaften „Familienheimfahrten" mit einfacher Strecke und Anzahl der Fahrten an den Ersthaushalt (bis zu 52-mal/Jahr) angegeben. Alternativ hierzu kann man auch die tatsächlichen Kosten (z.B. Bahntickets) in Zeile 75 angeben.[261] Für behinderte Menschen stehen hierfür die Spalten 76 bis 78 zur Verfügung.

Kosten der Unterkunft (Z. 79 – 80)

Die Summe der **Mietkosten** inklusive Kosten für Garage/Stellplatz und anfallende Nebenkosten (bei kürzeren Aufenthalten auch Hotelrechnungen, bei längeren meist Mietkosten) werden in Zeile 79 eingetragen. In Zeile 80 wird nach der Unterkunftsgröße der doppelten Haushaltsführung im

[260] Vgl. BFH- und FG-Urteil in Kapitel 4.2.1.3.

[261] Je nachdem, welche Ausgaben höher waren.

Ausland gefragt. Dies hängt damit zusammen, dass bei **doppelter Haushaltsführung im Ausland** maximal eine 60-qm-Wohnung angerechnet wird.

Pauschalbeträge für Mehraufwendungen für Verpflegung (Z. 81 – 84)

Zeile 81 bis 84 sind für den Verpflegungsmehraufwand, der im Zusammenhang mit dem Zweithaushalt entstanden (**Drei-Monats-Frist**) ist.[262] Seid ihr während den ersten drei Monaten häufiger abwesend von der Anschrift des Zweithaushaltes gewesen, so müsst ihr die Tage nach An- und Abreise, sowie Anwesenheitstage vor Ort aufschlüsseln und in die entsprechenden Zeilen (Z. 81 und 82) eintragen.

	Pauschbeträge für Mehraufwendungen für Verpflegung Die Verpflegungsmehraufwendungen lt. Zeilen 81 bis 84 können nur für einen Zeitraum von 3 Monaten nach Bezug der Unterkunft am Ort der ersten Tätigkeitsstätte geltend gemacht werden: geht der doppelten Haushaltsführung eine Auswärtstätigkeit voraus, ist dieser Zeitraum auf den Dreimonatszeitraum anzurechnen. Bei einer doppelten Haushaltsführung im Inland:			
81	An- und Abreisetage	541	0	Anzahl der Tage
82	Abwesenheit von 24 Stunden	542	92	Anzahl der Tage

Abbildung 56: Anlage N – Übertragen der Drei-Monats-Frist.

War euer doppelter Haushalt im Ausland (z.B. Praktikum oder Austauschsemester), so müsst ihr den Verpflegungsmehraufwand des entsprechenden Landes im Anhang nachschlagen, per Excel ausrechnen und entsprechend als Summe mit den weiteren Kosten der doppelten Haushaltsführung des Auslandaufenthaltes auf dem Steuerformular eintragen (Z. 84).

Sonstige Aufwendungen (Z. 85 – 87)

Die sonstigen Aufwendungen (wie Einrichtung des Zweithaushaltes, Hausrat und Umzugskosten), ohne die Mietkosten, werden in Zeile 85 angegeben. Zieht ihr bei der doppelten Haushaltsführung um, so könnt ihr nur die tatsächlichen Umzugskosten absetzen. Die Umzugskostenpauschale gilt nur für einen Umzug des Ersthaushaltes (im Falle der doppelten Haushaltsführung wäre dies bei den Eltern). Diese Pauschale würde man dann bei den sonstigen Werbungskosten auf Seite 2 der Anlage N eingetragen. Existieren mehrere doppelte Haushaltsführungen (z.B. zeitgleich gemietete WG-Zimmer), so gebt ihr dies in Zeile 86 zusätzlich an. In Zeile 87 werden Zuschüsse des Arbeitgebers, falls dieser Wohnungszuschüsse im Praktikum gewähren sollte, eingetragen (s. Ausdruck elektronische Lohnsteuerbescheinigung Nr. 21).

INFO: Der **Ersthaushalt** ist der Ort, an welchem ihr euren **Lebensmittelpunkt** vorfindet. Dies ist zunächst **unabhängig** davon, wo ihr studiert oder gemeldet seid. Diesen legt ihr **persönlich** fest! Jedoch hat dieser bezüglich doppelter Haushaltsführung und Umzugskostenpauschale erheblichen Einfluss auf eure Steuererklärung: Im Falle der **doppelten Haushaltsführung** ist der Ersthaushalt der Haushalt eurer Eltern, um z.B. Heimfahrten absetzen zu können. Der zweite Haushalt entspricht dem Wohnort in der Nähe der ersten Tätigkeitsstätte. Ohne doppelte Haushaltsführung ist der Lebensmittelpunkt meist am Studienort.

TIPP: Habt ihr keine doppelte Haushaltsführung mit Lebensmittelpunkt im Elternhaus abgesetzt, mietet aber am Studienort **und** am Ort eures Praktikums (**nicht** der Studienort) jeweils ein WG-Zimmer, so könnt ihr selbstverständlich auch so die doppelte Haushaltsführung (oder alternativ Reisekosten bei Auswärtstätigkeiten) absetzen.

---

[262] Möglichkeit von bis zu 92 Tagen (3 Monaten). Im folgenden Fall (Abb. 56) lege eine Anwesenheit von drei Monaten (31 + 30 + 31 Tagen) am Zweithaushalt vor. Während auf Seite drei des Steuerbogens 78 Tage Anwesenheit am Ort des Zweithaushaltes, sowie jeweils zwei An- und Abreisetage zu diesem steuerlich abgesetzt werden.

Steuernummer, Name und Vorname
1234567891, Mustermann, Max

Mehraufwendungen für doppelte Haushaltsführung

Allgemeine Angaben

61 Der doppelte Haushalt wurde aus beruflichem Anlass begründet — 501 — ab: 01.10.2018

Grund
62 Studium in Köln

63 Der doppelte Haushalt hat seitdem ununterbrochen bestanden — 502 — bis: 2019

Beschäftigungsort (PLZ, Ort, sowie zusätzlich der Staat – falls im Ausland und abweichend vom Staat, in dem der doppelte Haushalt liegt –)
64 50928 Köln

65 Der doppelte Haushalt liegt im Ausland — 507 — 1 = Ja — Staat

66 Es liegt ein **eigener Hausstand** am Lebensmittelpunkt vor — 503 — 1 (1 = Ja, 2 = Nein)

– Wird die Zeile 66 mit „Nein" beantwortet, sind Eintragungen in den Zeilen 67 bis 85 nicht vorzunehmen. –

PLZ, Ort des eigenen Hausstandes
67 68723 Musterstadt — 504 — seit: 01.10.2001

68 Der Begründung des doppelten Haushalts ist eine Auswärtstätigkeit am selben Beschäftigungsort unmittelbar vorausgegangen — 505 — 1 = Ja

69 Anstelle der Mehraufwendungen für doppelte Haushaltsführung werden in den Zeilen 31 bis 39 Fahrtkosten für **mehr** als eine Heimfahrt wöchentlich geltend gemacht — 506 — 1 = Ja

– Wird die Zeile 69 mit „Ja" beantwortet, sind Eintragungen in den Zeilen 70 bis 85 nicht vorzunehmen. –

Fahrtkosten

70 Die Fahrten wurden mit einem **Firmenwagen** oder im Rahmen einer unentgeltlichen **Sammelbeförderung** des Arbeitgebers durchgeführt — 510 — 2 (1 = Ja, insgesamt; 2 = Nein; 3 = Ja, teilweise)

– Soweit die Zeile 70 mit „Ja, insgesamt" beantwortet wird, sind Eintragungen in den Zeilen 71, 72, 74 und 76 nicht vorzunehmen. Bei „Ja, teilweise" sind Eintragungen in diesen Zeilen nur für die mit dem eigenen oder zur Nutzung überlassenen privaten Fahrzeug durchgeführten Fahrten vorzunehmen. –

Erste Fahrt zum Ort der ersten Tätigkeitsstätte und letzte Fahrt zum eigenen Hausstand

71 mit privatem Kfz — 511 — gefahrene km — Kilometersatz bei Einzelnachweis (Berechnung bitte in einer gesonderten Aufstellung) — 512 — EUR Ct

72 mit privatem Motorrad / Motorroller — 522 — gefahrene km — Kilometersatz bei Einzelnachweis (Berechnung bitte in einer gesonderten Aufstellung) — 523 — EUR Ct

73 mit öffentlichen Verkehrsmitteln oder entgeltlicher Sammelbeförderung — 513 — EUR ,—

Wöchentliche Heimfahrten

74 einfache Entfernung (ohne Flugstrecken) — 514 — km: 265 — 515 — Anzahl: 40

75 Kosten für öffentliche Verkehrsmittel (ohne Fähr- und Flugkosten) — 516 — EUR ,—

Nur bei Behinderungsgrad von mindestens 70 oder mindestens 50 und Merkzeichen „G"

76 einfache Entfernung (ohne Flugstrecken) — 524 — km — davon mit privatem Kfz zurückgelegt — 517 — km — 518 — Anzahl — Kilometersatz bei Einzelnachweis (Berechnung bitte in einer gesonderten Aufstellung) — 519 — EUR Ct

77 Kosten für öffentliche Verkehrsmittel (ohne Fähr- und Flugkosten) — 520 — EUR ,—

78 Fähr- und Flugkosten (zu den Zeilen 74 bis 77) oder Kosten für entgeltliche Sammelbeförderung für Heimfahrten — 521 — ,—

Kosten der Unterkunft am Ort der ersten Tätigkeitsstätte

79 Aufwendungen (z. B. Miete einschließlich Stellplatz- / Garagenkosten, Nebenkosten) — 530 — 3.250,—

80 Größe der Zweitwohnung des doppelten Haushalts im Ausland — 531 — m²

Pauschbeträge für Mehraufwendungen für Verpflegung

Die Verpflegungsmehraufwendungen lt. Zeilen 81 bis 84 können nur für einen Zeitraum von 3 Monaten nach Bezug der Unterkunft am Ort der ersten Tätigkeitsstätte geltend gemacht werden; geht der doppelten Haushaltsführung eine Auswärtstätigkeit voraus, ist dieser Zeitraum auf den Dreimonatszeitraum anzurechnen.

Bei einer doppelten Haushaltsführung im Inland:

81 An- und Abreisetage — 541 — 4 Anzahl der Tage

82 Abwesenheit von 24 Stunden — 542 — 78 Anzahl der Tage

83 Kürzungsbetrag wegen Mahlzeitengestellung (eigene Zuzahlungen sind ggf. gegenzurechnen) — 544 — EUR ,—

84 Bei einer doppelten Haushaltsführung im Ausland (Berechnung bitte in einer gesonderten Aufstellung) — 543 — ,—

Sonstige Aufwendungen (z. B. Kosten für den Umzug, die Einrichtung und den Hausrat, jedoch ohne Kosten der Unterkunft lt. Zeile 79)

85 Möbel & Hausrat für Wohnheimzimmer in Köln (Aufstellung s. Excel) — 550 — 978,—

86 Summe der Mehraufwendungen für **weitere** doppelte Haushaltsführungen (Berechnung bitte in einer gesonderten Aufstellung) — 561 — ,—

87 **Vom Arbeitgeber / von der Agentur für Arbeit insgesamt steuerfrei ersetzt** — 590 — ,—

2019AnlN033NET

2019AnlN033NET

Abbildung 57: Anlage N – Seite 3.

5.7.4 Anlage N Seite 4 – Sonderfälle

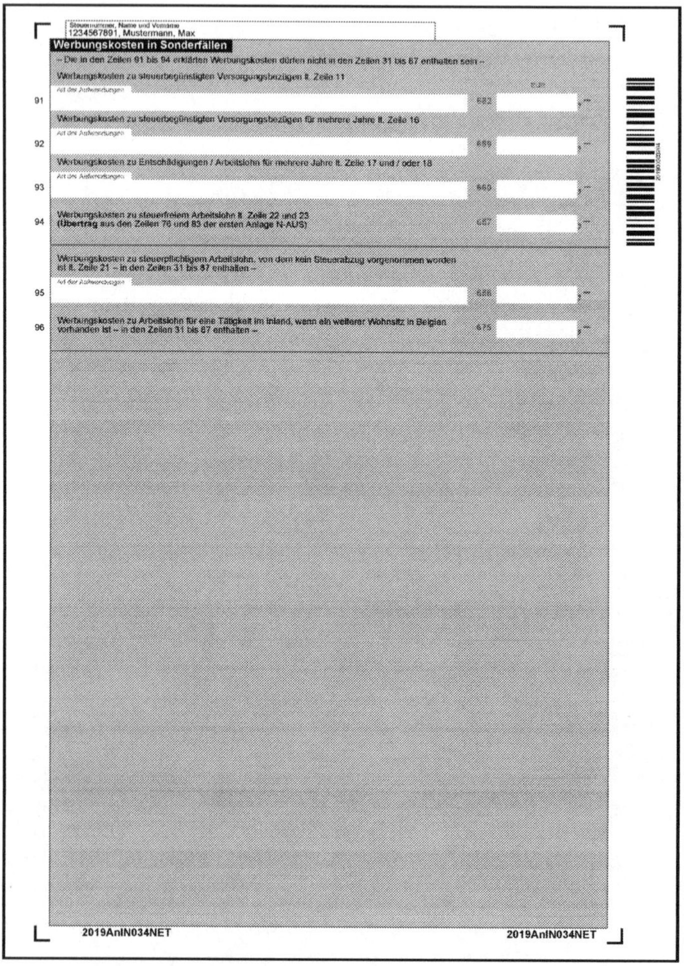

Steuernummer, Name und Vorname
1234567891, Mustermann, Max

Werbungskosten in Sonderfällen

– Die in den Zeilen 91 bis 94 erklärten Werbungskosten dürfen nicht in den Zeilen 31 bis 87 enthalten sein –

Werbungskosten zu steuerbegünstigten Versorgungsbezügen lt. Zeile 11

91 Art der Aufwendungen ,–

Werbungskosten zu steuerbegünstigten Versorgungsbezügen für mehrere Jahre lt. Zeile 16

92 Art der Aufwendungen ,–

Werbungskosten zu Entschädigungen / Arbeitslohn für mehrere Jahre lt. Zeile 17 und / oder 18

93 Art der Aufwendungen ,–

94 Werbungskosten zu steuerfreiem Arbeitslohn lt. Zeile 22 und 23 (**Übertrag** aus den Zeilen 76 und 83 der ersten Anlage N-AUS) ,–

Werbungskosten zu steuerpflichtigem Arbeitslohn, von dem kein Steuerabzug vorgenommen worden ist lt. Zeile 21 – in den Zeilen 31 bis 87 enthalten –

95 Art der Aufwendungen ,–

96 Werbungskosten zu Arbeitslohn für eine Tätigkeit im Inland, wenn ein weiterer Wohnsitz in Belgien vorhanden ist – in den Zeilen 31 bis 87 enthalten – ,–

2019AnlN034NET 2019AnlN034NET

Abbildung 58: Anlage N – Seite 4.

Werbungskosten in Sonderfällen (Z. 91 - 96)

Zur Vollständigkeit noch die vierte Seite der Anlage N (ab 2020 auf Seite 3, Z. 73 – 78). Hier habt ihr nichts mehr auszufüllen, da diese Zeilen für Studierende nicht von Belangen sind (z.B. Krankengeld ohne Zusammenhang zum Arbeitsverhältnis oder Einzelveranlagung von Ehepartnern im Ausland).

5.8 Anlage S – Selbständige Arbeit

Diese Anlage betrifft alle Studierende, die **selbständiger** oder **freiberuflicher** Arbeit (Freelancer) nachgehen. Dies tritt häufiger auf als man denkt – Freelancer oder auch Promotion-Jobs laufen häufig unter Solo-Selbständigkeit ab. Für diese Art Jobs benötigt ihr dann nicht nur eine Anmeldung beim Gewerbeamt, sondern bei der Steuererklärung auch die **Anlage S.** Anlage S dient dazu, eine Gewinn- und Verlustrechnung aufzustellen, aus welcher der Gewinn dieser Tätigkeit ermittelt wird.[263]

Eine **selbständige** Tätigkeit (freiberufliche Tätigkeit) liegt vor, wenn die Arbeit nicht weisungsgebunden ausgeübt wird und keine Einbindung in die Organisationsstruktur eines Unternehmens vorliegt. Ihr seid Freelancer, habt ein Gewerbe angemeldet und werdet darüber gebucht, so liegt eine typische Beschäftigungsart der selbständigen Arbeit vor.

ACHTUNG: Zusätzlich müsst ihr ab dem Jahre 2017 die **Anlage EÜR** (Einnahmen-Überschuss-Rechnung) beifügen. Diese ist nach § 60 Abs. 4 EStDV zwingend elektronisch an das Finanzamt zu übermitteln.

Die Unterlagen dieser Gewinnermittlung müssen zusätzlich ausführlich erläutert beigefügt werden. Die Erträge sind die Zahlungen, die euch vom Kunden/Auftraggeber gezahlt werden. Die Betriebsausgaben stellen die Werbungskosten (Kilometerpauschale, Arbeitsmittel und Verpflegungsmehraufwand) dar und berechnen sich in der EÜR[264] gleich der Einkünfte nichtselbständiger Arbeit.

Die **Anlage S** und die **Anlage EÜR** müssen seit dem Steuerjahr 2019 elektronisch beim Finanzamt eingehen. Es existieren <u>zwei Ausnahmen</u> hierzu:

a. Ihr habt einen Gewinn von unter 410 Euro erwirtschaftet.[265]

b. Ihr seid nicht in der Lage (z.B. kein PC o.Ä.) die Anlage S elektronisch zu übermitteln.

Sind diese Ausnahmen nicht für euch möglich, so rate euch zur **Steuersoftware Steuertipps**. Diese ist recht simpel gehalten und erklärt viel im Umgang mit Aufstellung der Gewinn- und Verlustrechnung aus selbständiger Arbeit.

TIPP: Die Einkünfte aus selbständiger Arbeit werden mit anderen Einkünften bzw. Verlusten anderer Einkunftsarten (z.B. nichtselbständige Arbeit, hier: Verluste aus dem Studium) verrechnet. So lassen sich auch für selbständig arbeitende Studierende Steuern sparen!

---

263 Zudem seid ihr **verpflichtet** eine Steuererklärung bis zum 31.07. des Folgejahres abzugeben!

264 Vorlagen gibt es hierzu im Internet ausreichend.

265 Bis zu dieser Höhe muss man den Gewinn nicht in der Steuererklärung angeben.

6 DIE ABGABE DES VERLUSTVORTRAGS

Nachdem die vollständigen Unterlagen

- (ausgefüllter) **Mantelbogen***,
- (ausgefüllte) **Anlage N***,
- (ausgefüllte) Anlage Vorsorgeaufwendungen,
- (ausgefüllte) weitere Anlagen (falls Kapital- oder Mieteinkünfte),
- die **Excel-Dateien*** (sowohl Arbeitsmittel und Fahrwege),
- das Anschreiben mit Stellungnahme[266],
- für Steuerjahre nach 2018: bei Bedarf Anlage Sonderausgaben, Anlage Außergewöhnliche Belastungen und Anlage Haushaltsnahe Aufwendungen,
- und (ausgefüllte) **Anlage Sonstiges** (seit 2019)

[* müssen auf jeden Fall eingereicht werden!; **FETT** für Verlustvortrag ausreichend]

ausgefüllt sind, geht es an die Abgabe dieser beim Finanzamt.[267] Zunächst müsst ihr **keine** Rechnungen oder Belege abgeben.[268] Die Frist der Abgabe ist meist der **31.07. des Folgejahres**[269]**,** sofern ihr verpflichtet seid eine Steuererklärung abzugeben.[270] Diese lässt sich auch mit einer Bitte an das Finanzamt verlängern, welche jedoch rechtzeitig eingehen muss.

Seid ihr **nicht** verpflichtet eine Steuererklärung abzugeben, so könnt ihr **die Verlustfeststellung bis zu sieben Jahre** und **die normale Steuererklärung bis zu vier Jahre rückwirkend bis zum 31.12.** abgeben.[271] Die entsprechenden Steuerjahre könnt ihr zusammen oder getrennt einreichen.[272] Die Unterlagen und Excel-Dateien sind auszudrucken, zusammenzuheften (**nicht mit Tacker heften**) und unterschrieben bei eurem Finanzamt einzureichen. Falls das Finanzamt bei der Abgabe geöffnet hat, empfehle ich euch, die Abgabe der Unterlagen direkt bestätigen zu lassen. Dies fördert die Sicherheit, nach spätestens sechs Monaten eine Antwort zu erhalten.

Sollte das Finanzamt darauf bestehen, dass die Abgabe online eingereicht wird, könnt ihr dieser Forderung widersprechen. Es ist in Deutschland immer noch erlaubt seine Steuererklärung abseits der elektronischen Abgabe einzureichen. Die verschiedenen Möglichkeiten die Steuererklärung beim Finanzamt abzugeben sind:

---

266 **Dringend empfohlen:** Was habt ihr in dem Jahr gemacht, warum sind gewisse Kosten entstanden, etc.

267 Euer zuständiges Finanzamt ist jenes, wo ihr **aktuell** zum Zeitpunkt der Erklärungsabgabe gemeldet seid. Besitzt ihr mehrere Meldeadressen, dann jenes Finanzamt, wo ihr euch häufiger aufhaltet (Erstwohnsitz).

268 Aufgrund des Gesetzes zur Modernisierung des Besteuerungsverfahrens (18. Juli 2016): Hiernach besteht nur noch eine **Belegevorhaltepflicht** und keine **Belegevorlagepflicht**. Ihr müsst die Belege also nur noch bei Nachfrage vorlegen.

269 § 149 Abs. 2 S. 1 AO.

270 Sofern ihr verpflichtet seid, eine Steuererklärung abzugeben: z.B. bei Mieteinnahmen oder Kurzarbeitergeld. Als normale:r Student:in besteht meist keine Abgabepflicht. Erst nach Feststellung eines Verlustes müsst ihr in den Folgejahren eure Steuererklärungen verpflichtend einreichen!

271 BFH, Urteil vom 13.01.2015 – Az. IX R 22/14.

272 Hierzu gebe ich in Kapitel 9 „Tipps und Tricks" noch ausreichend Tipps.

➔ Papierform
➔ Mit Steuer-Programm erstellt („Steuertipps“ / „WISO“ / „taxfix“, etc.)
➔ ELSTER (wird 2021 eingestellt & zu Mein ELSTER)

Die Formulare müssen jedoch korrekt ausgefüllt und unterschrieben sein, ansonsten gilt die Steuer als nicht abgegeben.

Nach Abgabe der Steuerunterlagen heißt es für euch warten auf die Antwort des Finanzamtes. Je nach Aufkommen und Finanzamt kann die Antwort von **vier Wochen bis sechs Monaten dauern.** Es empfiehlt sich in regelmäßigen Abständen beim Finanzamt den aktuellen Stand zu erfragen.

TIPP: Wann ist der beste Zeitpunkt der Abgabe der Steuererklärung?

Ich rate euch, eure Verlustfeststellungen aus dem Studium erst mit den ersten hohen Gehaltseinkünften (Steuererklärung Beruf) beim Finanzamt einzureichen. Den Zeitpunkt zur Einreichung der Unterlagen würde ich früh im Jahr wählen (Januar bis Mitte März). Hier sind die Finanzämter noch nicht so ausgelastet wie im April oder zur Mitte des Jahres, da die Steuererklärungen aus dem Vorjahr häufig noch nicht abgegeben werden können (weil z.B. Belege für Kapitaleinkünfte fehlen)! Zudem rate ich euch dazu, die Verlustvorträge möglichst in **chronologischer Reihenfolge** zu bearbeiten und beim Finanzamt einzureichen.

TIPP: Verzugsgebühren und Verzinsung bei verspäteten Abgaben der Steuererklärungen

Seid ihr **verpflichtet** eine Steuererklärung abzugeben und vergesst diese fristgerecht einzureichen, so kann euch das Finanzamt einen **Verspätungszuschlag** von **0,25% der festgesetzten Steuer**, aber **mindestens 25 Euro pro verspäteten Monat** berechnen. Hiergegen kann man jedoch Einspruch einlegen!

Erhaltet ihr aus Steuerjahren, bei welchen die **Karenzzeit** (15 Monate nach Ablauf des entsprechenden Kalenderjahres, entspricht 01.04. des Folgejahres) abgelaufen ist, eine **Steuerrückerstattung,** so **verzinst** euch das Finanzamt dieses Guthaben.[273]: Früher wurde das Guthaben mit 0,5% Zinsen pro Monat vergütet und ist aktuell für die Steuerjahre 2014 bis 2018 noch gültig. Für die Guthaben aus Steuerjahren ab 2019 legt die Regierung einen neuen Zinssatz von 0,15% pro Monat (1,8% pro Jahr) fest. Bei einer Steuerrückerstattung von 1.500 Euro, 35 verzinsten Monaten (Steuerjahr muss dementsprechend 50 (35 + 15) Monate zurückliegen) und 0,5% Zinsen pro Monat erhaltet ihr beispielsweise 262,50 Euro Zinsen zusätzlich zu eurer Steuerrückerstattung ausgezahlt. Es kann sich also lohnen, das Geld beim Finanzamt „anzulegen“.[274] Aber beachtet: Müsst ihr aus diesen Steuerjahren Einkommensteuern **nachzahlen**, so müsst ihr dem Finanzamt ebenso diese Steuerschuld verzinsen. Aufgrund der Verlängerung der Abgabefristen während der Corona-Pandemie beginnen die Zinsläufe für Veranlagungszeiträume 2019 bis 2024 sechs Monate später! Bei Guthaben aus **Verlustrückträgen** (§ 10d Abs. 1 EStG) beginnt die Verzinsung mit dem Veranlagungszeitraum der Verlustfeststellung.

---

[273] § 233a AO und 238 AO.

[274] Diese Zinsen müssen als Kapitaleinkünfte (Anlage KAP) versteuert werden (§ 20 EStG). Allerdings habt ihr bis 801 Euro als Single (bzw. 1.602 Euro als Ehepaar) einen **Sparerpauschalfreibetrag**, bis zu welchem ihr Kapitaleinkünfte angeben, jedoch **nicht** versteuern müsst (Ab 2023: 1.000 bzw. 2.000 Euro Freibetrag).

7 ANTWORTEN DES FINANZAMTES

Ihr habt eure Steuerformulare ausgefüllt beim Finanzamt abgegeben und wartet auf das Ergebnis. Zunächst sollte euch bewusst sein, dass dieses bis zu **sechs Monaten dauern** kann.[275] Gewöhnlich dauert die Bearbeitungszeit acht Wochen. Es empfiehlt sich, nach drei Monaten beim Finanzamt nachzufragen und auch hartnäckig zu sein, wie es mit der Antwort des Steuerbescheides aussieht. Denn, um sich am Ende der 6-Monats-Frist Zeit (hat keine gesetzliche Grundlage) zu verschaffen, fordern viele Sachbearbeiter des Finanzamtes die volle Bandbreite an Belegen bei euch an. Dies ist nicht nur viel Arbeit für euch, sondern auch unnötig. Deshalb fragt ruhig in regelmäßigen Abständen mit Hinweis auf eure Steuer-ID beim Finanzamt nach, um nicht in die Falle der Nachweispflicht zu geraten.

Die schriftliche Antwort (sog. Steuerbescheid, sofern keine Nachweise seitens des Finanzamtes gefordert werden) des Finanzamtes umfasst mehrere Seiten. Auf den ersten Seiten findet ihr eine Rechnung über die angerechneten Kosten und möglicherweise erstatteter Steuern. Die folgenden Seiten sind vollbepackt mit verschiedenen Paragraphen und juristischem Kleingedruckten, was viele Steuerneulinge verwirren dürfte. Ich werde euch kurz erläutern, auf was es beim zugesandten Steuerbescheid (genauer: **Bescheid für (Jahr) über Einkommensteuer, Kirchensteuer und Solidaritätszuschlag**) zu achten gilt. Hierbei sind vor allem **zwei Punkte** vorab zu beachten:

Punkt 1: Die **Einspruchsfrist** ist zu wahren. Diese ist abhängig vom **Datum des Steuerbescheides** (diesen findet ihr oben rechts auf der ersten Seite des Steuerbescheides). Seid ihr gerade im Stress, wollt Einspruch einlegen oder Belege nachreichen, habt allerdings aktuell keine Zeit, wendet euch sofort an euren Finanzamt-Sachbearbeiter und bittet dort um Fristaufschub oder legt einen vorerst **unbegründeten** Einspruch ein. Verpasst ihr die Frist, so gilt der Bescheid als bestandskräftig und kann in der Regel (Ausnahmen: § 165 AO oder Wiedereinsetzen vorheriger Stand) nicht mehr angefochten werden.

Punkt 2: Auf die **Anrechnungshöhe der verschiedenen Kostenarten** ist zu achten. Hierbei gilt es auf die Differenzierung von Werbungskosten und Sonderausgaben, wie auch Reisekosten und Entfernungspauschale auf dem Steuerbescheid zu achten.

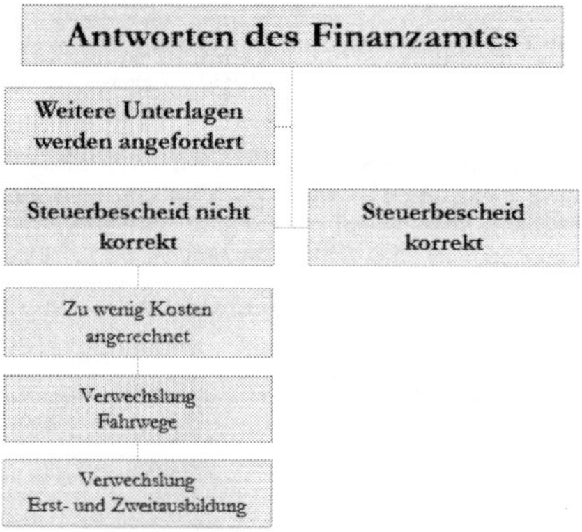

Abbildung 59: Potenzielle Antworten des Finanzamtes.

[275] Nach sechs Monaten könnt ihr das Finanzamt mahnen.

7.1 Mögliche Antwortschreiben des Finanzamtes

Doch wann ist eine Antwort des Finanzamtes für mich zufriedenstellend und wann sollte ich hiergegen Einspruch einlegen und wie kann mir das Finanzamt überhaupt antworten? Zunächst schauen wir uns die vom Finanzamt verschickten Antworten an:

(1) Das Finanzamt fragt Unterlagen an.

Beim Einreichen der Unterlagen seid ihr bislang **nicht** verpflichtet gewesen Nachweise einzureichen. Dies ändert sich in diesem Fall nun. Hierbei seid ihr nun **verpflichtet**, dem Amt die geforderten Unterlagen nachzusenden. Ob ihr dies per PDF oder in analoger Form macht, bleibt euch überlassen. Es ist jedoch ratsam, in analoger Form nur eine **Kopie der Rechnungen** – und nie das Original – zu versenden, falls es zu einem Verlust der Rechnungen durch das Finanzamt oder auf dem Postweg kommen sollte.

Habt ihr die Unterlagen nicht mehr, so teilt dies dem Finanzamt schriftlich mit oder schreibt Eigenbelege und hofft auf eine Anerkennung seitens des Finanzamtes. Das Nicht-Nachweisen von Belegen hat – bis auf das Streichen der Kosten – keine weiteren Folgen.

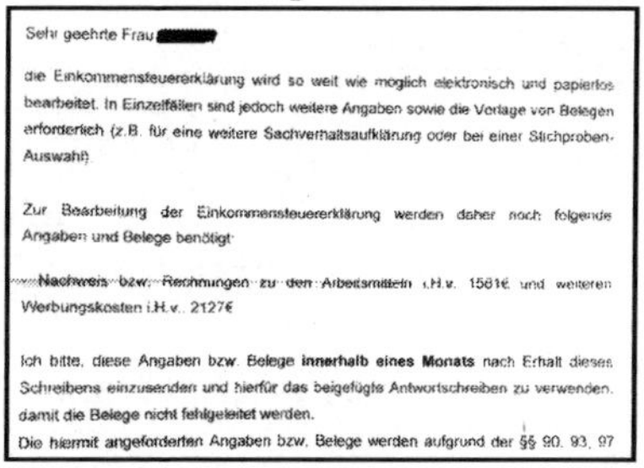
Sehr geehrte Frau [redacted]

die Einkommensteuererklärung wird so weit wie möglich elektronisch und papierlos bearbeitet. In Einzelfällen sind jedoch weitere Angaben sowie die Vorlage von Belegen erforderlich (z.B. für eine weitere Sachverhaltsaufklärung oder bei einer Stichproben-Auswahl)

Zur Bearbeitung der Einkommensteuererklärung werden daher noch folgende Angaben und Belege benötigt:

Nachweis bzw. Rechnungen zu den Arbeitsmitteln i.H.v. 1581€ und weiteren Werbungskosten i.H.v. 2127€

Ich bitte, diese Angaben bzw. Belege **innerhalb eines Monats** nach Erhalt dieses Schreibens einzusenden und hierfür das beigefügte Antwortschreiben zu verwenden, damit die Belege nicht fehlgeleitet werden.
Die hiermit angeforderten Angaben bzw. Belege werden aufgrund der §§ 90, 93, 97

Abbildung 60: Antwort des Finanzamtes – Finanzamt fordert Belege an.

(2) Das Finanzamt hat einen Steuerbescheid versendet.

Hierbei gilt es zu prüfen, ob der zugesandte **Steuerbescheid** eurem Empfinden nach als korrekt gewertet werden kann. Ist er dies **nicht**, so kann oder sollte **Einspruch** gegen diesen eingelegt werden.

7.2 Aufbau des Steuerbescheides

Folgend werden der **Aufbau** und die **Entschlüsselung** des zugesandten **Steuerbescheides** dargestellt. Der Steuerbescheid gliedert sich dabei in **vier Abschnitte**, die folgend thematisiert werden. Oben links auf der ersten Seite findet ihr eure Steuer-ID und Steuernummer. Auf der rechten Seite seht ihr das Datum des Steuerbescheides. Hiernach richtet sich eure **Einspruchsfrist**.

I. Festsetzung (1. Seite)

Unter dem Unterpunkt **„Festsetzung"** wird das **Ergebnis** des Steuerbescheides tabellarisch festgehalten. Bei einer **Verlustfeststellung** ohne Einnahmen können hier auch nur 0,00 in der Tabelle stehen, da keine gezahlte Einkommensteuer, Solidaritätszuschläge und Kirchensteuer im Steuerjahr festgestellt wurden. Ansonsten stehen in dieser Tabelle die zu entrichtenden und bereits gezahlten Steuerzahlungen des entsprechenden Jahres und deren Differenz und folglich, ob Steuern **zurückgezahlt** oder **nachgezahlt** werden müssen. Unter dem Text **„Art der Steuerfestsetzung"** erkennt ihr, ob der Steuerbescheid rechtsgültig oder zunächst vorläufig nach § 165 AO ist.

29.03.2018

IdNr. 92 600 550 400
Steuernummer 12345 / 67890
(Bitte bei Rückfragen angeben)

Max Musterhausen
Musterstraße 6
68723 Musterstadt

Bescheid für 2015

über

E i n k o m m e n s t e u e r
Kirchensteuer
und
Solidaritätszuschlag

F e s t s e t z u n g

Art der Steuerfestsetzung

Der Bescheid ist nach § 172 Abs. 1 Satz 1 Nr. 2 AO geändert.
Er ist nach § 165 Abs. 1 Satz 2 AO teilweise vorläufig.

	Einkommen-steuer €	Solidaritäts-zuschlag €	Kirchenst. evang. €
Festgesetzt werden	0,00	0,00	0,00
ab Steuerabzug vom Lohn	1.682,00	92,28	134,38
verbleibende Steuer	-1.682,00	-92,28	-134,38
A b r e c h n u n g (Stichtag 21.03.2018)			
von der Finanzkasse ausgezahlt	1.682,00	92,28	134,38
es verbleiben	0,00	0,00	0,00

Form.Nr. 038922 P 000303103 / 010372 - Fortsetzung nächste Seite - Rt. 21.03.2018 ESt 2015

Negative Beträge mit Minuszeichen.

Öffnungszeiten:
Mo+Do 7:30-15:30, Di+Fr -12:00, Mi 12:30-17:30

Ablagenummer:
19.03.18 005 02

Telefax:
(06202)61298

Das Finanzamt (Finanzkasse) hat folgende Konten:
Kreditinstitut:
Dt. Bundesbank Fil. Karlsruhe
IBAN: DE02 6600 0000 0067 0015 01 BIC: MARKDEF1660
Sparkasse Heidelberg
IBAN: DE89 6725 0020 0025 0081 11 BIC: SOLADES1HDB

Abbildung 61: Steuerbescheid – Seite 1.

INFO: In „Steuerbescheid – Seite 1" wurden in entsprechendem Steuerjahr 1.682,00 Euro Einkommensteuer, 92,28 Euro Solidaritätszuschlag und 134,38 Euro Kirchensteuer zu viel gezahlt und werden vollständig von der Finanzbehörde zurück erstattet.

Sobald ihr euren ersten Verlustvortrag erstellt habt, werden euch für die folgenden Steuerjahre zusätzliche Steuerbescheide (der Verlustfeststellungsbescheid; genauer: **Bescheid über die gesonderte Feststellung des verbleibenden Verlustfeststellungsvortrags zur Einkommensteuer zum 31.12.(Steuerjahr)**) mitgesandt. Auf diesen findet ihr die neue Summe oder den Restbetrag eures Verlustvortrags. Wird euch ein solcher Bescheid nicht mitgeschickt, dann beantragt erneut eine Verrechnung der Verlustvorträge durch die entsprechende „**Anlage Sonstige**" beim Finanzamt. Ansonsten kann euch der Verlustvortrag nicht mit dem Einkommen nach dem Studium verrechnet werden.

Bescheid für 2016	Bescheid
über	über
Einkommensteuer Kirchensteuer und Solidaritätszuschlag	die gesonderte Feststellung des verbleibenden Verlustvortrags zur Einkommensteuer zum 31.12.2016

Abbildung 62: Steuerbescheid – Arten des Steuerbescheides.

Unter dem Punkt **„Feststellung"** im Verlustfeststellungsbescheid steht der neue festgestellte Verlustvortrag. Unter dem Reiter **„Feststellungsgrundlagen"** wird erklärt, woraus sich der gesammelte Verlustvortrag des Steuerjahres zusammensetzt (Summe des Verlustvortrags aus dem Vorjahr oder der Vorjahre und der Verlustfeststellung des aktuell bearbeiteten Steuerjahres).

Feststellung

Art der Feststellung

Der Bescheid ist nach § 10 d Abs. 4 Sätze 4 und 5 EStG geändert.

	€
Der verbleibende Verlustvortrag wird nach § 10 d Abs. 4 EStG festgestellt auf	20.602

Feststellungsgrundlagen

	€
Verbleibender Verlustvortrag	
Verbleibende negative Einkünfte	18.563
hinzu verbleibender Verlustvortrag zum 31.12.2015	2.039
verbleibender Verlustvortrag	20.602

Abbildung 63: Verlustfeststellungsbescheid – Verrechnung der Verlustvorträge.

II. Besteuerungsgrundlagen (Seite 2)

Unter dem Reiter **„Besteuerungsgrundlagen"** wird aufgeführt, welche Einkünfte, Werbungskosten, Freibeträge und Sonderausgaben euch im behandelten Steuerjahr angerechnet wurden und aus welchen Posten sich diese zusammensetzen. Der letzte Punkt ist das zu versteuernde Einkommen, woraus sich dann die Steuerlast, der Solidaritätszuschlag und die Kirchensteuer berechnet.

Seite 2

B e s t e u e r u n g s g r u n d l a g e n

Berechnung des zu versteuernden Einkommens

			€
Einkünfte aus nichtselbständiger Arbeit			
Bruttoarbeitslohn	7.328		
ab Werbungskosten			
Aufwendungen für Arbeitsmittel	2.183		
Fortbildungskosten	225		
Reisekosten bei Auswärtstätigkeiten	6.593		
übrige Werbungskosten	366		
Einkünfte	**-2.039**		**-2.039**
Summe der Einkünfte			**-2.039**
Gesamtbetrag der Einkünfte			**-2.039**
ab beschränkt abziehbare Sonderausgaben			
Beiträge zur Krankenversicherung inklusive etwaiger Zusatzbeiträge	2.332		
Summe der abziehbaren Vorsorgeaufwendungen	2.332		2.332
unbeschränkt abziehbare Sonderausgaben			
gezahlte Kirchensteuer	134		
ab erstattete Kirchensteuer	74	60	
Summe der unbeschränkt abziehbaren Sonderausgaben		60	60
Einkommen / zu versteuerndes Einkommen			**-4.431**

Berechnung der Steuer

		€
zu versteuern nach dem Grundtarif	-4.431	0
festzusetzende Einkommensteuer		**0**

Berechnung des Solidaritätszuschlags

	€
Einkommensteuer	0,00
davon 5,5 % Solidaritätszuschlag	0,00

Berechnung der Kirchensteuer

		€
festzusetzende Einkommensteuer		0,00
evangelische Kirchensteuer: 8 % von	0,00	0,00

Abbildung 64: Steuerbescheid – Seite 2.

Einkünfte aus nichtselbständiger Arbeit			
Bruttoarbeitslohn		7.324	
ab	Werbungskosten		
	Aufwendungen für **Arbeitsmittel**	2.183	
	Fortbildungskosten	225	
	Reisekosten bei		
	Auswärtstätigkeiten	6.593	
	übrige **Werbungskosten**	366	
Einkünfte		**- 2.039**	
Summe der Einkünfte			**- 2.039**
Gesamtbetrag der Einkünfte *(Verlustvortrag)*			**- 2.039**
ab **Sonderausgaben**		- 2.392	- 2.392
Einkommen / zu versteuerndes Einkommen			**- 4.431**

Abbildung 65: Schematische Aufstellung der Besteuerungsgrundlage.

Schauen wir uns das Ganze an einem Beispiel eines typischen Studierenden genauer an: Der Bescheid beginnt mit den Einkünften aus nichtselbständiger Arbeit (Bruttoarbeitslohn), von welchen Werbungskosten und Sonderausgaben abgezogen werden:

Das behandelte Beispiel wäre ein Beispiel für einen Studierenden, der Einkünfte im Steuerjahr erzielt hatte: Der angerechnete Bruttoarbeitslohn beträgt 7.324 Euro.[276] In den folgenden Zeilen werden die Werbungskosten nach der entsprechenden Klassifizierung (hier: *„Aufwendungen für Arbeitsmittel“*, *„Fortbildungskosten“*, *„Reisekosten“* und *„übrige Werbungskosten“*) abgezogen und darunter zur *„Summe der Einkünfte“* subtrahiert.

ACHTUNG: Eine exaktere Auflistung, welche Werbungskosten angerechnet wurden, gibt das Finanzamt meist nur auf Nachfrage heraus.

Die *„Summe der Einkünfte“* ist ein Zwischenstand, der euch womöglich nicht interessiert. Dieser dient dazu, falls mehrere Einkunftsarten existieren (z.B. Kapital- oder Mieteinnahmen), diese zu summieren. Zur Vereinfachung wird die Thematik der verschiedenen Einkunftsarten hier nicht weiter behandelt.

In den folgenden Zeilen des Steuerbescheides werden vom *„Gesamtbetrag der Einkünfte“* die Sonderausgaben[277] (bei euch vermutlich die Krankenversicherungsbeiträge oder KFZ-Haftpflicht) abgezogen. Aus der Rechnung: *„Bruttolohn abzgl. Werbungskosten abzgl. Sonderausgaben“* ergibt sich das *„zu versteuernde Einkommen“*. Aus diesem Wert wird dann mit dem persönlichen Steuerprozentsatz (zwischen 14 und 42%) die *„festzusetzende Einkommensteuer“* errechnet.[278] Der Steuersatz bezeichnet den Prozentsatz, mit dem die Steuerbemessungsgrundlage (z.v.E.) versteuert werden muss. Ist das z.v.E. negativ, so ist die festzusetzende Steuer 0. *„Solidaritätszuschlag“* (5,5% der Einkommensteuer) und *„Kirchensteuer“* (8% der Einkommensteuer) berechnen sich aus der Höhe der festgesetzten Einkommensteuer.

276 Hätte der Studierende keine Einkünfte aus nichtselbständiger Arbeit erzielt oder wäre pauschal besteuert worden, hätte in dieser Zeile eine Null gestanden.

277 Nicht verwechseln, falls Sonderausgaben mit Werbungskosten im gesamten Steuerbescheid verwechselt werden. Es gibt Kosten, wie Krankenkassenbeiträge, die per Definition Sonderausgaben sind.

278 Abb. 4 des Buches zeigt diesen Aufbau nochmals schematisch erklärt.

Die **Verlustfeststellung** (auch: „*Gesamtbetrag der Einkünfte*“) bleibt jedoch **– 2.039 Euro**, da die Sonderausgaben nicht in die Folgejahre übertragen werden können und somit auch nicht in den Verlustvortrag zählen.

ACHTUNG: Das Finanzamt ist allerdings **nicht** dazu **verpflichtet**, die Werbungskosten so detailliert aufzuschlüsseln. Oftmals gibt das Finanzamt nur Auskunft über die gesamten angerechneten Werbungskosten, wie das folgende Beispiel zeigt.

B e s t e u e r u n g s g r u n d l a g e n

Berechnung des zu versteuernden Einkommens

		€
Einkünfte aus nichtselbständiger Arbeit		
Bruttoarbeitslohn	3.600	
ab Werbungskosten		
übrige Werbungskosten	10.267	
Einkünfte	-6.667	-6.667
Summe der Einkünfte		-6.667

Abbildung 66: Steuerbescheid – Nur ein Anrechnungsposten.

III. Erläuterungen zur Festsetzung (Seite 3)

Manchmal gibt das Finanzamt unter dem Punkt **„Erläuterung zur Festsetzung“** Auskunft, warum es zu keiner oder nur zu einer minimierten Anrechnung der eingereichten Kosten kam. Gegebenenfalls gibt das Finanzamt hier Fehlen von Belegen an oder eine Begründung, weswegen einzelne Arbeitsmittel nicht oder nur zu einem Teil anerkannt wurden: z.B. Arbeitsmittel fällt unter die private Lebensführung, es gilt ein Abzugsverbot für diverse Arbeitsmittel oder das Fehlen von Rechnungen als Nachweise. Sind die Ablehnungsgründe nicht vorhanden oder nicht plausibel, sollte man Einspruch einlegen. Nicht selten steht in diesem Abschnitt oftmals auch nur ein allgemein gehaltener Text hinsichtlich Zinsen, Grund der Vorläufigkeit des Bescheides (z.B. § 165 AO)[279] oder Rechtsgrundlagen.

Textauszug Steuerbescheid – Seite 3:
Die Festsetzung der Einkommensteuer ist gem. **§ 165 Abs. 1 Satz 2 Nr. 3 AO** vorläufig hinsichtlich
- der Abziehbarkeit der Aufwendungen für eine Berufsausbildung oder ein Studium als Werbungskosten oder Betriebsausgaben (§ 4 Absatz 9, § 9 Absatz 6 EStG).

Aufwendungen für Berufskleidung und deren Reinigung konnten nicht berücksichtigt werde, da es sich hierbei nicht um typische Berufskleidung handelt.
Aufwendungen für Arbeitsmittel (Büromaterial, Druckerpatronen- und Papier, etc.) konnten nur als Werbungskosten berücksichtigt werden, soweit Belege hierzu vorlagen, welche angefordert wurden.

Abbildung 67: Steuerbescheid - Seite 3 Beispiel Erläuterung.

---

[279] Die Vorläufigkeit des Steuerbescheids besagt lediglich, dass zu einem bestimmten Sachverhalt, von dem auch eure Steuererklärung betroffen ist, ein Verfahren vor dem Bundesfinanzhof (BFH), Bundesverfassungsgericht (BVerfG) oder Europäischen Gerichtshof (EuGH) läuft. Sollte das Urteil zu euren Gunsten ausfallen, ändert das Finanzamt automatisch den Bescheid und erstattet Steuern; fällt es zugunsten des Fiskus aus, wird der bestehende Steuerbescheid bestandskräftig.

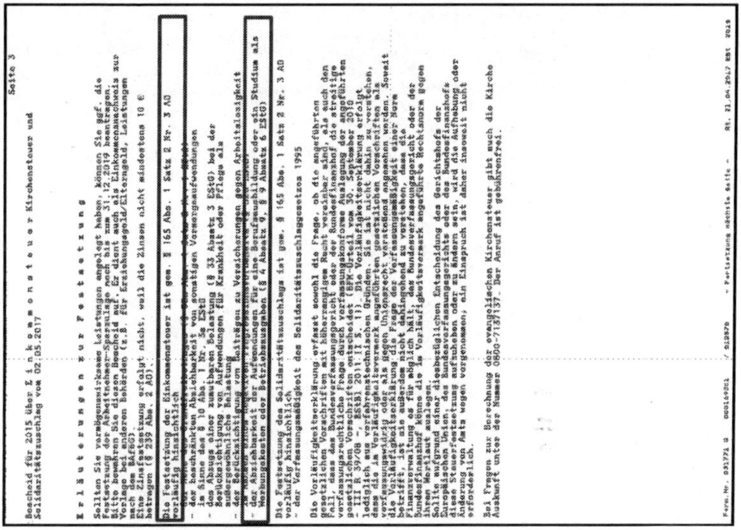

Bescheid für 2015 über E i n k o m m e n s t e u e r Kirchensteuer und Solidaritätszuschlag vom 02.05.2017 — Seite 3

E r l ä u t e r u n g e n z u r F e s t s e t z u n g

Sollten Sie vermögenswirksame Leistungen angelegt haben, können Sie ggf. die Festsetzung der Arbeitnehmer-Sparzulage noch bis zum 31.12.2019 beantragen. Bitte bewahren Sie diesen Bescheid auf. Er dient auch als Einkommensnachweis zur Vorlage bei anderen Behörden (z.B. für Erziehungsgeld/Elterngeld, Leistungen nach dem BAföG).
Eine Zinsfestsetzung erfolgt nicht, weil die Zinsen nicht mindestens 10 € betragen (§ 239 Abs. 2 AO).

Die Festsetzung der Einkommensteuer ist gem. § 165 Abs. 1 Satz 2 Nr. 3 AO vorläufig hinsichtlich
- der beschränkten Abziehbarkeit von sonstigen Vorsorgeaufwendungen im Sinne des § 10 Abs. 1 Nr. 3a EStG
- des Abzugs einer zumutbaren Belastung (§ 33 Absatz 3 EStG) bei der Berücksichtigung von Aufwendungen für Krankheit oder Pflege als außergewöhnliche Belastung
- der Berücksichtigung von Beiträgen zu Versicherungen gegen Arbeitslosigkeit
- der Abziehbarkeit der Aufwendungen für eine Berufsausbildung oder ein Studium als Werbungskosten oder Betriebsausgaben (§ 4 Absatz 9, § 9 Absatz 6 EStG)

Die Festsetzung des Solidaritätszuschlags ist gem. § 165 Abs. 1 Satz 2 Nr. 3 AO vorläufig hinsichtlich
- der Verfassungsmäßigkeit des Solidaritätszuschlaggesetzes 1995

Die Vorläufigkeitserklärung erfasst sowohl die Frage, ob die angeführten gesetzlichen Vorschriften mit höherrangigem Recht vereinbar sind, als auch den Fall, dass das Bundesverfassungsgericht oder der Bundesfinanzhof die streitige verfassungsrechtliche Frage durch verfassungskonforme Auslegung der angeführten gesetzlichen Vorschriften entscheidet (BFH-Urteil vom 30. September 2010 - III R 39/08 -, BStBl 2011 II S. 11). Die Vorläufigkeitserklärung erfolgt lediglich aus verfahrenstechnischen Gründen. Sie ist nicht dahin zu verstehen, dass die im Vorläufigkeitsvermerk angeführten gesetzlichen Vorschriften als verfassungswidrig oder als gegen Unionsrecht verstoßend angesehen werden. Soweit die Vorläufigkeitserklärung die Frage der Verfassungsmäßigkeit einer Norm betrifft, ist sie außerdem nicht dahingehend zu verstehen, dass die Finanzverwaltung es für möglich hält, das Bundesverfassungsgericht oder der Bundesfinanzhof könne die im Vorläufigkeitsvermerk angeführte Rechtsnorm gegen ihren Wortlaut auslegen.
Sollte aufgrund einer diesbezüglichen Entscheidung des Gerichtshofs der Europäischen Union, des Bundesverfassungsgerichts oder des Bundesfinanzhofs diese Steuerfestsetzung aufzuheben oder zu ändern sein, wird die Aufhebung oder Änderung von Amts wegen vorgenommen; ein Einspruch ist daher insoweit nicht erforderlich.

Bei Fragen zur Berechnung der evangelischen Kirchensteuer gibt auch die Kirche Auskunft unter der Nummer 0800-7137137. Der Anruf ist gebührenfrei.

Ferm.Nr. 031771 0 000169301 / 012870 - Fortsetzung nächste Seite - St. 21.04.2017 ESt 2018

Abbildung 68: Steuerbescheid – Seite 3.

IV. Rechtsbehelfsbelehrung (Seite 4)

In diesem Abschnitt werdet ihr darüber belehrt, dass ihr gegen den Steuerbescheid **innerhalb eines Monats** Einspruch einlegen könnt.

Bescheid für 2015 über E i n k o m m e n s t e u e r Kirchensteuer und Solidaritätszuschlag vom 02.05.2017 — Seite 4

R e c h t s b e h e l f s b e l e h r u n g

Die Festsetzung der Einkommensteuer und des Solidaritätszuschlags kann mit dem Einspruch angefochten werden.

Gegen die Kirchensteuerfestsetzung und die Festsetzung der Kirchensteuer-Vorauszahlungen ist der Einspruch gegeben.

Die Einsprüche sind bei dem vorbezeichneten Finanzamt oder bei der angegebenen Außenstelle schriftlich einzureichen, diesem / dieser elektronisch zu übermitteln oder dort zur Niederschrift zu erklären.

Die Kirchensteuerfestsetzung kann nicht mit der Begründung angefochten werden, dass die zugrunde gelegte Einkommensteuer unzutreffend sei. Dieser Einwand kann nur gegen die Festsetzung der Einkommensteuer geltend gemacht werden.

Zur Einlegung des Einspruchs ist derjenige befugt, gegen den sich die Kirchensteuerfestsetzung (Festsetzung der Kirchensteuer-Vorauszahlungen) richtet.

Ein Einspruch ist jedoch ausgeschlossen, soweit dieser Bescheid einen Verwaltungsakt ändert oder ersetzt, gegen den ein zulässiger Einspruch oder (nach einem zulässigen Einspruch) eine zulässige Klage, Revision oder Nichtzulassungsbeschwerde anhängig ist. In diesem Fall wird der neue Verwaltungsakt Gegenstand des Rechtsbehelfsverfahrens. Dies gilt auch, soweit sich ein angefochtener Vorauszahlungsbescheid durch die Jahressteuerfestsetzung erledigt.

Die Frist für die Einlegung eines Einspruchs beträgt einen Monat. Sie beginnt mit Ablauf des Tages, an dem Ihnen dieser Bescheid bekannt gegeben worden ist. Bei Zusendung durch einfachen Brief gilt die Bekanntgabe mit dem dritten Tag nach Aufgabe zur Post als bewirkt, es sei denn, dass der Bescheid zu einem späteren Zeitpunkt zugegangen ist.

Wenn Sie beabsichtigen, einen Einspruch elektronisch einzulegen, wird empfohlen, den Einspruch über das ElsterOnline-Portal (www.elsteronline.de) zu übermitteln.

A l l g e m e i n e s: Bitte bewahren Sie diesen Bescheid auf. Er dient auch als Einkommensnachweis zur Vorlage bei anderen Behörden.

FINANZAMT

Ferm.Nr. 031771 0 000169301 / 012870 St. 21.04.2017 ESt 2018

Abbildung 69: Steuerbescheid – Seite 4.

7.3 Kontrolle des Steuerbescheides

Da es keine einheitliche Vorgabe gibt, wie das Finanzamt die Werbungskostenanrechnung auf dem Bescheid einzuteilen hat, ist der Kontrollvorgang der Kostenanrechnung komplexer. Die Summe der Werbungskosten (und die Summe der Sonderausgaben) sollten mit den eingereichten Kosten übereinstimmen oder zumindest größtenteils angerechnet worden sein. Eine genau definierte Art, wie die eingereichten Kosten zu denen im Steuerbescheid aufgelisteten Kosten benannt werden, existiert ebenfalls nicht.

Es gilt also zu vergleichen, welche **Werbungskosten eingereicht** wurden und wie hoch das Finanzamt diese **Kosten angerechnet** hat. Meist werden auf dem Steuerbescheid

- der **Bruttolohn**,
- die **Aufwendungen für Arbeitsmittel**,
- die **Fahrten zur ersten Tätigkeitsstätte**,
- die **Reisekosten bei Auswärtstätigkeiten** (Reisefahrt- und Reisenebenkosten)[280],
- die **Mehraufwendungen doppelter Haushalt** (Miete, Drei-Monats-Frist und Möbel)
- und **übrige Werbungskosten** angegeben.

Die Art der Werbungskostenaufteilung kann je nach Finanzamt **variieren**. Daher können z.B. die Entfernungspauschale oder Reisekosten auch unter *„weitere Werbungskosten"* oder *„Aufw. für Reisekosten"* verbucht werden oder der Verpflegungsmehraufwand unter *„Aufw. für Reisekosten"*, *„Mehraufw. für Verpflegung"* oder *„übrige Werbungskosten"* erfasst sein. Es kann jedoch auch auftreten, dass das Finanzamt die Summe der gesamten Werbungskosten unter *„übrige Werbungskosten"* vermerkt.

Vorsicht ist geboten, sollten die eingereichten von den angerechneten Werbungskosten **stark** abweichen. Hierbei gilt es dann mit genauer Betrachtung zu recherchieren, welche Kosten der eingereichten Posten nicht angerechnet oder womöglich vergessen wurden.

In diesem Ratgeber haben wir beim Ausfüllen der Steuerformulare und Excel-Anlagen **das Beispiel Max Mustermann** kennengelernt. Doch wie sehe Max Steuerbescheid denn nun möglicherweise aus? Kontrollieren wir nun zusammen, ob dieser korrekt ist (Abb. *„Steuerbescheid – Seite 2"*):

Die **Rückzahlungen** der gezahlten Abgaben (Einkommensteuer, Solidaritätszuschlag und Kirchensteuer) sehen wir in der Tabelle der ersten Seite des Steuerbescheides. Diese entsprechen den eingetragenen gezahlten Steuern auf der Anlage N. Trotz der vollständigen Rückzahlung dieser Abgaben wissen wir bis hier hin nicht, ob etwas der abgesetzten Werbungskosten angerechnet wurde, da Max unter der **Steuerfreigrenze** verdient hatte und so selbst ohne Werbungskosten alle gezahlten Steuern durch Abgabe einer Steuererklärung zurückerhalten hätte.

Auf der zweiten Seite des Steuerbescheides werden wir über die **angerechneten Werbungskosten** aufgeklärt. Beim ***„Einkommen"*** hatte Max **7.328 Euro** in Anlage N vermerkt und diese tauchen auf dem Steuerbescheid unter Bruttoarbeitslohn auf. Die ***„Aufwendungen für Arbeitsmittel"*** hatte Max in die Anlage N eingetragen. Auch diese sind mit **2.183 Euro** vermerkt. Die ***„Fortbildungskosten"*** entsprechen den Semestergebühren von der zweiten Seite der Anlage N. Für ***„übrige Werbungskosten"*** wurden **366 Euro** vermerkt. Diese stimmen mit den eingereichten

[280] Hier werden die Fahrtwege (gefahrene Kilometer x 2 x Fahrtwegepauschale) + Reisenebenkosten + Verpflegungsmehraufwand x angegebene Tage) als Summe angegeben.

Bewerbungskosten und Pauschalen (307 Euro) und dem Beitrag zu Berufsverbänden (59 Euro) überein.

Die ***„Reisekosten bei Auswärtstätigkeiten"*** sind nun mit **6.593 Euro** auf dem Steuerbescheid beziffert. Max hatte auf der Anlage N jedoch viel höhere Kosten angegeben. Bevor man nun beim Finanzamt Sturm läuft, schaut man sich Abschnitt III des Steuerbescheides genauer an: Findet man hier keine Antwort auf gestrichene Kosten, hinterfragt man, welche Kosten wohl angerechnet wurden. Da der Überpunkt als **„Reisekosten bei Auswärtstätigkeiten"** im Steuerbescheid benannt ist, gehen wir von den Reisefahrt- und Nebenkosten (1.401 Euro), den Pauschalen für Verpflegungsmehraufwand Inland (1.152 Euro) und Auslandsreisekosten (3.584 Euro) und Fahrten zur ersten Tätigkeitsstätte (456 Euro) aus. Diese Summe ergibt die gesuchten **6.593 Euro**.

Wir wissen nun, dass das Finanzamt wahrscheinlich die Mietaufwendungen (3.250 Euro), die Drei-Monats-Frist (1.920 Euro), die Einrichtungsaufwendungen (978 Euro) und die Heimfahrten (3.180 Euro) **nicht** angerechnet hat und können hiergegen Einspruch einlegen. Da Heimfahrten, Drei-Monats-Frist und Mietkosten, die allesamt zur **„doppelten Haushaltsführung**" gehören, nicht erstattet wurden, sollte man davon ausgehen, dass die doppelte Haushaltsführung seitens des Finanzamtes nicht akzeptiert wurde.

➔ **EINSPRUCH** zwecks **„doppelter Haushaltsführung"** einlegen.

Die **Sonderausgaben** aus den anderen Anlagen können wir bei Max Verlustvortrag vernachlässigen, da diese auf den Verlust keinen Einfluss haben. Dennoch kurz zur Erklärung: Zunächst werden beim Steuerbescheid **die beschränkt abziehbaren Sonderausgaben** (wie Altersvorsorgeaufwendungen, Kranken- und Pflegeversicherung) angerechnet (Die Kalkulation der Altersvorsorgeaufwendungen ist im Kapitel Sonderausgaben dargestellt). Die *„Altersvorsorgeaufwendungen"* werden in diesem Beispiel zu 86% angerechnet. Die *„Basiskranken- und Pflegebeiträge"* können unbegrenzt abgesetzt werden und werden nur um Krankengeld gekürzt. Da die Basisbeiträge bereits den Maximalbetrag (1.900 Euro) übersteigen, können keine Wahlleistungen mehr angerechnet werden. Folgend werden die übrigen oder **unbeschränkt abziehbaren Sonderausgaben** (wie Kirchensteuer, Freibeträge oder Spenden) im vollen Umfang (daher: „unbeschränkt") abgezogen.

ab beschränkt abziehbare Sonderausgaben			
Summe der Altersvorsorgeaufwendungen	14.508		
davon 86 %	12.477		
ab Arbeitgeberanteil zur Rentenversicherung	7.254		
verbleiben	5.223	5.223	
Beiträge zur Krankenversicherung inklusive etwaiger Zusatzbeiträge	8.231		
ab Kürzungsbetrag nach § 10 Abs. 1 Nr. 3 Buchstabe a Satz 4 EStG	167		
verbleiben	8.064		
Beiträge zur Pflegeversicherung	1.355		
Summe der Beiträge nach § 10 Abs. 1 Nr. 3 EStG	9.419		
ab Beitragsrückerstattung	168		
ab steuerfreie Arbeitgebererstattungen	4.553		
verbleiben	4.698	4.698	
Summe der abziehbaren Vorsorgeaufwendungen		9.921	9.921
unbeschränkt abziehbare Sonderausgaben			
im Kalenderjahr 2018 geleistete Zuwendungen § 10b EStG	254		
im Veranlagungszeitraum abziehbar	254	254	
gezahlte Kirchensteuer	2.477		
ab erstattete Kirchensteuer	413	2.064	
Summe der unbeschränkt abziehbaren Sonderausgaben		2.318	2.318
Pflege-Pauschbetrag/-beträge nach § 33b Abs. 6 EStG			924

Abbildung 70: Steuerbescheid – Kontrolle Sonderausgaben.

7.4 Nicht-korrekte Steuerbescheide

Wir haben durch die Kontrolle von Max Steuerbescheid gesehen, dass nicht zwangsläufig alle Kosten durch das Finanzamt angerechnet worden sein müssen. Es gibt dennoch mehrere Möglichkeiten, die als **falsche Antworten** des Finanzamtes angesehen werden dürfen und welche Fehler Finanzämter bei studentischen Steuererklärungen häufiger machen. Dabei muss es sich nicht einmal um den Umstand handeln, dass nicht alle Werbungskosten angerechnet wurden. **Statistisch ist jeder fünfte verschickte Steuerbescheid nicht korrekt.**[281] Bei Verlustvorträgen aus dem Studium schätze ich die Quote deutlich höher ein (circa jeder zweite Steuerbescheid ist hier fehlerhaft!). Die häufigsten Fehler und wie ihr dagegen vorgeht, werden im Folgenden besprochen.

Habt keine Angst vor dem Finanzamt! Auch hier arbeiten nur Menschen und viele der Sachbearbeiter des Finanzamtes kennen die Begebenheiten beim Absetzen von Studienkosten nicht, da diese Art der Steuererklärung immer noch viel zu selten von Studierenden genutzt wird oder sich die Rechtslage häufig ändert. Zudem sind **zwei von drei Einsprüchen** gegen einen Steuerbescheid erfolgreich![282]

TIPP: Gegen **jeden** Steuerbescheid dürft ihr Einspruch einlegen, sofern dieser in euren Augen nicht korrekt ist. Wollt ihr für euch Zeit gewinnen, so könnt ihr den Einspruch zunächst **grundlos** beim Finanzamt einreichen, um die **Widerspruchsfrist** zu wahren. Allerdings muss der Widerspruchsgrund nachgereicht werden. Eine Beschränkung, wie oft ihr Einspruch einlegen dürft, existiert nicht. Jedoch muss der Einspruch innerhalb **eines Monats** beim Finanzamt eingehen.

Im Folgenden werden einige **falsch** bearbeitete Steuerbescheide und die korrekte Reaktion auf diese dargestellt. Diese Fehler sind nicht vollumfänglich und können auch kombiniert auftreten. Wie ihr euren persönlichen Einspruch zusammensetzt, bleibt hierbei euch überlassen.

---

[281] Vgl. NTV.

[282] Vgl. Steuertipps.

7.4.1 Steuerbescheid – Keine angerechneten Kosten

An folgender Antwort des Finanzamtes sehen wir, dass das Finanzamt gar keine Werbungskosten aus der Verlustfeststellung anerkannt hat: Das Finanzamt antwortete mit einem leeren Steuerbescheid! Dies kann vorkommen, wenn der Sachbearbeiter den **Tatbestand des Verlustvortrags** nicht kennt oder unter Zeitdruck (Verlustvortrag liegt schon länger als sechs Monate vor) eine Antwort versenden muss.

Eine weitere fehlerhafte Rückmeldung dieser Art kann auftreten, falls hierbei statt der eingereichten Werbungskosten nur die Werbungskostenpauschale (i.H.v. -1.000 / 1.200 Euro) als Werbungskosten vermerkt wird. Auch in diesem Fall ist davon auszugehen, dass das Finanzamt den Verlustvortrag falsch bearbeitet hat. Hiergegen ist Einspruch zu erheben, denn ansonsten ist für das Steuerjahr kein Verlust festgestellt worden, was ohne eingereichten Einspruch durch euch akzeptiert wird.

Art der Steuerfestsetzung

Der Bescheid ist nach § 165 Abs. 1 Satz 2 AO teilweise vorläufig.

	Einkommen-steuer €	Solidaritäts-zuschlag €	Kirchenst. kath. €
Festgesetzt werden	0,00	0,00	0,00
Abrechnung (Stichtag 12.09.2019)			
bereits getilgt	0,00	0,00	0,00
es verbleiben	0,00	0,00	0,00

Besteuerungsgrundlagen

Berechnung des zu versteuernden Einkommens

		€
Einkünfte aus nichtselbständiger Arbeit Bruttoarbeitslohn	0	
Einkünfte	0	0
Summe der Einkünfte		0
Gesamtbetrag der Einkünfte		0
ab Sonderausgaben-Pauschbetrag		36
Einkommen / zu versteuerndes Einkommen		-36

Berechnung der Steuer

		€
zu versteuern nach dem Grundtarif	-36	0
festzusetzende Einkommensteuer		0

Abbildung 71: Nicht-korrekter Steuerbescheid – Keine Kosten angerechnet.

➔ **EINSPRUCH** zwecks **„Fristwahrung"** oder **„zu wenig Kosten"** einlegen.

Antwortet ihr nicht, war eure bisher investierte Arbeit umsonst, da der Bescheid bestandskräftig wird und euch keine Werbungskosten angerechnet wurden.

7.4.2 Steuerbescheid – Verwechslung Sonderausgaben und Werbungskosten

Auch beim folgenden Beispiel liegt ein Fehler in der Bearbeitung des Finanzamtes vor[283] und man sollte Einspruch gegen den vorliegenden Steuerbescheid einlegen. Im betreffenden Bescheid wurden **Werbungskosten** und **Sonderausgaben** (bzw. Erst- und Zweitausbildung) verwechselt. Ein Anhaltspunkt für die **Verwechslung** ist hierbei, dass keine Werbungskosten im Steuerbescheid auftauchen und die Sonderausgaben als Berufsausbildungskosten (maximal können hier 6.000 Euro angerechnet werden) ausgeschöpft wurden. Das Finanzamt ist in diesem Fall davon ausgegangen, dass es sich bei der Ausbildung um eine Erstausbildung handelt.

TIPP: Ein Indiz für die falsche steuerliche Behandlung ist, dass der **maximal anrechenbare Wert für Sonderausgaben (Berufsausbildungskosten) (6.000 Euro) ausgeschöpft** wird.

Auch in diesem Fall ist es ratsam, Einspruch einzulegen, da zwar die Kosten angerechnet wurden, diese jedoch als Sonderausgaben deklariert wurden und somit **nicht** ins Folgejahr übertragen werden.

B e s t e u e r u n g s g r u n d l a g e n

Berechnung des zu versteuernden Einkommens

		€
Einkünfte aus selbständiger Arbeit aus freiberuflicher Tätigkeit	-2.341	
Einkünfte	-2.341	-2.341
Summe der Einkünfte		-2.341
Gesamtbetrag der Einkünfte		-2.341
Berücksichtigung als Verlustrücktrag/-vortrag		2.341
ab unbeschränkt abziehbare Sonderausgaben Berufsausbildungskosten	6.000	
Summe der unbeschränkt abziehbaren Sonderausgaben	6.000	6.000
Einkommen / zu versteuerndes Einkommen		-6.000

Abbildung 72: Nicht-korrekter Steuerbescheid – Verwechslung von Werbungskosten und Sonderausgaben.

Es muss jedoch nicht zwangsläufig so sein, dass die Berufsausbildungskosten fälschlicherweise mit 6.000 Euro vollständig ausgeschöpft werden. Achtet unbedingt darauf, dass, sofern ihr eure Zweitausbildung steuerlich absetzt, die Kosten im Abschnitt der Werbungskosten (also **über** dem Gesamtbetrag der Einkünfte) und nicht bei den Sonderausgaben aufgeführt werden.

➔ **EINSPRUCH** zwecks **„Verwechslung Werbungskosten und Sonderausgaben"** einlegen.

283 Oder es handelt sich um eine Erstausbildung. Dann wäre dieser Bescheid korrekt, da nur Sonderausgaben absetzbar sind. Da ich den Fall kenne, weiß ich, dass es sich um eine fehlerhafte Behandlung einer Zweitausbildung handelt.

7.4.3 Steuerbescheid – Verwechslung Reisekosten und Entfernungspauschale

Der nächste Fehler betrifft ebenso die **Unterscheidung** zweier Werbungskostenposten: Hierbei nun die Ungleichheit **der Pendlerpauschale** und **der Reisekosten**. Der Student gab neben dem Weg zur eigenen Uni eine stattfindende Lerngruppe an einer anderen Uni, die näher am Wohnort lag, an. Berechnet wurden für beide Anfahrten lediglich die Entfernungspauschale – also der einfache Fahrweg und ohne Verpflegungsmehraufwandspauschalen.

Das ist aus mehreren Gründen falsch. Zum einen überschreitet er so den Höchstbetrag der Pendlerpauschale und erhält nur für den einfachen Weg die Fahrtenpauschale vergütet. Zum anderen fallen alle Pauschalbeträge des Verpflegungsmehraufwandes weg.

B e s t e u e r u n g s g r u n d l a g e n

Berechnung des zu versteuernden Einkommens

			€
Einkünfte aus nichtselbständiger Arbeit			
Bruttoarbeitslohn		0	
ab Werbungskosten			
Wege Wohnung - erste Tätigkeitsstätte			
Entfernungspauschale für 316 Tage			
Wege mit sonstigen Verkehrsmitteln			
184 Tage* 91 km* 0,30	5.023,20		
132 Tage* 18 km* 0,30	712,80		
zusammen	5.736,00		
höchstens jedoch	4.500		
Entfernungspauschale	4.500		
insgesamt	4.500	4.500	
Aufwendungen für Arbeitsmittel		2.219	
Mehraufw. f. Verpflegung		120	
Einkünfte		**-6.839**	**-6.839**
Summe der Einkünfte			**-6.839**
Gesamtbetrag der Einkünfte			**-6.839**
Berücksichtigung als Verlustrücktrag/-vortrag			6.839
ab Sonderausgaben-Pauschbetrag			36
Einkommen / zu versteuerndes Einkommen			**-36**

Abbildung 73: Nicht-korrekter Steuerbescheid – Falsch berechnete Reisekosten.

<u>Rechnerisch ergibt sich also folgender Unterschiedsbetrag</u>:
184 Tage à 91km = 5.023 Euro (Pendlerpauschale zur Heim-Uni)
132 Tage à 18km = 712 Euro (Pendlerpauschale zur Lern-Uni)
0 Tage à 12 Euro (Verpflegungsmehraufwand) = 0 Euro
<u>Summe: 5.212 Euro (auf 4.500 Euro gedeckelt)</u>

Korrekt wäre:
184 Tage à 91km = 5.023 Euro (max. 4.500) (Pendlerpauschale zur Heim-Uni)
132 Tage à 18km (à 2* 0,3) = 1.424 Euro (Reisefahrtkosten zur Lern-Uni)
112 Tage à 12 Euro (Verpflegungsmehraufwand) = 1.344 Euro
<u>Summe: 7.268 Euro</u>

Durch eine korrekte Berechnung des Tatbestandes hatte der Student einen 2.768 Euro höheren Verlust.

➔ **EINSPRUCH** zwecks **„Verwechslung Entfernungspauschale und Reisekosten"** einlegen.

7.4.4 Steuerbescheid – Zu wenig Werbungskosten angerechnet

Eure Steuererklärung reicht ihr mit einer deutlich höheren Gesamtsumme an Werbungskosten ein als ihr später auf eurem Steuerbescheid ablest. Ist die Differenz zwischen diesen Werten in eurem persönlichen Empfinden zu hoch, legt Einspruch gegen den Steuerbescheid ein oder verlangt eine Auflistung der angerechneten Kosten oder eine Erklärung über die nicht angerechneten Kosten. Hierbei ist, sofern das Finanzamt die Anrechnung bereits aufschlüsselt, zu prüfen, um welche Kostenart oder Kostenpunkt die Summe abweicht. So kann möglicherweise für genau diese Kostenart (z.B. Reisekosten, doppelte Haushaltsführung) der Einspruch[284] vorgenommen werden.

Es gilt also ein paar Minuten zu investieren und zu überlegen, wo eure angegebenen Kosten vermerkt und ob alle eingereichten Posten berücksichtigt wurden. Im ausgestellten Steuerbescheid lest ihr ab, dass dem **Bruttolohn von 0 Euro**, insgesamt **16.412 Euro Verlustvortrag als Werbungskosten und weitere 2.049 Euro Sonderausgaben (Krankenversicherung)** gegenüberstehen.[285] Hauptaugenmerk eures Verlustvortrags haben die Werbungskosten, da Sonderausgaben keinen Einfluss auf den Verlustvortrag haben.

Besteuerungsgrundlagen

Berechnung des zu versteuernden Einkommens

			€
Einkünfte aus nichtselbständiger Arbeit			
Bruttoarbeitslohn	0		
ab Werbungskosten			
Aufwendungen für Arbeitsmittel	6.278		
Reisekosten bei Auswärtstätigkeiten	7.896		
übrige Werbungskosten	2.238		
Einkünfte	-16.412		-16.412
Summe der Einkünfte			-16.412
Gesamtbetrag der Einkünfte			-16.412
ab beschränkt abziehbare Sonderausgaben			
Beiträge zur Krankenversicherung inklusive etwaiger Zusatzbeiträge	2.049		
Summe der abziehbaren Vorsorgeaufwendungen	2.049		2.049
Sonderausgaben-Pauschbetrag			36
Einkommen / zu versteuerndes Einkommen			-18.497

Abbildung 74: Nicht-korrekter Steuerbescheid – Vergessen eines Kostenposten.

So hatte das Finanzamt sich im folgenden Beispiel auf die Posten *„Aufw. für Arbeitsmittel"* (Arbeitsmittel und Fortbildungskosten), *„Reisekosten bei Auswärtstätigkeiten"* (Summe Reisefahrt- und Nebenkosten inkl. Verpflegungsmehraufwand) und *„übrige Werbungskosten"* (Summe Kosten der doppelten Haushaltsführung) festgelegt. Die übrigen Werbungskosten stellen immer einen Sammelpool von Werbungskosten dar. Wie das Finanzamt diesen Pool füllt – Entfernungspauschale, doppelte Haushaltsführung oder Reisekosten – ist nicht festgelegt. Diese Posten kann man nun mit den eingereichten Positionen vergleichen und sich auftretende Differenzen erklären. Im vorliegenden Fall hatte das Finanzamt das Anrechnen der *„Entfernungspauschale"* als Gesamtposten

---

[284] Bzw. **Antrag auf schlichte Änderung**: Vorteil hierbei, dass andere Anrechnungen in einer Kontrolle unberührt bleiben. Dazu auf den folgenden Seiten mehr.

[285] Einige Finanzämter geben auch nur den Verlustvortrag als Summe an. Hierbei müsst ihr abwägen, ob ihr dies akzeptiert oder eine genaue Aufstellung des Finanzamtes wünscht.

vergessen. So reichte ein **Antrag auf schlichte Änderung**[286] aufgrund der fehlenden Entfernungspauschale aus, um den Steuerbescheid korrigieren zu lassen.

7.5 Korrekter Steuerbescheid

Dieser Bescheid korrigiert das nicht-korrekte Beispiel mit „zu wenig angerechneten Kosten" der vorherigen Seite: Die fehlende Entfernungspauschale (2.151 Euro) wurde nun durch das Finanzamt unter *„übrige Werbungskosten"* nachgetragen.

Ob der Bescheid nun korrekt und ob die angerechneten Werbungskosten für euch akzeptabel sind, müsst ihr im Einzelfall für euch selbst entscheiden. Zur Kontrolle addiert ihr eure eingereichten Werbungskosten und vergleicht diese mit den angerechneten Werbungskosten auf dem Steuerbescheid. Seid ihr auch mit der Höhe der angerechneten Werbungskosten einverstanden, so müsst ihr nichts weiter unternehmen. Der Bescheid wird nach **einem Monat** bestandskräftig.

B e s t e u e r u n g s g r u n d l a g e n

Berechnung des zu versteuernden Einkommens

		€
Einkünfte aus nichtselbständiger Arbeit		
Bruttoarbeitslohn	0	
ab Werbungskosten		
Aufwendungen für Arbeitsmittel	6.278	
Reisekosten bei Auswärtstätigkeiten	7.896	
übrige Werbungskosten	4.389	
Einkünfte	-18.563	-18.563
Summe der Einkünfte		-18.563
Gesamtbetrag der Einkünfte		-18.563
ab beschränkt abziehbare Sonderausgaben		
Beiträge zur Krankenversicherung inklusive etwaiger Zusatzbeiträge	2.049	
Summe der abziehbaren Vorsorgeaufwendungen	2.049	2.049
Sonderausgaben-Pauschbetrag		36
Einkommen / zu versteuerndes Einkommen		-20.648

Abbildung 75: Steuerbescheid – Anrechnung eines Verlustvortrags.

→ **KEIN EINSPRUCH** mehr nötig.

286 Dazu im folgenden Kapitel mehr.

8 EINSPRÜCHE GEGEN DEN STEUERBESCHEID

Das folgende Kapitel dreht sich um die einzulegenden Einsprüche gegen nicht korrekt ausgestellte Steuerbescheide. Ihr erhaltet den **nicht korrekt ausgestellten Steuerbescheid** und denkt beim ersten Blick auf den Bescheid, dieser sei korrekt und erfreut euch der ein oder anderen großen Zahl, die ihr auf dem Bescheid entdeckt und schlussfolgert dieser sei korrekt. Dies ist bei **jedem fünften Bescheid** nicht der Fall! Deshalb solltet ihr den zugesandten Bescheid exakt prüfen, ob alle eingereichten Kosten entsprechend eurer Angaben angerechnet wurden. Die Hauptverfehlungen seitens des Finanzamtes wurden bereits dargelegt:

- **Werbungskosten** wurden **als Sonderausgaben abgesetzt.**[287] Dies bedeutet, ihr nehmt den Verlustbetrag nicht mit ins Folgejahr. Möglicherweise kann dies die Ursache haben, dass die **Zweitausbildung als Erstausbildung** behandelt und damit gar nicht oder nur als Sonderausgaben berücksichtigt wurde.

- **Unbegründet** wurde **ein Teil der Werbungskosten nicht angerechnet.** Eure Werbungskosten wurden nicht anerkannt oder unbewusst vom Finanzamt vergessen. Hierbei ist darauf zu achten, ob Arbeitsmittel, Fahrt- und Reisekosten, ebenso wie ggf. die doppelte Haushaltsführung, angerechnet wurden. Ab und an wird **eine Kostenart** vergessen. Hierzu würde ich euch dringend raten, exakt die Auflistung der Kostenarten im Vergleich zu den eingereichten Kosten zu prüfen oder bei mehr als 15% Differenz zwischen eingereichtem und angerechnetem Verlust das Finanzamt um Stellungnahme zu bitten. Eine oft beobachtete Ursache könnte sein, dass Anlagen wie z.B. die Aufstellung der Reisekosten „übersehen“[288] wurden. Hierdurch fehlen hohe Kostenbeträge.

- Der **Verlust** wird **nicht anerkannt**, da Steuererklärungen laut Finanzamt nur vier Jahre nachträglich akzeptiert werden.[289] (Verlustfeststellung **bis zu sieben Jahre** rückwirkend!).

- Die **doppelte Haushaltsführung** wird **nicht anerkannt**, da im elterlichen Haushalt kein eigener Haushalt vorliegen soll. Hier rate ich zum Einspruch zwecks doppelter Haushaltsführung, um dem Finanzamt das Gegenteil darzulegen.

- Darüber hinaus existieren noch **weitere falsche Annahmen** seitens des Finanzamtes. So kann beispielsweise das Auslandssemester nicht als Reisekosten oder der Laptop nicht als Arbeitsmittel akzeptiert worden sein, das Finanzamt hat ein steuerzahlerfreundliches Urteil missachtet oder das Finanzamt hat sich **einfach verrechnet**. Für diese Fälle ist auf die aktuellen Rechtsprechungen in diesem Ratgeber verwiesen. Diese könnt ihr nutzen und Einspruch mit Verweis auf das Urteil (z.B. vom BFH) und das Aktenzeichen (Az.) einlegen.

All diese Sachverhalte haben gemein, dass der Steuerpflichtige **benachteiligt** wird. Häufig liegt dies auch darin begründet, dass der Sachbearbeiter des Finanzamtes sich nicht ausreichend mit der Thematik „Studienkosten steuerlich absetzen“ auskennt und dies infolgedessen zu einer fehlerhaften Beurteilung des Steuerfalles kommt. Für diesen Umstand ist es wichtig, dass ihr **innerhalb der Frist von einem Monat** mit den entsprechenden Einsprüchen gegen einen falschen Steuerbescheid vorgeht. Einsprüche müssen nach § 357 Abs. 1 AO **schriftlich** eingehen, wobei es unerheblich ist, ob dies per Mail, Formular auf der Finanzamt-Homepage oder Post geschieht.

---

[287] Wenn Sonderausgaben bei exakt 6.000 Euro liegen, deutet dies auf den Verwechslungsfall hin.

[288] Keine *„Aufw. für Reisekosten“* auf dem Steuerbescheid ausgewiesen. Hierbei empfiehlt sich ein Antrag auf schlichte Änderung.

[289] Es handelt sich in diesem Fall um eine Verlustfeststellung bzw. einen Verlustvortrag (Vgl. Unterschied zu Steuererklärung). Lösung: Einspruch zwecks Fristwahrung.

Beispielfall	Datum
Datum des Steuerbescheids (per normalen Postweg)	07.09.19
+ 3 Tage Bekanntgabe Fiktion (nach § 122 AO)	+ 3 Tage
= offizielle Bekanntgabe des Steuerbescheids	10.09.19
Ist dieser Tag ein Wochenende, so gilt der nächste Arbeitstag (hier der 11.09.)	11.09.19
+ 1 Monat (§ 357 AO): **letztmöglicher Posteingang** beim Finanzamt.	11.10.19 (24 Uhr)

Tabelle 14: Berechnung Einspruchsfrist.

Das Finanzamt prüft den Einspruch und gibt diesem Antrag Recht (**Abhilfebescheid**) oder begründet seine damalige Entscheidung. Nach dieser Begründung könnt ihr den Einspruch zurücknehmen oder weiter darauf beharren. Einigt man sich nicht, so wird der Antrag an die **Rechtsbehelfsstelle** weitergereicht, die diesen prüft. Teilt diese eure Meinung, erhaltet ihr einen neuen Bescheid. Andernfalls erlässt die Rechtsbehelfsstelle eine **Einspruchsentscheidung**. Hiergegen kann nur mit einer Klage am Finanzgericht vorgegangen werden.

ACHTUNG: Verpasst ihr diese Einspruchsfrist, ist der Anspruch auf Einspruch verloren und auch nur schwer wiederbringlich.[290]

Fahrt ihr in Urlaub oder seid aus anderen Gründen nicht in der Lage, eure Post während dieser Zeit einzusehen, so meldet dies dem Finanzamt frühzeitig an, damit dieses die Tatsache berücksichtigen kann oder beauftragt Freunde und Familie eure Post zu überprüfen und euch bei Posteingang zu informieren. **Das Finanzamt ist in dieser Angelegenheit ausgesprochen streng. Infolgedessen ist es wichtig, diese Fristen ernst zu nehmen!**

Ist es nun doch passiert, dass ihr diese Frist verpasst habt, so versucht es dem Finanzamt mit dem **„Antrag auf Wiedereinsetzung in den vorigen Stand“**[291] zu erklären, weshalb es zu diesem Versäumnis kam. Dieser Antrag bewirkt, dass ihr wiederum Einspruch gegen den Steuerbescheid einlegen könnt. Allerdings muss dieser Antrag gut begründet sein (bspw. durch lange Krankheit, längere Dienstreise oder Ähnlichem). Andernfalls ist es kaum möglich, Aussicht auf Erfolg zu haben und eine erneute Einspruchsmöglichkeit zu erhalten. Daher der Rat, euch rechtzeitig darum zu kümmern, die Einspruchsfrist einzuhalten! Der Einspruch kann zunächst grundlos erfolgen.

ACHTUNG: Solltet ihr Einspruch einlegen, wird der gesamte Steuerbescheid neu betrachtet. Es kann also auch vorkommen, dass die Nachprüfung eures Bescheides schlechter als der erste Bescheid ausfällt (sogenannte **„Verböserung“**). Jedoch tritt dies selten auf.

Alternativ: Antrag auf schlichte Änderung

Alternativ zum Einspruch könnt ihr auch einen **Antrag auf schlichte Änderung**[292] stellen. Dieser **„kleine Einspruch“** richtet sich nur auf einen Sachverhalt und lässt sich einsetzen, wenn ein Zahlendreher auftaucht, nur eine Kostenart vergessen wurde oder Rechnungen nachgereicht werden mussten. Bei diesem Antrag wird **nur der eine kritisierte Tatbestand kontrolliert** und der Antrag kann, im Gegensatz zum Einspruch, **nur zu euren Gunsten** entschieden werden. Allerdings können nach Ablauf der Einspruchsfrist des ersten Bescheides auch nur zu diesem Sachverhalt weitere Veränderungen vorgenommen werden.

[290] **Achtung:** Beim Finanzamt wird penibel darauf geachtet. So erhalten eingehende Briefe einen Eingangsstempel, ob diese vor oder nach 24 Uhr eingegangen sind. **Einziger Ausweg:** Antrag auf Wiedereinsetzung in den vorherigen Stand.

[291] § 110 AO.

[292] § 172 Abs. 1 Nr. 2a AO.

9 TIPPS UND TRICKS

Diese Kategorie ist wohl eine der wichtigsten in diesem Ratgeber, weil ich es immer wieder erlebt habe, dass es zu viele Studierende gibt, die zu unstrukturiert an die Steuer-Angelegenheit herantreten. Dazu gesellt sich die Angst vor dem Finanzamt oder dass Studierende sich zu viele Gedanken über einzelne fehlende Rechnungen machen. Kurz um, solange ihr nicht betrügt (einen Beleg zu verlieren ist kein Betrug) oder ihr steuerrelevante Einnahmen verschleiert, kann euch nichts passieren! Das Finanzamt streicht im Ausnahmefall Arbeitsmittel, die ihr nicht belegen könnt. Nachfolgend habe ich alle **Tipps und Tricks** zusammengefasst, die sich über all die Jahre bewährt haben und die zu deutlichen Ergebnisverbesserungen der Verlustvorträge beigetragen haben.

9.1 Allgemeine Tipps

(1) **Sammelt eure Kaufbelege und scannt diese ein.** Seid ihr noch vor eurer Zweitausbildung, so hebt unbedingt eure Belege auf und digitalisiert diese im besten Fall.[293] Hierfür gibt es zahlreiche Apps (z.B. Steuer:Scan[294]). Einscannen der Belege hat zwei Vorteile: Zum einen verhindert ihr Ausbleichen dieser und zum anderen besitzt ihr eine optimale Grundordnung. Seid ihr schon am Ende oder im laufenden Studium, so versucht nachträglich bei Flug-Airlines, euren Hochschulen, Hotels, etc. Belege nachzufordern. Diese müssen Rechnungen über mehrere Jahre aufbewahren und euch bei Nachfrage ausstellen.

(2) **Forsch sein.** Da ihr zunächst nicht dazu verpflichtet seid eure Ausgaben auch nachzuweisen, rate ich dazu diese auch ohne Rechnung abzusetzen. Solltet ihr im Nachhinein dazu aufgefordert werden diese nachzureichen, könnt ihr dem Finanzamt mitteilen, euch um die Rechnung zu kümmern oder diese als „nicht auffindbar" anzugeben. In vielen Fällen verlangt das Finanzamt allerdings keine Rechnung.

(3) **Belege nachfordern, falls nicht mehr vorhanden.** Dass viele diesen Aufwand scheuen, ist verständlich, jedoch völlig unbegründet. An Versandhäuser, Hotels oder auch Fluggesellschaften reicht eine kleine Mail und ihr erhaltet innerhalb weniger Stunden die alte Rechnung neu ausgestellt. Im Anhang habe ich Formulierungen hierfür angefügt, die euch dazu dienen, diesen Ablauf zu beschleunigen (Notfalls besteht bei fehlender Rechnung noch die Option einen Eigenbeleg auszustellen).

(4) **Extra Studienkonto anlegen.** Seid ihr noch vor der Zweitausbildung und informiert euch bereits jetzt über die steuerliche Situation, kann ich euch raten, euch direkt zwei Girokonten (sog. **Zweikontenmodell**) zuzulegen und so bereits früh zwischen Studienkonto und Freizeitkonto aufzuteilen. So spart ihr eine Menge Arbeit und behaltet die Studienkosten fest im Blick.

(5) **Frühzeitig alles dokumentieren.** Macht euch schon während des Studiums Notizen zu euren Ausgaben und Fahrten. Kauft Semesterplaner und notiert euch Ausgaben, stattfindende Lerngruppen mit Teilnehmern und Lernergebnissen. So erleichtert ihr euch von Beginn an das Absetzen eurer Werbungskosten.

(6) **Finanzabfluss checken:** Aus diesem Grund ist es auch wichtig, z.B. alte Kontoauszüge, das Ebay- oder Amazon-Konto, PayPal oder die Kreditkartenabrechnung zu kontrollieren. Viele Ausgaben vergisst man über die Jahre. Durch das Kontrollieren dieser Unterlagen kann man oft vergessene Ausgaben wiederfinden und sich so zusätzlich noch weitere zurück ins Gedächtnis rufen.

---

[293] Kaufbelege verblassen häufig.

[294] Von Buhl.

(7) **Glaubt keinen Gerüchten.** Ich habe irrwitzigen Geschichten zu diesem Steuerthema gehört. Mir haben einige Studenten glaubhaft machen wollen, dass man durch einen Verlustvortrag nochmals Steuern nachzahlen müsste. Deshalb kann ich euch nur raten, keinen Wert auf Gerüchte oder Internetquellen[295] rund um dieses Thema zu geben, euer „Ding" zu machen und euch auf die aktuelle Rechtsgrundlage zu berufen.

(8) **Nehmt euch Zeit.** Es ist nicht sonderlich hilfreich, sich Stress bei der Steuererklärung zu machen (nicht: *„Ich ziehe das jetzt dieses Wochenende durch"*). Dies führt zu Frustration und einer schlechten Steuererklärung. Setzt euch kleine Ziele (besser: *„Jeden Tag setze ich 200 Euro ab"*). So könnt ihr auch, wenn euch keine Ausgabe für Arbeitsmittel einfällt oder keine Rechnung parat liegt, bei Pendlerpauschale oder Reisekosten voranschreiten und so euer Tagessoll erreichen. **Gut Ding will Weile haben!**

(9) **Besser mehr als weniger absetzen.** Ihr wisst nicht 100%, ob ihr die Ausgabe als Werbungskosten absetzen könnt? Dann versucht es einfach. Mehr als „Streichen" dieses Kostenpunktes kann das Finanzamt nicht. Dieses exakte Wissen über die Anrechenbarkeit der Arbeitsmittel haben teils Steuerberater nicht und könnt ihr als Laien auch nicht haben. Hierfür ist das deutsche Steuerrecht – gerade im Bereich Studienkosten – zu komplex. Niemand erwartet, dass ihr euch in diese Tiefe der Thematik einlest. Zudem kommt es selten vor, dass das Finanzamt die komplette Verlustfeststellung zu 100% akzeptiert. Eine gewisse „Streichquote" der Werbungskosten liegt häufig vor.

(10) **Möglichkeit der Reisekosten exakt prüfen.** Aufgrund der hohen Differenzen zwischen Entfernungspauschale und Reisekosten gilt es besonders zu prüfen, wann welche Art der Fahrkosten abzusetzen ist. Hierbei betone ich nochmals, sich im Literaturverzeichnis die Quelle Berger[296] durchzulesen und zu ermitteln, ob die eigene Hochschule (k)eine Campus-Hochschule ist und inwiefern bereits Reisekosten auf dem Campus realisierbar sind.

(11) **Seid fleißig.** Ja, ein Verlustvortrag benötigt viel Fleiß, Mühe und vor allem Nerven. Bemüht ihr euch allerdings um die Abgabe einer ordentlichen Steuererklärung, dürftet ihr damit einen unvergleichbaren Stundenlohn erzielen. Infolgedessen kann ich nochmals betonen, möglichst viel Geduld und Kraft in diese (unliebsame) Aufgabe zu stecken.

(12) **„Auch Kleinvieh macht Mist."** Wie so oft im Leben summieren sich auch bei der Steuer die kleinen Beträge. Genau nach diesem Schema sollte man auch Werbungskosten im Studium zusammentragen. Ein Großteil aller Studierenden ignoriert diese Art der Kosten und überlegt sich nur, welche hohen Ausgaben es während der Studienjahre gab. Dabei ergibt es Sinn, sich auch über die tagtäglich anfallenden Kosten (Blöcke, Fahrten, Kabel oder Stifte) Gedanken zu machen.

(13) **Taktisch denken**. Wann wird der Steuerfachangestellte wohl am ehesten die Werbungskosten in gewissen Höhen akzeptieren? Wohl, sobald diesen auch Einnahmen gegenüberstehen. So ist euch zu raten, eure Verlustvorträge mit der ersten Steuererklärung[297] abzugeben. Dadurch weiß das Finanzamt, dass keine weiteren Verlustvorträge nachkommen und ist – nach meinem Empfinden – eher gewillt, höhere Verlustvorträge aus Studienzeiten zu akzeptieren.

---

295 In den letzten Jahren haben sich sehr viele Gesetzesänderungen ergeben, sodass Internetquellen veraltet sein können.

296 Vgl. Kapitel 1.

297 Bei den meisten Studierenden folglich nach dem ersten Berufsjahr.

(14) Sachverhalt exakt und verständlich erläutern. Bei der Abgabe der Steuer ist es hilfreich, dem Sachbearbeiter auch direkt eine Erläuterung an die Hand zu geben, was ihr in den entsprechenden Jahren gemacht habt. Damit erspart ihr dem Finanzamt lästiges Nachfragen, signalisiert Informationsbereitschaft und verbessert den Einblick in euren Steuerfall enorm. Viele Sachbearbeiter haben nur wenig Einblick in die heterogene Landschaft der Studiengänge und damit in Verbindung stehende Aufwendungen. Je ausführlicher ihr euren Steuersachverhalt darlegt, desto eher ist dieser von Erfolg und einer schnellen Bearbeitung geprägt.

(15) Keine Programme benutzen (Beispiel ELSTER). ELSTER ist das Online-Steuerprogramm der Steuerverwaltung. Viele Studierende haben mich immer wieder gebeten, ihren Verlust doch über diese Plattform geltend zu machen. Jedoch ist ELSTER nicht kundenfreundlich. Warum das wohl so ist? Je besser dieses Programm gestaltet wäre, desto weniger Einnahmen (Steuern) hätte der Staat. Ergo ist es nicht besonders empfehlenswert, hierüber seinen Verlust aus Studienzeiten einzureichen.

(16) Kosten der Erstausbildung erst in der Zweitausbildung realisieren. Um die Kosten, die in der Erstausbildung schon angefallen sind, in die Zweitausbildung zu überführen, gibt es einige Wege. Beispielsweise könnt ihr jedes Arbeitsmittel einfach über seine Nutzungsdauer (meist drei Jahre) abschreiben.[298] Das heißt, das Bücherregal (60 Euro), im letzten Erstausbildungsjahr gekauft, wird nur mit 20 Euro als Sonderausgaben in der Erstausbildung und mit 40 Euro als Werbungskosten in der Zweitausbildung angerechnet.

Auch kleine Ausgaben wie Büromaterial (Papier, Druckerpatrone, etc.) dürft ihr steuerlich bündeln. So könnt ihr diese Mini-Ausgaben aus der Erstausbildung bündeln und über mehrere Jahre abschreiben und habt zusätzlich die Chance, diese als Werbungskosten in die Zweitausbildung zu überführen.[299]

(17) Exakte Prüfung des Steuerbescheides. Vor allem die differenzierte Behandlung der Werbungskosten und der Sonderausgaben, wie auch der Reisekosten und der Entfernungspauschale, können durch falsche Anrechnung des Finanzamtes starke Auswirkungen auf die Höhe der Verlustfeststellung haben. Daher rate ich dazu den Steuerbescheid gewissenhaft zu prüfen.

(18) Einspruch einlegen falls erforderlich. Viele scheuen die Konfrontation mit dem Finanzamt aufgrund Erfahrungen, Gerüchten oder Presseartikeln. Solltet ihr euch jedoch nicht korrekt behandelt fühlen, solltet ihr unbedingt Einspruch gegen einen möglichen falschen Steuerbescheid einlegen. Auch das Finanzamt ist nicht frei von Fehlern und eine korrekte Anrechnung eurer Studienausgaben ist euer gutes Recht. Daher kann ein Einspruch auch **mehrfach** nötig sein.

(19) Vorsteuerabzug. Beantrage vorweggenommene Werbungskosten beim Finanzamt. Hierdurch werden in den ersten Berufsjahren die Einkommensteuerzahlungen reduziert und man hat mehr „Netto vom Brutto" bei den ersten Gehältern. Das Finanzamt zieht im Voraus die Werbungskosten ab, da es verlässlich weiß, dass hohe Werbungskosten der vergangenen Jahre vorliegen. Dieser Antrag kann bis zum 30.11. auf zwei Jahre gestellt werden. Er verpflichtet andererseits auch dazu Steuererklärungen für die entsprechenden Folgejahre abzugeben.

(20) Den ersten Job, falls möglich, zum Jahresanfang beginnen. Die genaue Thematik und Problemstellung wird als letzter Fall in der Potentialanalyse dargestellt. Denn durch einen Jobeinstieg im Herbst gehen euch Verlustvorträge verloren.

---

[298] Auch wenn die Arbeitsmittel als GWG gelten. Dieses Verfahren müsst ihr dann allerdings über alle Steuerjahre durchziehen.

[299] Beispielsweise als Komplettkostenaufstellung „Büromaterial".

9.2 Erstausbildung absetzen

Nach dem Gerichtsurteil im Januar 2020[300] machte sich Unmut bei vielen Studierenden breit. Die Erstausbildung ist demnach nicht steuerlich als Werbungskosten absetzbar. Das Urteil war für viele unverständlich und eines der kontroversen Steuerthemen des Jahres 2020. Im Internet kursieren Gerüchte, es gebe nochmal einen Gerichtsentscheid oder man könnte eine kurze dreimonatige Ausbildung absolvieren, um die Ausbildung doch noch abzusetzen.

DEM IST NICHT SO!

Diese Gerüchte muss man hiermit aus der Welt schaffen. Es gibt keinen Weg dieses Urteil umzukehren. Es gibt jedoch mehrere Wege, um seine Erstausbildung über Umwege, Tricks und etwas Glück noch zu einem geringen Teil steuerlich geltend zu machen:

1. Kosten für Arbeitsmittel abschreiben

Ihr **schreibt** alle **Kosten für Arbeitsmittel**, die nicht in direktem zeitlichem Zusammenhang mit der Erstausbildung stehen und die ihr zwangshalber im Jahr des Entstehens auf das Jahr absetzen müsst[301], über mehrere Jahre **ab**. Somit könnt ihr zumindest einen Teil der Kosten in eure Zweitausbildung oder den Berufsstart als Werbungskosten überführen. Demnach könnt ihr kleinere Ausgaben für Arbeitsmittel (z.B. Büromaterialien oder Schreibutensilien) bündeln und über mehrere Jahre abschreiben. Voraussetzung ist, dass die Arbeitsmittel alleinstehend nutzbar sind und eine Nutzungsdauer von mindestens einem Jahr besitzen!

Beispiel: Ihr seid 2014 noch im Bachelor immatrikuliert und kauft einen Drucker für 210 Euro. 2015 beginnt ihr den Master. Ihr schreibt den Drucker über drei Jahre ab, obwohl ihr diesen als GWG auch direkt absetzen könntet[302]. So setzt ihr jeweils 70 Euro (= 210/3) in 2014, 2015 und 2016 steuerlich ab.[303]

→ 2/3 der Kosten werden als Werbungskosten angerechnet und in die Folgejahre übertragen.

2. Kosten erst im Masterstudienjahr realisieren / umdeuten

Eine weitere Herangehensweise ist, **Kosten** erst **zu Beginn** eurer **Zweitausbildung zu realisieren.** Ihr wisst, dass euch Kosten durch Anschaffungen entstehen werden (ein Laptop muss angeschafft werden) und könnt diese in euer erstes Masterstudienjahr verlegen? Dann versucht dies.

Ein anderer Weg wäre es, dem Finanzamt darzulegen, dass die bereits in der Erstausbildung getätigten Kosten, ein Vorgriff auf die geplante Zweitausbildung (bspw. für Zulassungstests, Schreibmaterialien, einen neuen Schreibtisch) waren. Dies widerspricht dem Ab- und Zuflussprinzip. Jedoch ist es eventuell möglich, bei einigen Werbungskosten hier korrekt zu argumen-

300 Vgl. tagesschau.de.

301 z.B. Semestergebühren, Entfernungspauschale und Reisekosten können nur im Jahr des Entstehens abgesetzt werden. Arbeitsmittel oder Wohnungseinrichtungen des Zweithaushaltes lassen sich jedoch auch als GWG abschreiben.

302 Es existiert ein Wahlrecht, ob ihr den Artikel abschreiben oder direkt absetzen wollt. Drucker mussten früher abgeschrieben werden, da diese nicht selbständig genutzt werden konnten. Heute sind diese auch ohne PC (z.B. als Scanner) nutzbar.

303 Für 2014 müsst ihr keine Steuererklärung machen. Ihr könnt in der Steuererklärung 2015 auf den 2014 gekauften Drucker und seine Abschreibung über drei Jahre hinweisen. Ihr dürft allerdings nicht den 2014 gekauften Drucker in der Steuererklärung 2015 zur Gänze absetzen!

tieren und folgerichtig diese Kosten durch den zwingenden Zusammenhang bereits in der Erstausbildung zu realisieren und steuerlich als Werbungskosten geltend machen zu können.

Beispiel: Ihr kauft im letzten Bachelorjahr einen neuen Schreibtisch oder belegt einen Zulassungstest für diese Ausbildung.

→ Ihr belegt in eurem Anschreiben den Vorgriff auf eure Zweitausbildung und die Annahme, dass die Ausgabe bereits frühzeitig vor Aufnahme der Zweitausbildung getroffen werden musste.

3. Verfrüht in die Zweitausbildung einsteigen

Für diese Herangehensweise benötigt ihr folgende Voraussetzung und etwas Glück beim Finanzamt: Ihr belegt direkt nach Beenden eures Bachelors den Master (die Zweitausbildung) zum Folgesemester.[304] Hierdurch erlangt ihr den Vorteil, vorangehende Monate schon zur Zweitausbildungszeit steuerlich deklarieren zu können:

Wollt ihr die Monate **Januar bis März** zum **Zweitausbildungsstart im Sommersemester** oder **Januar bis September** zum **Zweitausbildungsstart im Wintersemester** noch absetzen, dann versucht dem Finanzamt darzulegen, euch bereits in dieser Zeit auf eure Zweitausbildung vorbereitet zu haben und erstellt hierfür auch eine Aufstellung dieser Vorbereitungsaktivitäten.[305] Zwar gilt die Zweitausbildung erst als begonnen, sobald die Erstausbildung beendet wurde. Jedoch gewähren einige Finanzämter aufgrund eigener Unwissenheit verfrühte Aufwendungen der Zweitausbildung bereits als Werbungskosten bzw. vergewissern sich nicht, wann die Erstausbildung tatsächlich beendet wurde.

Beispiel: Ihr trefft euch mit Kommilitonen, die die Zweitausbildung mit euch starten, zu Vorbereitungen auf diese oder besucht in eurer freien Zeit bereits Vorlesungen, die im Master stattfinden. So stehen diese Zeiten mit der Zweitausbildung in Verbindung und können mit Glück verfrüht als Werbungskosten abgesetzt werden.

→ Funktioniert meist nur, wenn ihr an der gleichen oder einer ortsnahen (zur Erstausbildungsstätte) Hochschule weiter studiert.[306]

9.3 Eingliedrige Studiengänge absetzen: Jura, Medizin oder Diplomabschluss

Diese Frage gilt all jenen Studierende, die in einem eingliedrigen Studiengang[307] studieren oder studiert haben. Für euch gilt der gleiche Tipp, wie im vorherigen Teilkapitel (Abschreibung) mit dem Hintergrund, dass ihr die Kosten quasi in das erste Berufsjahr bzw. in den praktischen Teil (z.B. Referendariat; hier gilt dann die Zweitausbildungsregelung) der Ausbildung übertragt.[308]

304 Ausbildung/Bachelor-Kombination funktioniert hier leider nicht.

305 Ähnlich der Aufstellung für Lerngruppen.

306 An der TU Kaiserslautern ist es bspw. erlaubt, schon während des Bachelors Masterprüfungen ablegen zu dürfen. Dementsprechend können hier plausibel Lerngruppen und Vorlesungsbesuche steuerlich deklariert werden.

307 z.B. Diplom, Jura oder Medizin und zuvor keine andere Ausbildung absolviert haben.

308 **Jurastudium**: Das erste juristische Staatsexamen stellt einen berufsqualifizierenden Abschluss dar: BMF-Schreiben vom 22.09.2010 – BStBl. I 2010, 721, Rz. 23; BMF-Schreiben vom 08.02.2016 – BStBl. I 2016, 226, Rz. 18; BFH-Urteil vom 10.12.1971 – Az.VI R 112/70.
Medizinstudium: BFH-Urteil vom 22.09.2022 – Az. III R 40/21: Erstausbildung bis zum Bestehen der ärztlichen Prüfung.

Wir erinnern uns an das Zu- bzw. Abflussprinzip. Dies besagt, dass Ausgaben nur im Jahr abgesetzt werden dürfen, in welchem sie auch bezahlt werden. Ausnahmen sind hierbei allerdings, wie besprochen, Abschreibungen! Hier liegt also der Trick: Arbeitsmittel, die abgeschrieben werden können, da sie auf Jahre gekauft wurden (Schreibtisch, Drucker, PC, Büromaterialien, etc.), abzuschreiben[309], um in den ersten Jahren, in welchen ihr die Kosten als Werbungskosten absetzen könnt (z.B. nach dem ersten Staatsexamen oder im ersten Berufsjahr), euch zumindest einen Teil der Kosten zurückzuholen.

Zudem hättet ihr die Chance bei Jobeinstieg während des laufenden Jahres, die 6.000 Euro Sonderausgaben durch eure Erstausbildung **wirksam** abzusetzen.[310] Dies bedeutet, dass ihr die 6.000 Euro Sonderausgaben (Erstausbildung) ausreizen und auf eure Einkommen im ersten Berufsjahr gegenrechnen könnt. Diesen Vorteil solltet ihr nutzen! So spart ihr in Summe nicht ansatzweise so viel wie Studierende in der Zweitausbildung, aber zumindest einen Teil.

TIPP: Solltet ihr noch vor eurem Studium in Wartezeit sein, so könntet ihr überlegen, eine 12-monatige Ausbildung zu absolvieren und diese als Erstausbildung anrechnen zu lassen. Danach wäre das jeweilige eingliedrige Studium komplett als Werbungskosten absetzbar.

Beispiel, wie ihr von Sonderausgaben der Erstausbildung profitieren könnt: Ihr beginnt euren Beruf nach der Erstausbildung im laufenden Jahr und verdient in diesem Jahreszeitraum beispielsweise 30.000 Euro. Abziehen könnt ihr davon eure Werbungskosten (z.B. Pendlerpauschale oder Arbeitsmittel), die euch im Beruf entstehen. Zudem könnt ihr durch die letzten Monate im Studium versuchen, eure Studienkosten des gleichen Jahres als Sonderausgaben bis zum Maximum auszunutzen (max. 6.000 Euro). Da ihr nun im entsprechenden Jahr durch euren Jobeinstieg Einkommen erzielt, könnt ihr euer zu versteuerndes Einkommen mit den Sonderausgaben aus Studienzeiten steuerlich senken. In unserem Beispiel sinkt die Steuerbelastung um über 1.720 Euro.

Steuerberechnung	mit Studienkosten	ohne Studienkosten
Bruttolohn im lfd. Jahr	**30.000 €**	**30.000 €**
- Werbungskosten (aus Beruf)	- 2.000 €	- 2.000 €
- Sonderausgaben (aus Erstausbildung)	- 6.000 €	- 0 €
Zu versteuerndes Einkommen (z.v.E.)	**22.000 €**	**28.000 €**
Steuerbelastung	**2.950 €**	**4.670 €**

Tabelle 15: Beispielsrechnung – für Erstausbildungen oder eingliedrige Studiengänge.

9.4 Potential- und Situationsanalyse

In diesem Kapitel geht es darum, euch einen Eindruck zu vermitteln, wie hoch das Potential des Verlustvortrags ist oder wie die Höhe des Verlustvortrags eure eigene Steuerreduktion beeinflussen kann. Vorweg sei hier nochmals erwähnt:

- Die Studierendenschaft ist heterogen. Eine genaue Abschätzung des Verlustvortrags ist daher kaum möglich. Als Durchschnitt nehmen wir in Folge 10.000 Euro Verlustvortragspoten-

[309] Für diese GWG-Artikel besitzt ihr ein Wahlrecht diese abzuschreiben, auch wenn es möglich wäre, diese direkt abzusetzen.

[310] Da ihr in diesem Jahr Einnahmen habt, verringern auch die Sonderausgaben eure Steuerlast (Vgl. Kapitel 1). In den ersten Monaten, in welchen ihr bedingt durch das Studium noch an die Hochschule fahrt, könnt ihr durch Arbeitsmittel, Entfernungspauschale und Reisekosten eine hohe Summe als Sonderausgaben ansammeln. Diese verringern nach Jobeinstieg das zu versteuernde Einkommen, da diese im gleichen Steuerjahr anfallen.

tial pro Studienjahr an. Der **Gesamtbetrag der Einkünfte** (= Bruttolohn abzüglich Werbungskosten aus dem Berufsleben) im ersten Berufsjahr beträgt **50.000 Euro** (Steuerkl. 1).

- Die folgenden Beispiele sind aus Vereinfachungsgründen **ohne** Kirchensteuer und Solidaritätszuschlag aus dem ersten Berufsjahr berechnet worden. Die Steuerlast berechnet sich auf der Einkommensteuergrundlage 2019.

- Ein **Verlustvortrag** lohnt sich immer, wenn man es auf den eigenen Stundenlohn und die hierfür investierte Mühe herunterrechnet.

Situation 1 „Best Case“: Ihr studiert zwei Jahre im Master (Zweitausbildung) und legt zusätzlich vor Studienstart ein Gap-Year ein. Hierdurch sammelt ihr pro Jahr -10.000 Euro Verlust an.

Steuerberechnung bei Verlustvortrag	für kein Studienjahr	für drei Studienjahre
Bruttolohn	**55.000 €**	**55.000 €**
- Werbungskosten aus Beruf	- 5.000 €	- 5.000 €
Gesamtbetrag der Einkünfte (G.d.E.)	**50.000 €**	**50.000 €**
" - gesammelter Verlustvortrag"	- €	- 30.000 €[311]
- Sonderausgaben aus Beruf	- 2.000 €	- 2.000 €
Zu versteuerndes Einkommen (z.v.E.)	**48.000 €**	**18.000 €**
Steuerbelastung	**11.516 €**	**1.893 €**

Tabelle 16: Beispielsrechnung – Best Case.

Durch den Verlustvortrag aus der Zeit der drei Verlustjahre sinkt eure Steuerlast im ersten Berufsjahr um stattliche **9.623 Euro** (Höhe der Steuerbelastung ergibt sich aus www.grundtabelle.de).

Situation 2 „nicht pauschal versteuerter Nebenjob“: Gehen wir folgend vom Fall aus, in den entsprechenden Jahren 6.000 Euro pro Jahr nebenher verdient zu haben. So sind nicht genau diese 6.000 Euro den 10.000 Euro Werbungskosten gegenzurechnen, da ihr für euren Nebenjob (z.B. Werkstudierendenjob) zusätzlich Reisefahrtkosten und Verpflegungsmehraufwand absetzen könnt (hierfür setzen wir in diesem Fall 2.000 Euro als Werbungskosten voraus).

Daraus ergibt sich folglich: Einkommen (6.000 Euro) abzgl. der alten Werbungskosten (10.000 Euro) abzgl. der neuen Werbungskosten (2.000 Euro) = - 6.000 Euro (neuer Verlustvortrag/Jahr).

Steuerberechnung bei Verlustvortrag	mit Einkommen	ohne Einkommen
Bruttolohn	**55.000 €**	**55.000 €**
- Werbungskosten aus Beruf	- 5.000 €	- 5.000 €
Gesamtbetrag der Einkünfte (G.d.E.)	**50.000 €**	**50.000 €**
" - gesammelter Verlustvortrag"	- 18.000 €	- 30.000 €
- Sonderausgaben aus Beruf	- 2.000 €	- 2.000 €
Zu versteuerndes Einkommen (z.v.E.)	**30.000 €**	**18.000 €**
Steuerbelastung	**5.275 €**	**1.893 €**

Tabelle 17: Beispielsrechnung – Best-Case mit Einkommen.

Ihr erwirtschaftet in den drei Studienjahren ein **Einkommen von 18.000 Euro**. Jedoch sinkt der Steuervorteil im ersten Berufsjahr nur um ca. **3.382 Euro** gegenüber den einnahmefreien Studienjahren aus Situation 1.

---

[311] 3 Jahre zu je -10.000 Euro.

Situation 3 „Zwischenzeitlich abgegebene Steuer“: Ihr habt einen ähnlichen Lebenslauf wie in der ersten Situation. Zwischenzeitlich habt ihr euch jedoch aufgrund eines überaus gut bezahlten Ferienjobs dazu entschieden, in einem Jahr eine Steuererklärung abzugeben. Das entsprechende Jahr ist für euch steuerlich wahrscheinlich abgeschlossen und vielmehr noch, der dort vermerkte „Gesamtbetrag der Einkünfte“ wird mit einem möglichen Verlustvortrag des Vorjahres verrechnet. Hier gilt es nun exakt zu prüfen, ob es Sinn ergibt diese/s Vorjahr/e noch in Angriff zu nehmen.

Gehen wir weiterhin von durchschnittlich -10.000 Euro Verlustvortrag/Jahr aus. Diesen Verlust erreicht ihr im Gap-Year (1. Jahr) und im letzten Masterstudienjahr (3. Jahr). Im 2. Jahr nehmt ihr einen Ferienjob bei einem Konzern an. Euer G.d.E. (nicht der Bruttolohn!) auf dem bereits erhaltenen Steuerbescheid beträgt 6.000 Euro. In Summe habt ihr also einen Verlustvortrag von **14.000** (= - 10.000 + 6.000 - 10.000). Es lohnt sich folglich, das Jahr zuvor auch steuerlich abzusetzen, da ihr einen Mehrverlustvortrag von 4.000 Euro erzielt. (**Merke**: Sofern ihr den G.d.E. des Folgejahres unter 0 Euro drückt, lohnt sich eine Verlustfeststellung des Vorjahres.)

Steuerberechnung bei Verlustvortrag	mit Verlustvorjahr	ohne Verlustvorjahr
Bruttolohn	**55.000 €**	**55.000 €**
- Werbungskosten aus Beruf	- 5.000 €	- 5.000 €
Gesamtbetrag der Einkünfte (G.d.E.)	**50.000 €**	**50.000 €**
" - gesammelter Verlustvortrag"	- 14.000 €	- 10.000 €
- Sonderausgaben aus Beruf	- 2.000 €	- 2.000 €
Zu versteuerndes Einkommen (z.v.E.)	**34.000 €**	**38.000 €**
Steuerbelastung	**6.541 €**	**7.876 €**

Tabelle 18: Beispielsrechnung – Zwischenabgabe.

Durch Abgabe des zusätzlichen Verlustvortrags des Vorjahres generiert ihr im ersten Berufsjahr infolgedessen einen **Steuervorteil von 1.335 Euro**.

Situation 4 „Freiwilliges Abschreiben“: Viele Studierende machen den Fehler und setzen aus dem Gefühl heraus alle Arbeitsmittel direkt vollständig ab, sofern sie dies steuerlich dürfen und begehen damit einen großen Fehler: Stellen wir uns die Situation vor, dass ihr im ersten Studienjahr ein Praktikum absolviert und hierbei 13.000 Euro brutto verdient und im zweiten Studienjahr kein Einkommen habt. In beiden Studienjahren habt ihr wiederum 10.000 Euro Werbungskosten, wobei ihr in eurem ersten Studienjahr noch einen Laptop für 800 Euro und ein Tablet für 700 Euro (Summe: 1.500 Euro) kauft. In eurem Übermut setzt ihr beide Arbeitsmittel direkt ab:

Steuerberechnung ohne Abschreibung	Studienjahr 1	Studienjahr 2	Studienjahr 3
Bruttolohn	**13.000 €**	**0 €**	**0 €**
- Werbungskosten	- 11.500 €	- 10.000 €	- 10.000 €
Gesamtbetrag der Einkünfte (G.d.E.)	**1.500 €**	**-10.000 €**	**-10.000 €**
- Sonderausgaben aus Beruf	- 500 €	0 €	0 €
Zu versteuerndes Einkommen (z.v.E.)	**1.000 €**	**-10.000 €**	**-10.000 €**
Steuerbelastung	**0 €**	**0 €**	**0 €**

Tabelle 19: Beispielsrechnung – Vorteil Abschreibung I.

Steuerberechnung mit Abschreibung	Studienjahr 1	Studienjahr 2	Studienjahr 3
Bruttolohn	**13.000 €**	**0 €**	**0 €**
- Werbungskosten	- 10.500 €	- 10.500 €	- 10.500 €
Gesamtbetrag der Einkünfte (G.d.E.)	**2.500 €**	**- 10.500 €**	**- 10.500 €**
- Sonderausgaben aus Beruf	- 500 €	0 €	0 €
Zu versteuerndes Einkommen (z.v.E.)	**2.000 €**	**- 10.500 €**	**- 10.500 €**
Steuerbelastung	**0 €**	**0 €**	**0 €**

Tabelle 20: Beispielsrechnung – Vorteil Abschreibung II.

Nun schreiben wir die teuren Arbeitsmittel freiwillig über die Nutzungsdauer ab: (700+800) /3 = 500 Euro pro Jahr. Bei erstem Beispiel verpufft der Ansatz der Arbeitsmittel, da wir statt eines z.v.E. von 3.000 Euro, nun ein z.v.E. von 1.500 Euro in Studienjahr 1 haben und auf beide keine Einkommensteuer zahlen würden. Durch Abschreiben der Arbeitsmittel haben wir in Jahr 2 einen 500 Euro höheren Verlustvortrag. **Achtung**: Liegt Jahr 1 zwischen zwei Verlustjahren, so wäre es in unserem Beispiel unbedeutend, ob ihr abschreibt, da ihr die Steuerjahre immer mit dem G.d.E. (auch: Verlustfeststellung) verrechnen müsst (Beide Verlustsummen ergeben: -18.500 Euro).

Situation 5 „Berufseinstieg“: Ein wenig beleuchtetes Thema in der Potentialanalyse ist der Berufsstart. Viele Absolventen beginnen den ersten Job nicht im Januar, sondern, da das Studium im Herbst endet, zum 01. Oktober. Dies ist eine schlechte Situation. Dies liegt daran, dass ihr in diesen Jahresendmonaten geschätzt zwischen 12 bis 15.000 Euro verdient und durch den Steuerfreibetrag (ca. 10.000 Euro, s. Beginn des Buches) selbst ohne Verlustvortrag aus dem Studium kaum Steuern bezahlen würdet. Durch euren Verlustvortrag müsst ihr allerdings den „G.d.E.“ des laufenden Jahres auf null reduzieren, um den Rest des Verlustvortrags ins Folgejahr übernehmen zu können. Hierdurch „opfert“ ihr folglich unnötigerweise die Höhe dieses Bruttolohnes von der Summe des angesammelten Verlustvortrags. **Ein Beginn des Jobs zu Beginn des Steuerjahres ist – aus Sicht des Verlustvortrags – also stark empfehlenswert.**

TIPP: Dies bedeutet jedoch nicht, Jobs auszuschlagen nur, weil diese im Herbst starten. Viele Arbeitgeber und Personalabteilungen kennen die steuerliche Situation und können hier gehalts- und vertragstechnisch entgegenkommen.

Berufseinstieg Oktober (Fall I)	Einkommen ab Okt. X0	Folgejahr X1
Bruttolohn	**13.750 €**	**55.000 €**
- Werbungskosten aus Beruf	- 1.250 €	- 5.000 €
Gesamtbetrag der Einkünfte (G.d.E.)	**12.500 €**	**50.000 €**
" - gesammelter Verlustvortrag"	- 30.000 €	- 17.500 €
- Sonderausgaben aus Beruf	- 500 € (kein Einfluss)	- 2.000 €
Zu versteuerndes Einkommen (z.v.E.)	**- 17.500 €**	**30.500 €**
Steuerbelastung	**0 €**	**5.430 €**
Berufseinstieg Januar (Fall II)	**Kein Verdienst X0**	**Einkommen ab Jan. X1**
Bruttolohn	**0 €**	**55.000 €**
- Werbungskosten aus Beruf	0 €	- 5.000 €
Gesamtbetrag der Einkünfte (G.d.E.)	**0 €**	**50.000 €**
" - gesammelter Verlustvortrag"	- 30.000 €	- 30.000 €
- Sonderausgaben aus Beruf	- 0 €	- 2.000 €
Zu versteuerndes Einkommen (z.v.E.)	**- 30.000 €**	**18.000 €**
Steuerbelastung	**0 €**	**1.893 €**

Tabelle 21: Beispielsrechnung – Unterschiede Start des Berufseinstieges.

Nach Jahr X1 hättet ihr in **Fall I** also 15 Monate gearbeitet und brutto 68.750 Euro verdient. Steuerlich hättet ihr in diesem Fall knapp 5.430 Euro für diesen Zeitraum an das Finanzamt abgeben müssen. Dies bedeutet einen Netto-Lohn (Achtung: Von diesem Netto-Lohn sind noch keine Sozialbeiträge wie Renten- oder Arbeitslosenversicherung abgezogen!) von **4.221 Euro pro Monat**.

In **Fall II** hättet ihr nach Jahr X1 12 Monate gearbeitet und brutto 55.000 Euro in 12 Monaten verdient und durch euren Verlustvortrag eine Steuerlast von 1.893 Euro ausgewiesen. Dadurch ergibt sich ein Netto-Lohn von **4.426 Euro pro Monat**. Je geringer der gesammelte Verlustvortrag, desto deutlicher wird der Unterschied der Steuerersparnis durch den zeitlich nicht-optimalen Jobeinstieg.

10 GESETZLICHE VERÄNDERUNGEN

Die steuerliche Gesetzgebung verändert sich jährlich **(Infolgedessen ist es auch problematisch sich auf ältere Internetquellen beim Absetzen von Studienkosten zu verlassen)**. Nicht umsonst kündigen Steuer-Professoren in ihren Vorlesungen an, dass man sich durch eine Berufswahl im Steuerwesen auf ein lebenslanges Lernen vorbereiten muss.

Besonders deutlich wurde dieses Phänomen in den letzten Jahren beim Absetzen von Studienkosten. Kaum ein Jahr verging ohne weitreichende Einschnitte in das Absetzen von Studienkosten. Die letzte, und wohl bedeutendste, Entscheidung war Anfang 2020, als man entschied, die Kosten einer Erstausbildung nur als Sonderausgaben geltend machen zu dürfen. Aber auch andere Entscheidungen waren meist zu Ungunsten der Studierenden. Nachfolgend ein paar Kommentare zu den in den letzten Jahren aufgetreten Veränderungen.

Bis **2013** machte es einen Unterschied, ob ihr den Weg zur ersten Tätigkeitsstätte mit dem Fahrrad oder dem PKW zurückgelegt habt. Für den Weg mit dem Rad gab es nur eine **Kilometerpauschale** von 0,05 Euro/km, mit dem Motorrad 0,13 Euro/km und mit dem PKW die herkömmliche Pauschale. Seit dem 01.01.2013 ist es unerheblich, wie ihr diesen Arbeitsweg zurücklegt.[312] Es gilt immer eine Pauschale zu 0,30 Euro/km. Dies ist nicht zu verwechseln mit der derzeitig noch geltenden Regelung bei Reisekosten.

2014 gab es mehrere Veränderungen: Die Hochschule wurde fest als **erste Tätigkeitsstätte** für Vollzeitstudierende festgelegt und damit die Absetzbarkeit der Hochschule um die Reisefahrtkostenpauschale und den Verpflegungsmehraufwand gekürzt.[313] In diesem Zug wurde der steuerliche Begriff der *„regelmäßigen Arbeitsstätte"* zu *„ersten Arbeitsstätte"* geändert.

Die **doppelte Haushaltsführung** durfte ab **2014** nur noch bis zu 1.000 Euro/ Monat abgesetzt werden. Dieses Urteil wurde später wieder gekippt und besitzt heute keine Relevanz mehr.[314] Trotzdem wird das veraltete Urteil noch oft im Internet als Referenz genannt. Ebenso wurde das Absetzen der doppelten Haushaltsführung erschwert. Es gelten seither nur noch Wohnungen, die der Steuerzahler auch **finanziell** unterstützt, als absetzbar. Vor 2014 musste nur der Wohnsitz in beiden Wohnungen nachgewiesen werden.[315] Außerdem wurde die **Einteilung des Verpflegungsmehraufwandes** von drei auf zwei Stufen[316] herabgesetzt. Diese Einteilung hat auch bei der Kalkulation des Verpflegungsmehraufwandes bei Auslandsaufenthalten Bestand.[317]

Pauschalen für Verpflegungsmehraufwand	Bis 2014	Ab 2015	Ab 2020
Ab 8 Stunden	6 €	12 €	14 €
Ab 14 Stunden	12 €	-	-
Ab 24 Stunden	24 €	24 €	28 €

Tabelle 22: Übersicht – Veränderung der Reisepauschalbeträge.

[312] Vgl. Lohnsteuer-Kompakt.

[313] Vgl. VLH (2).

[314] BFH, Urteil vom 04.04.2019 – Az. VI R 18/17: Nur noch die Kaltmiete ist auf 1.000 Euro begrenzt.

[315] Niedersächsisches FG, Urteil vom 18.09.2019 – Az. 9 K 209/18.

[316] Reisekostenreform 2014.

[317] BMF-Schreiben vom 11.11.2013 – Az. IV C 4 – S 2353/08/10006.

2015 wurde der **Begriff der Erstausbildung** neu definiert.[318] Dies bedeutete, dass diese mindestens 12 Monate dauern und mit einer Prüfung abgeschlossen werden muss.[319] Vor dieser Regelung konnten steuerlich auch kurzweilige (dreimonatige Ausbildungen) als Erstausbildungen abgesetzt werden und so mehr folgende Ausbildungen als Zweitausbildungen deklariert und damit Steuern gespart werden.

2018 kam es zu einer Änderung in der Höhe der **Grenze für Geringfügige Wirtschaftsgüter** von 410 auf 800 Euro netto (bzw. 952 Euro brutto). Dies bedeutet, dass sich Arbeitsmittel seither einfacher pauschal im Anschaffungsjahr absetzen lassen.[320] Ebenso wurde die Anlage EÜR für Selbständige ein Muss und ist seither zusätzlich elektronisch zu übermitteln.

2019 gab es nur wenige steuerliche Änderungen. So hat sich die **Abgabefrist** für die Steuererklärung verlängert und ist nun bis zum 31.07. des jeweiligen Folgejahres möglich, sofern man zu einer Abgabe verpflichtet ist. Seid ihr nicht verpflichtet eine Abgabe zu tätigen, gilt für euch die Wahl spätestens nach vier Jahren eine **Steuererklärung** oder nach sieben Jahren eine **Verlustfeststellung** abzugeben.

Zu den Änderungen **2020** wurde in diesem Ratgeber schon einiges geschrieben – allen voran der erste große Paukenschlag im Januar: Die Erstausbildung lässt sich seither nicht mehr als Werbungskosten absetzen! Diese Entscheidung ist rechtskräftig und kann nicht mehr gekippt werden (Az. 2 BvL 22/14). Die Begründung liegt darin, dass die Erstausbildung zur eigenen ersten beruflichen Orientierung dient. Gegen dieses Urteil kann kein Einspruch erhoben werden.

Vorteilhaft wurde ab dem Steuerjahr **2020** entschieden, dass der **Verpflegungsmehraufwand** um je 2 bzw. 4 Euro angehoben wurde: 24 Stunden Abwesenheit bedeuten nun 28 statt 24 Euro und 8 Stunden Abwesenheit bzw. An- und Abreisetag 14 statt 12 Euro Verpflegungsmehraufwand.[321]

Aufgrund der Corona-Krise wurde für die Jahre **2020** und **2021** jeder **Home-Office**-Tag mit 5 Euro pauschal vergütet.[322] Diese Pauschale ist auch für Studierende bei Onlinevorlesungen absetzbar. Ab **2023** gelten 6 Euro für maximal 210 Tage Home-Office (Home-Schooling).

2020 hat der BFH entschieden, dass **Auslandsaufenthalte** von Vollzeitstudierenden als Reisetätigkeit unbegrenzt abgesetzt werden können. Nach Ansicht des BFH bleibt die inländische Hochschule bei einem Auslandssemester oder -praktikum die erste Tätigkeitsstätte. Die ausländische Hochschule oder der Arbeitsplatz im Ausland stellt eine Auswärtstätigkeit dar. Demnach dürfen Miete und Verpflegungsmehraufwand auch ohne doppelte Haushaltsführung in Deutschland abgesetzt werden. Jedoch steht noch aus, wie hoch diese Kosten maximal sein können. Das FG Münster ist mit dieser Aufgabe nun betraut.[323] Bis zur Entscheidung aus Münster würde ich dazu raten, den vollen (oder zumindest die Pauschale für 8h-Abwesenheit) für die verbleibende Zeit des Auslandsaufenthaltes abzusetzen. Sollte das Finanzamt euch hier widersprechen, könnt ihr auf das offene Verfahren verweisen und bei positivem Ausgang euren Steuerbescheid nachbessern lassen.

---

318 Wer seine Erstausbildung zuvor abgeschlossen hatte, kann also noch von der alten Definition profitieren.

319 Vgl. Schwarz-Steuerberatung.

320 Vgl. Haufe.

321 Vgl. Aachener-Zeitung.

322 Vgl. smartsteuer. Nachtrag: Ist mittlerweile bestätigt!

323 Aktuelle Informationen unter: BFH, Urteil vom 14.5.2020 – Az. VI R 3/18.

Die **Umzugskostenpauschale** wurde **2020** rückwirkend für Personen, die vor oder nach dem Umzug keine eigene Wohnung (z.B. WG) bewohnen, gekürzt. Verlegen Studierende ihren Ersthaushalt vom elterlichen Haushalt in eine WG oder sogar in eine eigene Wohnung, so dürfen diese nur 20% der Umzugskostenpauschale absetzen.

Ebenso wurde 2020 **die Strecken- und Zeitersparnis für die doppelte Haushaltsführung** konkretisiert. Diese verbindliche Festlegung gilt auch rückwirkend für vorherige Steuerjahre, außer das Absetzen der doppelten Haushaltsführung wurde vor 2020 anerkannt.

Für **2021** ändert sich die **Entfernungspauschale**, sobald ihr eine Fahrtstrecke von 20 Kilometern Anfahrt übersteigt. Danach steigt die Pauschale ab dem 20. Kilometer von 0,30 Euro/km auf 0,35 Euro/km an. Ist eure Hochschule 22 Kilometer von eurer Wohnadresse entfernt und ihr sucht diese 100-mal 2021 auf, so könnt ihr 100 x 20 km x 0,30 Euro/km und 100 x 2 km x 0,35 Euro/km (670 Euro) absetzen. Diese wurde **rückwirkend** 2022 auf 0,38 Euro/km erhöht. Zusätzlich wurde für die Steuerjahre 2021 bis 2026 die Mobilitätsprämie eingeführt. Hiervon können auch Studierende profitieren.

Entfernungspauschale	bis zum 20. Kilometer	ab dem 21. Kilometer
Bis 2020	0,30 Euro/km	0,30 Euro/km
Ab 2021	0,30 Euro/km	0,38 Euro/km

Tabelle 23: Übersicht – Veränderung der Entfernungspauschale.

Zusätzlich wurden die Übungsleiterpauschale von 2.400 auf 3.000 Euro pro Jahr und die Ehrenamtspauschale auf 840 Euro angehoben. Zudem wurden die Behindertenpauschalbeträge erhöht. 2021 wurde zudem die **Digitalisierungsstrategie** erlassen. Dies bedeutet, dass digitale Endgeräte und Software schneller (sofort) rückwirkend zum 01.01.2021 abgeschrieben werden dürfen.

Ebenso sind ab **2021 Weiterbildungen**, die **nicht** rein arbeitsplatzbezogen sind, sondern zur Verbesserung der Beschäftigungsfähigkeit dienen (z.B. Excel-Kurse), steuerlich absetzbar. Als Student:in könnt ihr im Rahmen eurer Ausbildung jedoch ohnehin diese Art der Kurse absetzen.

2022 ist das **Steuerentlastungsgesetz** geplant und umgesetzt worden. Rückwirkend zum 01.01.2022 werden demnach der **Arbeitnehmerpauschalbetrag** von 1.000 Euro auf 1.200 Euro, der Grundfreibetrag auf 10.347 Euro und die **erhöhte Entfernungspauschale** (ab dem 21. Kilometer) von 0,35 Euro/km auf 0,38 Euro/km angehoben werden!

2023 wird die **Home-Office-Pauschale** auf 6 Euro pro Tag und maximal 210 Tage pro Jahr erhöht und der **Arbeitnehmerpauschalbetrag** auf 1.230 Euro angehoben. Der **Sparerpauschalbetrag** wird auf 1.000 (vorher: 801) Euro angehoben. Zusätzlich können **Altersvorsorgeaufwendungen** (z.B. Rentenbeiträge) bereits ab 2023 und nicht erst ab 2025 zu 100% abgesetzt werden. Der **Grundfreibetrag** steigt von 10.347 auf 10.904 Euro. Die **Energiepauschale** für Studierende (200 Euro) muss **nicht** versteuert werden.

Aktuell klärt der BFH (Az. VI 39/19), ob die **Kostenbeteiligung** im elterlichen Haushalt für die **doppelte Haushaltsführung** vorliegen muss, insbesondere mit Hinblick auf die Themen, **wann** (dauerhaft oder auch per Einmalzahlung) und **wie** (z.B. auch Kostenbeteiligungen bei Reparaturen und Lebensmitteleinkäufe) diese geleistet werden müsste! Ich halte euch hierbei ausführlich auf Instagram auf dem Laufenden!

11 ABSCHLIESSENDE WORTE

Ich wünsche euch abschließend viel Spaß und vor allem viel Erfolg bei dem Absetzen eurer Studienkosten, beim Absolvieren eures Studiums und einen angenehmen Start in das Berufsleben. Solltet ihr noch Verbesserungsvorschläge oder einen Rat für eine Verbesserung der Unterlagen haben, wäre ich euch dankbar diese an:

E-Mail-Kontakt-Adresse:

studiumabsetzen@yahoo.com

zu senden. Auch ich bin nicht frei von Fehlern und bei diesem Wissensstand verheddert man sich gerne in seinem eigenen Wissen. Aus diesem Grund ist es immer von Vorteil, auch Rückmeldung zu bekommen, denn nur durch konstruktive Kritik kann ich meine bestehenden Unterlagen weiterentwickeln. Über eine Bewertung oder Weiterempfehlen meines Buches würde ich mich ebenfalls enorm freuen.

Sollten Probleme beim Durchführen des Verlustvor- oder rücktrags bei euch auftreten, so könnt ihr entweder den Verein für Lohnsteuerhilfe (VLH) oder mich anschreiben. An beiden Stellen dürftet ihr Hilfe erhalten. Ich möchte hier jedoch betonen, dass ich aufgrund des fehlenden Steuerberater-Examens **keine persönliche Steuerberatung** durchführen darf. Ihr könnt aber selbstverständlich mit diesem Ratgeber einen Steuerberater oder den Verein für Lohnsteuerhilfe aufsuchen und um Einschätzung eures Steuerfalles bitten.

Wünscht ihr auf dem Laufenden zu bleiben, so kann ich euch meine **Instagram-Seite**: www.instagram.com/studiumabsetzen und meine **YouTube-Videos** ans Herz legen. Hier werden aktuelle Neuigkeiten und Gesetzesänderungen rund um das Thema „Steuererklärung im Studium" veröffentlicht. Weitere Unterlagen findet ihr auch in meinem **ETSY-Webshop** (www.etsy.com/de/shop/StudiumAbsetzen).

Seid ihr noch im Studium und habt möglicherweise finanzielle Engpässe zu überwinden, so kann ich euch meinen anderen Ratgeber **„Geld sparen im Studium – Finanziell unbekümmert durch die Studienzeit"** empfehlen. In diesem Ratgeber helfe ich euch, eure Finanzen schon während der Studienzeit optimal zu gestalten und mit einfachsten Tricks deutlich zu verbessern.

12 ANHANG

Im Anhang werden noch einige Arten der Anschreiben und Einsprüche ans Finanzamt zum besseren Verständnis – ebenso wie eine Übersicht des Verpflegungsmehraufwandes **der vergangenen sieben Jahre für die Auslandspauschalen** – beigefügt. Die hier beigefügten Einsprüche können auch als Antrag auf schlichte Änderung verfasst werden, sofern nur ein Sachverhalt des Steuerbescheides angepasst werden soll. Hierfür „Einspruch" gegen „schlichte Änderung" tauschen.

12.1 Anschreiben ans Finanzamt

12.1.1 Hauptanschreiben zum Finanzamt

Finanzamt Musterstadt
12030 Musterhausen
(Postanschrift des zuständigen Finanzamts)

Musterstadt, (aktuelles Datum)

Betreff: Abgabe des Verlustvortrags (Steuerjahr)

Steuernummer: ...../...../.....

Sehr geehrte Damen und Herren,

hiermit reiche ich fristgerecht meinen Verlustvortrag für das Jahr X *(für die Jahre X-Y)* bei Ihnen ein. Ein Verlustvortrag ist bis zu sieben Jahre rückwirkend möglich.

In dem entsprechenden Jahr/entsprechenden Jahren war ich Studierende:r an der Hochschule/Universität *(…)* im Fach *(…)* in der Zweitausbildung *(im Erststudium nach Ausbildung)*. Die hier entstandenen und angegebenen Kosten standen zu 100% im Bezug zu meinem Studium und sind demnach als Werbungskosten absetzbar.

Die Kosten für Praktika/Auslandssemester/Fortbildung, die während dieser Ausbildung aufkamen, waren notwendig, um mein Profil für zukünftige Arbeitgeber zu schärfen und mich als zukünftigen Angestellten attraktiver zu stellen und sind somit auch als Werbungskosten absetzbar.

Sollten noch Fragen aufkommen, dürfen Sie mich gerne kontaktieren.

Mit freundlichen Grüßen

(Unterschrift)

12.1.2 Anschreiben zwecks Stipendium

Finanzamt Musterstadt
12030 Musterhausen
(Postanschrift des zuständigen Finanzamts)

Musterstadt, (aktuelles Datum)

Betreff: Bekanntgabe eines Stipendiums

Sehr geehrte Damen und Herren,

im Rahmen meines Studiums habe ich folgendes Stipendium erhalten:

Titel des Herausgebers.

Die Bezeichnung, den Herausgeber und den Verwendungszweck füge ich hier bei:

Link einfügen

Ich weiß nun nicht, wie das Stipendium steuerlich – auch in Bezug auf meine Werbungskosten – behandelt wird. Ich bitte Sie, dies mit mir abzusprechen. In meinen Augen ist das Stipendium keinen direkten Kosten zugeordnet und dürfte demnach wie das kostenlose Darlehen BAföG betrachtet werden.

Mit freundlichen Grüßen
(Unterschrift)

12.1.3 Anschreiben zwecks Rechnungsbeleg

Sehr geehrte Damen und Herren,

ich habe im Jahr (X) bei Ihnen einen Artikel gekauft *(oder ein Zimmer/Flug/Fahrt gebucht)* und würde Sie bitten, mir hierüber erneut einen Beleg dessen zukommen zu lassen, da ich diesen dringend für meine Steuererklärung benötige.

Ich bedanke mich vielmals im Voraus.

Mit freundlichen Grüßen
(Unterschrift)

12.2 Einsprüche gegen den Steuerbescheid

12.2.1 Einspruch ohne Begründung

Finanzamt Musterstadt
12030 Musterhausen
(Postanschrift des zuständigen Finanzamts)

Musterstadt, (aktuelles Datum)

Betreff: Einspruch gegen den Einkommensteuerbescheid (Steuerjahr) vom (Datum des Bescheids)
Steuernummer: ...../...../.....

Sehr geehrte Damen und Herren,

hiermit lege ich gegen den oben genannten Steuerbescheid frist- und formgerecht **Einspruch** ein. Die Begründung für den Einspruch reiche ich nach.

Bitte bestätigen Sie den Empfang meines Schreibens.
Mit freundlichen Grüßen
(Unterschrift)

12.2.2 Einspruch zwecks Zweitausbildung

Finanzamt Musterstadt
12030 Musterhausen
(Postanschrift des zuständigen Finanzamts)

Musterstadt, (aktuelles Datum)

Betreff: Einspruch gegen den Einkommensteuerbescheid (Steuerjahr) vom (Datum des Bescheids)
Steuernummer: …../…../…..

Sehr geehrte Damen und Herren,

hiermit lege ich gegen den oben genannten Steuerbescheid frist- und formgerecht **Einspruch** ein.

Mein Masterstudium (Zweitausbildung) begann erst zum (*Winter/Sommersemester XY*). Ich habe jedoch die vorangehenden Monate im entsprechenden Jahr bereits genutzt, um mich auf das Masterstudium an der (*Hochschule XY*) vorzubereiten. Ein Großteil meiner angegebenen Kosten aus dem vorliegenden Steuerjahr steht daher mit meiner Zweitausbildung in Zusammenhang und kann somit als Werbungskosten abgesetzt werden.

Bitte bestätigen Sie mir den Empfang meines Schreibens.

Mit freundlichen Grüßen
(Unterschrift)

12.2.3 Einspruch zwecks Verwechslung Werbungskosten und Sonderausgaben

Finanzamt Musterstadt
12030 Musterhausen
(Postanschrift des zuständigen Finanzamts)

Musterstadt, (aktuelles Datum)

Betreff: Einspruch gegen den Einkommensteuerbescheid (Steuerjahr) vom (Datum des Bescheids)
Steuernummer: …../…../…..

Sehr geehrte Damen und Herren,

hiermit lege ich gegen den oben genannten Steuerbescheid frist- und formgerecht **Einspruch** ein.

Ich vermute, da mir die Höchstsumme von Erstausbildungskosten/Sonderausgaben (6.000 Euro) angerechnet wurde, dass mein Studium fälschlicherweise als Erstausbildung angerechnet wurde. Dies ist falsch, da ich zuvor bereits erfolgreich (*ein Studium/eine Ausbildung*) beendet habe.[324] Ich bitte Sie daher, den Steuerbescheid zu korrigieren.

ALTERNATIV: *Mir wurden in meinem Steuerbescheid keine Werbungskosten angerechnet. Da meine Ausbildung eine Zweitausbildung darstellt, kann ich hierfür die Werbungskosten – wie in meinem damaligen Schreiben angegeben – absetzen.*

Bitte bestätigen Sie mir den Empfang meines Schreibens.

Mit freundlichen Grüßen
(Unterschrift)

[324] Oder: „meine Ausbildung in einem Dienstverhältnis stattfand".

12.2.4 Einspruch zwecks zu wenig Werbungskosten

Finanzamt Musterstadt
12030 Musterhausen
(Postanschrift des zuständigen Finanzamts)

Musterstadt, (aktuelles Datum)

Betreff: Einspruch gegen den Einkommensteuerbescheid (Steuerjahr) vom (Datum des Bescheids)
Steuernummer: …../…../…..

Sehr geehrte Damen und Herren,

hiermit lege ich gegen den oben genannten Steuerbescheid frist- und formgerecht **Einspruch** ein.

Ich habe in meinem Schreiben vom *(Datum)* Werbungskosten in Höhe von etwa *(… €)* eingereicht. Angerechnet wurden von Ihnen nur *(Summe der Werbungskosten €)*. Der Steuerbescheid weicht offensichtlich von der abgebebenen Steuererklärung ab. Gründe hierfür wurden nicht genannt. Ich bitte Sie die Abweichungen im Einzelnen zu erläutern.

ALTERNATIV: *Mir wurde das Arbeitsmittel X fälschlicherweise nicht angerechnet. Nach dem Urteil vom (Datum) des BFH (Az.) ist es jedoch üblich diesen Kostenfaktor als Arbeitsmittel geltend machen zu können.*

Bitte bestätigen Sie mir den Empfang meines Schreibens.

Mit freundlichen Grüßen

(Unterschrift)

12.2.5 Einspruch zwecks doppelter Haushaltsführung

Finanzamt Musterstadt
12030 Musterhausen
(Postanschrift des zuständigen Finanzamts)

Musterstadt, (aktuelles Datum)

Betreff: Einspruch gegen den Einkommensteuerbescheid (Steuerjahr) vom (Datum des Bescheids)
Steuernummer: …../…../…..

Sehr geehrte Damen und Herren,

hiermit lege ich gegen den oben genannten Steuerbescheid frist- und formgerecht Einspruch ein. Den Einspruch begründe ich wie folgt:

Sie haben mir die Kosten für eine doppelte Haushaltsführung für meine Studienzeit nicht angerechnet. Ich erfülle jedoch **alle Voraussetzungen** hierfür:

- Mein **Lebensmittelpunkt** lag aufgrund *(Hobby/Freundin/Familie)* bei meinen Eltern und ich unternahm regelmäßige Heimfahrten dorthin (**Indiz Lebensmittelpunkt**).
- Ich habe mich finanziell zu **10 % an den Betriebskosten** der Unterkunft meiner Eltern beteiligt. Hierfür liegt ein mündlicher Vertrag vor. Die Kosten wurden in bar *(per Überweisung)* abgegolten (**Indiz Unterhalt eigener Hausstand**).
- Ich musste **berufsbedingt** eine Zweitwohnung am Studienort *(Praktikumsort)* unterhalten.
- Dieser Hausstand verkürzte die **Fahrtzeit um mehr als die Hälfte**.

Bitte bestätigen Sie mir den Empfang meines Schreibens.

Mit freundlichen Grüßen

(Unterschrift)

12.2.6 Einspruch zwecks Verwechslung Entfernungspauschale und Reisekosten

Finanzamt Musterstadt
12030 Musterhausen
(Postanschrift des zuständigen Finanzamts)

Musterstadt, (aktuelles Datum)

Betreff: Einspruch gegen den Einkommensteuerbescheid (Steuerjahr) vom (Datum des Bescheids)
Steuernummer: ...../...../.....

Sehr geehrte Damen und Herren,

hiermit lege ich gegen den oben genannten Steuerbescheid frist- und formgerecht **Einspruch** ein.

Mir wurden Fahrtkosten zur (*Lerngruppe / Auslandssemester / Praktikum*) nur als Entfernungspauschale angerechnet. Bei diesen Fahrten handelte es sich jedoch um Auswärtstätigkeiten / Reisekosten. Daher ist hier der Hin- und Rückweg als Fahrtkosten zuzüglich des angegebenen Pauschalen des Verpflegungsmehraufwandes zu berechnen. Ich bitte Sie daher, den Steuerbescheid zu korrigieren.

ALTERNATIV: *Mir wurden Fahrtkosten zur Hochschule abseits meiner Heimatfakultät nur als Pendlerpauschale abgesetzt. Bei diesen Fahrten handelte es sich jedoch um Auswärtstätigkeiten / Reisekosten. (Vgl. hierzu Berger, „Werbungskosten bzw. Sonderausgaben bei Studierenden nach der Reisekostenreform“ S. 160ff.) Daher ist hier der Hin- und Rückweg als Fahrtkosten zuzüglich des angegebenen Verpflegungsmehraufwandes zu berechnen.*

Bitte bestätigen Sie mir den Empfang meines Schreibens.

Mit freundlichen Grüßen

(Unterschrift)

12.2.7 Einspruch zwecks Fristwahrung

Finanzamt Musterstadt
12030 Musterhausen
(Postanschrift des zuständigen Finanzamts)

Musterstadt, (aktuelles Datum)

Betreff: Einspruch gegen den Einkommensteuerbescheid (Steuerjahr) vom (Datum des Bescheids)
Steuernummer: ...../...../.....

Sehr geehrte Damen und Herren,

hiermit lege ich gegen den oben genannten Steuerbescheid frist- und formgerecht **Einspruch** ein.
Es war nicht meine Absicht, einen Antrag auf Einkommensteuerveranlagung für das Kalenderjahr XY zu stellen, da die diesbezügliche Frist bereits abgelaufen ist. Meine Absicht war es, einen Antrag auf **gesonderte Verlustfeststellung** zu stellen. Gemäß BFH-Urteil vom 13.01.2015 (Az. IX R 22/14) ist in Fällen wie meinem eine gesonderte Verlustfeststellung bis zu **sieben Jahre** rückwirkend möglich. Diese Frist wurde von mir gewahrt.

Hiermit beantrage ich, meinem Antrag auf gesonderte Verlustfeststellung stattzugeben und einen Feststellungsbescheid für das Jahr XY zu erlassen.

Bitte bestätigen Sie mir den Empfang meines Schreibens.

Mit freundlichen Grüßen

(Unterschrift)

12.2.8 Einspruch gegen bereits rechtskräftigen Steuerbescheid

Finanzamt Musterstadt
12030 Musterhausen
(Postanschrift des zuständigen Finanzamts)

Musterstadt, (aktuelles Datum)

Betreff: Änderung des Einkommensteuerbescheides (Steuerjahr) vom (Datum des Bescheids)
Steuernummer: ...../...../.....

Sehr geehrte Damen und Herren,

ich beantrage eine Änderung des Einkommensteuerbescheids von (Steuerjahr) nach **§ 173** Abgabenordnung wegen neuer Tatsachen/Beweismittel.

Begründung: Mir ist erst jetzt bekannt geworden, dass ich Ausgaben/Steuervergünstigungen für mein Studium als Fortbildungskosten (Werbungskosten) geltend machen kann. Weder die Beschriftungen, noch die amtlichen Anleitungen wiesen korrekt darauf hin, wo die Kosten eines Studiums (Zweitausbildung) als Werbungskosten in den Steuerformularen vermerkt werden sollen.

Lediglich **„Aufwendungen für die eigene Berufsausbildung"** werden in den Steuerformularen unter Sonderausgaben geführt und klar benannt. Dies triff steuerlich gesehen jedoch nur für eine Erstausbildung ohne Dienstverhältnis zu. Korrekt wäre es dementsprechend seitens der Finanzbehörden gewesen, unter dem Reiter Sonderausgaben „Aufwendungen für die Berufsausbildung der Erstausbildung" und in der Anlage N „Aufwendungen für die Berufsausbildung der Zweitausbildung" aufzuführen.

In der Anlage N für Werbungskosten werden keine Aufwendungen für die Berufsausbildung oder das Studium aufgeführt. Lediglich Fortbildungskosten werden als Bildungsausgaben in diesem Steuerformular benannt. Dies entspricht laut Anleitung der Steuerformulare bspw. Computer- oder Sprachkursen. Auch dieser Vermerk gibt daher keinen Hinweis darauf, hier die Gesamtausgaben einer gesamten Hochschulausbildung anzugeben.

Korrekterweise hätte infolgedessen auf der Anlage N ein Verweis zum Eintragen der Ausbildungskosten einer Zweitausbildung vermerkt sein müssen. Mich trifft insofern **kein grobes Verschulden**, die Steuerformulare damals nicht korrekt ausgefüllt zu haben.

Bitte bestätigen Sie mir den Empfang meines Schreibens.

Mit freundlichen Grüßen

(Unterschrift)

12.3 Alternative Dokumentation von Reisetätigkeiten

							Reisefahrkosten		Verpflegungsmehraufwand			Reisenebenkosten	
Zeitraum	Uhrzeit	Art der Auswärtstätigkeit	Abfahrtsadresse	Zieladresse	Hin- und Rückweg in Kilometer	Verkehrsmittel	Fahrkosten (Pauschal)	Fahrkosten (Tatsächliche Fahrkosten, falls vorhanden)	VMA >8h	VMA An- und Abreise	VMA 24h	Übernachtungs- oder sonstige Kosten	Absetzbare Gesamtsumme
08.01.	08:15 - 17:45	Lerngruppe	Ringe 39, Köln	Stadtbibliothek Köln	4	PKW	1,20 €		1				13,20 €
12.01. - 14.01.	-	Seminar	Ringe 39, Köln	Kreuzstr., Berlin	1.236	Bahn	0,00 €	200,00 €		2	1	220,00 €	468,00 €
16.01.	12:00 - 16:45	Vorstellungsgespräch	Ringe 39, Köln	Fuchs AG, Hauptstr. 76, Essen	144	PKW	43,20 €						43,20 €
18.01.	09:00 - 18:45	Lerngruppe	Uni Köln	Stadtbibliothek Köln	4	Fahrrad	0,00 €		1				12,00 €
19.01.	07:15 - 14:15	Lerngruppe	Uni Köln	Stadtbibliothek Köln	4	Motorroller	0,80 €						0,80 €
22.01.	07:15 - 18:00	Lerngruppe	Uni Köln	Stadtbibliothek Köln	4	Motorroller	0,80 €		1				12,80 €
23.01.	09:00 - 13:00	Vorstellungsgespräch	Ringe 39, Köln	Lanxess AG, Köln	3	PKW / Taxi	0,90 €	15,00 €					15,00 €
24.01. - 30.01.		Studienfahrt	Ringe 39, Köln	Börse Frankfurt	424	Bahn	0,00 €	40,00 €		2	5	120,00 €	304,00 €
01.02.	08:00 - 17:00	Werkstudentenjob	Ringe 39, Köln	Lanxess AG, Köln	3	Fahrrad	0,00 €		1				12,00 €
02.02.	07:30 - 18:00	Werkstudentenjob	Ringe 39, Köln	Lanxess AG, Köln	3	Fahrrad	0,00 €		1				12,00 €
03.02.	07:00 - 15:00	Werkstudentenjob	Ringe 39, Köln	Lanxess AG, Köln	3	Fahrrad	0,00 €		1				12,00 €
04.02.	08:15 - 18:15	Werkstudentenjob	Ringe 39, Köln	Lanxess AG, Köln	3	Bahn	0,00 €		1				12,00 €
05.02.	09:00 - 18:15	Werkstudentenjob	Ringe 39, Köln	Lanxess AG, Köln	3	Bahn	0,00 €		1				12,00 €
07.02.	08:00 - 12:30	Werkstudentenjob	Uni Köln	Lanxess AG, Köln	9	PKW	1,80 €						1,80 €
08.02.	07:45 - 17:45	Werkstudentenjob	Uni Köln	Lanxess AG, Köln	9	PKW	1,80 €		1				13,80 €
28.02.	07:00 - 17:00	Lerngruppe	Ringe 39, Köln	Uni Bibliothek Düsseldorf	82	Bahn	0,00 €	8,40 €	1				20,40 €
01.03.	07:00 - 17:30	Lerngruppe	Ringe 39, Köln	Uni Bibliothek Düsseldorf	82	Bahn	0,00 €	8,40 €	1				20,40 €
02.03.	07:00 - 19:15	Lerngruppe	Ringe 39, Köln	Uni Bibliothek Düsseldorf	82	PKW	16,40 €		1			5,00 €	33,40 €
03.03.	08:15 - 18:15	Werkstudentenjob	Ringe 39, Köln	Lanxess AG, Köln	3	Bahn	0,00 €		1				12,00 €
04.03.	09:00 - 18:15	Werkstudentenjob	Ringe 39, Köln	Lanxess AG, Köln	3	Bahn	0,00 €		1				12,00 €
05.03.	08:00 - 12:30	Werkstudentenjob	Uni Köln	Lanxess AG, Köln	9	PKW	1,80 €						1,80 €
08.03.	10:00 - 18:45	Lerngruppe	Ringe 39, Köln	Zülpicher Str. 8, Köln (bei Marco P.)	4	Fahrrad	0,00 €		1				12,00 €
12.03.	10:15 - 14:15	Lerngruppe	Ringe 39, Köln	Zülpicher Str. 8, Köln (bei Marco P.)	4	Motorroller	0,80 €						0,80 €
...	...	...	...	...	...	...	...	...	...	...	...	...	...
						Summen	340,40 €		15	4	6	345,00 €	1.057,40 €
							PWK = 0,30 Euro/km; Motorroller = 0,20 Euro/km; Bahn/Fahrrad = 0,00 Euro/km	z.B. Zugtickets; Fernbustickets; Nahverkehr				z.B. Hotel; Hostel; Parkhausgebühren; Maut; ...	
							Wählen, ob die jeweiligen tatsächlichen oder pauschalen Kosten teurer sind.						

13 REISEKOSTEN PAUSCHALBETRÄGE

Auf den folgenden Seiten werden für jedes Steuerjahr und alle Länder die Pauschalbeträge für Verpflegungsmehraufwand angegeben. Länder, die nicht in der Liste aufgeführt sind, werden wie Luxemburg abgerechnet. Für 2022 gelten aufgrund der Corona-Pandemie die gleichen Pauschbeträge wie im Steuerjahr 2021. Bei mehrtägigen Auslandsreisen gilt für den Tag der Anreise der Verpflegungsaufwand des Landes, welches man vor 24 Uhr zuletzt erreicht. Für den Abreisetag gilt der Verpflegungsaufwand des besuchten Landes.

https://www.bundesfinanzministerium.de/Content/DE/Downloads/BMF_Schreiben/Steuerarten/Lohnsteuer/2019-11-15-steuerliche-behandlung-reisekosten-reisekostenverguetungen-2020.pdf

13.1 Reisekostenpauschalen 2023

2023	Pauschbeträge für Verpflegungsmehraufwendungen		Pauschbetrag für Übernachtungskosten
	bei einer Abwesenheitsdauer von mindestens 24 Stunden je Kalendertag	für den An- und Abreisetag sowie bei einer Abwesenheitsdauer von mehr als 8 Stunden je Kalendertag	
	in €	in €	in €
Afghanistan	30	20	95
Ägypten	50	33	112
Äthiopien	39	26	130
Äquatorialguinea	36	24	166
Albanien	27	18	120
Algerien	47	32	173
Andorra	41	28	91
Angola	52	35	299
Argentinien	35	24	113
Armenien	24	16	59
Aserbaidschan	44	29	88
Australien (Canberra)	51	34	158
Australien (Sydney)	68	45	184
Australien (Rest)	51	34	158
Bahrain	48	32	153
Bangladesch	50	33	165
Barbados	52	35	165
Belgien	59	40	141
Benin	52	35	115
Bolivien	46	31	108
Bosnien und Herzegowina	23	16	75
Botsuana	46	31	176
Brasilien - Brasilia	57	38	127
Brasilien (Brasilia)	57	38	145
Brasilien (Rio de Janeiro)	53	36	132
Brasilien (Sao Paulo)	51	34	84
Brunei	52	35	106
Bulgarien	22	15	115
Burkina Faso	38	25	174

Burundi	36	24	138
Chile	44	29	154
China (Chengdu)	41	28	131
China (Hongkong)	74	49	145
China (Kanton)	36	24	150
China (Peking)	30	20	185
China (Shanghai)	58	39	217
China (Rest)	48	32	112
Costa Rica	47	32	93
Côte d'Ivoire	59	40	166
Dänemark	75	50	183
Deutschland	28	14	20
Dominikanische Republik	45	30	147
Dschibuti	65	44	305
Ecuador	27	18	103
El Salvador	65	44	161
Eritrea	50	33	91
Estland	29	20	85
Fidschi	34	23	69
Finnland	50	33	136
Frankreich (Lyon)	53	36	115
Frankreich (Marseille)	46	31	101
Frankreich (Paris sowie die Departments 92, 93 und 94)	58	39	159
Frankreich (Straßburg)	53	36	105
Frankreich (Rest)	44	29	115
Gabun	52	35	183
Gambia	40	27	161
Georgien	35	24	88
Ghana	46	31	148
Griechenland (Athen)	40	27	139
Griechenland (Rest)	36	24	150
Großbritannien (London)	66	44	163
Großbritannien (Rest)	52	35	99
Guatemala	34	23	90
Guinea	46	31	118
Guinea-Bissau	32	21	113
Haiti	58	39	130
Honduras	57	38	198
Indien (Bangalore)	42	28	155
Indien (Chennai)	32	21	85
Indien (Kalkutta)	35	24	145
Indien (Mumbai)	50	33	146
Indien (Neu Delhi)	38	25	185
Indien (Rest)	32	21	85
Indonesien	36	24	134
Iran	33	22	196
Irland	58	39	129
Island	62	41	187
Israel	66	44	190
Italien (Mailand)	45	30	158
Italien (Rom)	40	27	135

Italien (Rest)	40	27	135
Jamaika	57	38	138
Japan (Tokio)	66	44	233
Japan (Rest)	52	35	190
Jemen	24	16	95
Jordanien	57	38	134
Kambodscha	38	25	94
Kamerun	50	33	180
Kanada (Ottawa)	47	32	142
Kanada (Toronto)	51	34	161
Kanada (Vancouver)	50	33	140
Kanada (Rest)	47	32	134
Kap Verde	30	20	105
Kasachstan	45	30	111
Katar	56	37	149
Kenia	51	34	219
Kirgisistan	27	18	74
Kolumbien	46	31	115
Kongo (Republik)	62	41	215
Kongo (Demokratische Republik)	70	47	190
Korea (Demokratische Volksrepublik)	28	19	92
Korea (Republik)	48	32	108
Kosovo	24	16	71
Kroatien	35	24	107
Kuba	46	31	228
Kuwait	56	37	241
Laos	33	22	96
Lesotho	28	19	104
Lettland	35	24	76
Libanon	59	40	123
Libyen	63	42	135
Liechtenstein	56	37	190
Litauen	26	17	109
Luxemburg	63	42	139
Madagaskar	34	23	87
Malawi	41	28	109
Malaysia	36	24	86
Malediven	52	35	170
Mali	38	25	120
Malta	46	31	114
Marokko	42	28	129
Marshall Inseln	63	42	102
Mauretanien	35	24	86
Mauritius	54	36	220
Mazedonien	29	20	95
Mexiko	48	32	177
Moldau, Republik	26	17	73
Monaco	52	35	187
Mongolei	27	18	92
Montenegro	31	21	85
Mosambik	38	25	146
Myanmar	35	24	155
Namibia	30	20	112

Nepal	36	24	126
Neuseeland	56	37	153
Nicaragua	46	31	105
Niederlande	47	32	122
Niger	42	28	131
Nigeria	46	31	182
Nordmazedonien	27	18	89
Norwegen	80	53	182
Österreich	40	27	108
Oman	64	43	89
Pakistan (Islamabad)	23	16	238
Pakistan (Rest)	34	23	122
Palau	51	34	179
Panama	41	28	82
Papua-Neuguinea	59	40	159
Paraguay	38	25	108
Peru	34	23	143
Philippinen	33	22	116
Polen (Breslau)	33	22	117
Polen (Danzig)	30	20	84
Polen (Krakau)	27	18	86
Polen (Warschau)	29	20	109
Polen (Rest)	29	20	60
Portugal	32	21	111
Ruanda	44	29	117
Rumänien (Bukarest)	32	21	92
Rumänien (Rest)	27	18	89
Russische Föderation (Jekatarinburg)	28	19	84
Russische Föderation (Moskau)	30	20	110
Russische Föderation (St. Petersburg)	26	17	114
Russische Föderation (Rest)	24	16	58
Sambia	38	25	105
Samoa	39	26	105
San Marino	34	23	79
São Tomé – Príncipe	47	32	80
Saudi-Arabien (Djidda)	57	38	181
Saudi-Arabien (Riad)	56	37	186
Saudi-Arabien (Rest)	56	37	181
Schweden	66	44	140
Schweiz (Genf)	66	44	186
Schweiz (Rest)	64	43	180
Senegal	42	28	190
Serbien	27	18	97
Sierra Leone	48	32	161
Simbabwe	45	30	140
Singapur	54	36	197
Slowakische Republik	33	22	121
Slowenien	38	25	126
Spanien (Barcelona)	34	23	118
Spanien (Kanarische Inseln)	40	27	115

Spanien (Madrid)	**40**	27	**118**
Spanien (Palma de Mallorca)	**35**	**24**	**121**
Spanien (Rest)	**34**	23	**115**
Sri Lanka	**42**	**28**	**100**
Sudan	33	22	195
Südafrika (Kapstadt)	**33**	**22**	**130**
Südafrika (Johannisburg)	36	24	129
Südafrika (Rest)	**29**	**20**	**109**
Südsudan	34	23	**150**
Syrien	**38**	**25**	**140**
Tadschikistan	27	18	118
Taiwan	**46**	**31**	**143**
Tansania	**44**	29	97
Thailand	**38**	**25**	**110**
Togo	39	26	118
Tonga	**39**	**26**	**94**
Trinidad und Tobago	45	30	177
Tschad	**64**	**43**	**163**
Tschechische Republik	32	21	77
Türkei (Istanbul)	**26**	**17**	**120**
Türkei (Izmir)	29	20	55
Türkei (Rest)	**17**	**12**	**95**
Tunesien	**40**	27	**115**
Turkmenistan	**33**	**22**	**108**
Uganda	**41**	28	**143**
Ukraine	**26**	**17**	**98**
Ungarn	32	21	85
Uruguay	**48**	**32**	**90**
Usbekistan	34	23	**104**
Vatikanstaat	**52**	**35**	**160**
Venezuela	**45**	30	127
Vereinigte Arabische Emirate	**65**	**44**	**156**
USA (Atlanta)	77	52	182
USA (Boston)	**63**	**42**	**333**
USA (Chicago)	65	44	233
USA (Houston)	**62**	**41**	**201**
USA (Los Angeles)	64	43	262
USA (Miami)	**65**	**44**	**256**
USA (New York City)	66	44	308
USA (San Francisco)	**59**	**40**	**327**
USA (Washington D.C.)	66	44	203
USA (Rest)	**59**	**44**	**182**
Vietnam	41	28	86
Weißrussland	**20**	**13**	**98**
Zentralafrikanische Republik	46	31	74
Zypern	**42**	**28**	**125**

13.2 Reisekostenpauschalen 2021 und 2022

2021 2022	Pauschbeträge für Verpflegungsmehraufwendungen		Pauschbetrag für Übernachtungskosten
	bei einer Abwesenheitsdauer von mindestens 24 Stunden je Kalendertag	für den An- und Abreisetag sowie bei einer Abwesenheitsdauer von mehr als 8 Stunden je Kalendertag	
	in €	in €	in €
Afghanistan	30	20	95
Ägypten	41	28	125
Äthiopien	39	26	130
Äquatorialguinea	36	24	166
Albanien	27	18	112
Algerien	51	34	173
Andorra	41	28	91
Angola	52	35	299
Argentinien	35	24	113
Armenien	24	16	59
Aserbaidschan	30	20	72
Australien (Canberra)	51	34	158
Australien (Sydney)	68	45	184
Australien (Rest)	51	34	158
Bahrain	45	30	180
Bangladesch	50	33	165
Barbados	52	35	165
Belgien	42	28	135
Benin	52	35	115
Bolivien	30	20	93
Bosnien und Herzegowina	23	16	75
Botsuana	46	31	176
Brasilien - Brasilia	57	38	127
Brasilien (Brasilia)	57	38	145
Brasilien (Rio de Janeiro)	53	36	132
Brasilien (Sao Paulo)	51	34	84
Brunei	52	35	106
Bulgarien	22	15	115
Burkina Faso	38	25	174
Burundi	36	24	138
Chile	44	29	154
China (Chengdu)	41	28	131
China (Hongkong)	74	49	145
China (Kanton)	36	24	150
China (Peking)	30	20	185
China (Shanghai)	58	39	217
China (Rest)	48	32	112
Costa Rica	47	32	93
Côte d'Ivoire	59	40	166
Dänemark	58	39	143

Deutschland	28	14	20
Dominikanische Republik	45	30	147
Dschibuti	65	44	305
Ecuador	44	29	97
El Salvador	44	29	119
Eritrea	50	33	91
Estland	29	20	85
Fidschi	34	23	69
Finnland	50	33	136
Frankreich (Lyon)	53	36	115
Frankreich (Marseille)	46	31	101
Frankreich (Paris sowie die Departments 92, 93 und 94)	58	39	152
Frankreich (Straßburg)	51	34	96
Frankreich (Rest)	44	29	115
Gabun	52	35	183
Gambia	40	27	161
Georgien	35	24	88
Ghana	46	31	148
Griechenland (Athen)	46	31	132
Griechenland (Rest)	36	24	135
Großbritannien (London)	62	41	224
Großbritannien (Rest)	45	30	115
Guatemala	34	23	90
Guinea	46	31	118
Guinea-Bissau	24	16	86
Haiti	58	39	130
Honduras	48	32	101
Indien (Bangalore)	42	28	155
Indien (Chennai)	32	21	85
Indien (Kalkutta)	35	24	145
Indien (Mumbai)	50	33	146
Indien (Neu Delhi)	38	25	185
Indien (Rest)	32	21	85
Indonesien	36	24	134
Iran	33	22	196
Irland	58	39	129
Island	47	32	108
Israel	66	44	190
Italien (Mailand)	45	30	158
Italien (Rom)	40	27	135
Italien (Rest)	40	27	135
Jamaika	57	38	138
Japan (Tokio)	66	44	233
Japan (Rest)	52	35	190
Jemen	24	16	95
Jordanien	46	31	126
Kambodscha	38	25	94
Kamerun	50	33	180
Kanada (Ottawa)	47	32	142
Kanada (Toronto)	51	34	161
Kanada (Vancouver)	50	33	140

Kanada (Rest)	47	32	134
Kap Verde	30	20	105
Kasachstan	45	30	111
Katar	56	37	149
Kenia	51	34	219
Kirgisistan	27	18	74
Kolumbien	46	31	115
Kongo (Republik)	62	41	215
Kongo (Demokratische Republik)	70	47	190
Korea (Demokratische Volksrepublik)	28	19	92
Korea (Republik)	48	32	108
Kosovo	23	16	57
Kroatien	35	24	107
Kuba	46	31	228
Kuwait	56	37	241
Laos	33	22	96
Lesotho	24	16	103
Lettland	35	24	76
Libanon	59	40	123
Libyen	63	42	135
Liechtenstein	56	37	190
Litauen	26	17	109
Luxemburg	47	32	130
Madagaskar	34	23	87
Malawi	47	32	123
Malaysia	34	23	88
Malediven	52	35	170
Mali	38	25	120
Malta	46	31	114
Marokko	42	28	129
Marshall Inseln	63	42	102
Mauretanien	39	26	105
Mauritius	54	36	220
Mazedonien	29	20	95
Mexiko	48	32	177
Moldau, Republik	24	16	88
Monaco	42	28	180
Mongolei	27	18	92
Montenegro	29	20	94
Mosambik	38	25	146
Myanmar	35	24	155
Namibia	30	20	112
Nepal	36	24	126
Neuseeland	56	37	153
Nicaragua	36	24	81
Niederlande	47	32	122
Niger	42	28	131
Nigeria	46	31	182
Norwegen	80	53	182
Österreich	40	27	108
Oman	60	40	200
Pakistan (Islamabad)	23	16	238
Pakistan (Rest)	34	23	122

Palau	51	34	179
Panama	39	26	111
Papua-Neuguinea	60	40	234
Paraguay	38	25	108
Peru	34	23	143
Philippinen	33	22	116
Polen (Breslau)	33	22	117
Polen (Danzig)	30	20	84
Polen (Krakau)	27	18	86
Polen (Warschau)	29	20	109
Polen (Rest)	29	20	60
Portugal	36	24	102
Ruanda	46	31	141
Rumänien (Bukarest)	32	21	92
Rumänien (Rest)	27	18	89
Russische Föderation (Jekatarinburg)	28	19	84
Russische Föderation (Moskau)	30	20	110
Russische Föderation (St. Petersburg)	26	17	114
Russische Föderation (Rest)	24	16	58
Sambia	36	24	130
Samoa	29	20	85
San Marino	34	23	75
São Tomé – Principe	47	32	80
Saudi-Arabien (Djidda)	38	25	234
Saudi-Arabien (Riad)	48	32	179
Saudi-Arabien (Rest)	48	32	80
Schweden	50	33	168
Schweiz (Genf)	66	44	186
Schweiz (Rest)	64	43	180
Senegal	42	28	190
Serbien	20	13	74
Sierra Leone	48	32	161
Simbabwe	45	30	140
Singapur	54	36	197
Slowakische Republik	24	16	85
Slowenien	33	22	95
Spanien (Barcelona)	34	23	118
Spanien (Kanarische Inseln)	40	27	115
Spanien (Madrid)	40	27	118
Spanien (Palma de Mallorca)	35	24	121
Spanien (Rest)	34	23	115
Sri Lanka	42	28	100
Sudan	33	22	195
Südafrika (Kapstadt)	27	18	112
Südafrika (Johannis-burg)	29	20	124
Südafrika (Rest)	22	15	94
Südsudan	34	23	150
Syrien	38	25	140
Tadschikistan	27	18	118
Taiwan	46	31	143

Tansania	47	32	201
Thailand	38	25	110
Togo	39	26	118
Tonga	39	26	94
Trinidad und Tobago	45	30	177
Tschad	64	43	163
Tschechische Republik	35	24	94
Türkei (Istanbul)	26	17	120
Türkei (Izmir)	29	20	55
Türkei (Rest)	17	12	95
Tunesien	40	27	115
Turkmenistan	33	22	108
Uganda	41	28	143
Ukraine	26	17	98
Ungarn	22	15	63
Uruguay	48	32	90
Usbekistan	34	23	104
Vatikanstaat	52	35	160
Venezuela	45	30	127
Vereinigte Arabische Emirate	65	44	156
USA (Atlanta)	62	41	175
USA (Boston)	58	39	265
USA (Chicago)	54	36	209
USA (Houston)	63	42	138
USA (Los Angeles)	56	37	274
USA (Miami)	64	43	151
USA (New York City)	58	39	282
USA (San Francisco)	51	34	314
USA (Washington D.C.)	62	41	276
USA (Rest)	51	34	138
Vietnam	41	28	86
Weißrussland	20	13	98
Zentralafrikanische Republik	46	31	74
Zypern	45	30	116

13.3 Reisekostenpauschalen 2020

2020	**Pauschbeträge für Verpflegungsmehraufwendungen**		**Pauschbetrag für Übernachtungskosten**
	bei einer Abwesenheitsdauer von mindestens 24 Stunden je Kalendertag	für den An- und Abreisetag sowie bei einer Abwesenheitsdauer von mehr als 8 Stunden je Kalendertag	
	in €	in €	in €
Afghanistan	30	20	95
Ägypten	41	28	125
Äthiopien	39	26	130
Äquatorialguinea	36	24	166
Albanien	29	20	113

Algerien	51	34	173
Andorra	34	23	45
Angola	52	35	299
Argentinien	35	24	113
Armenien	24	16	59
Aserbaidschan	30	20	72
Australien (Canberra)	51	34	158
Australien (Sydney)	68	45	184
Australien (Rest)	51	34	158
Bahrain	45	30	180
Bangladesch	50	33	165
Barbados	52	35	165
Belgien	42	28	135
Benin	52	35	115
Bolivien	30	20	93
Bosnien und Herzego-wina	23	16	75
Botsuana	40	27	102
Brasilien - Brasilia	57	38	127
Brasilien (Brasilia)	57	38	145
Brasilien (Rio de Janeiro)	53	36	132
Brasilien (Sao Paulo)	51	34	84
Brunei	52	35	106
Bulgarien	22	15	115
Burkina Faso	38	25	174
Burundi	47	32	98
Chile	44	29	187
China (Chengdu)	35	24	105
China (Hongkong)	74	49	145
China (Kanton)	40	27	113
China (Peking)	46	31	142
China (Shanghai)	50	33	128
China (Rest)	50	33	78
Costa Rica	47	32	93
Côte d'Ivoire	51	34	146
Dänemark	58	39	143
Deutschland	28	14	20
Dominikanische Republik	45	30	147
Dschibuti	65	44	305
Ecuador	44	29	97
El Salvador	44	29	119
Eritrea	50	33	91
Estland	29	20	85
Fidschi	34	23	69
Finnland	50	33	136
Frankreich (Lyon)	53	36	115
Frankreich (Marseille)	46	31	101
Frankreich (Paris sowie die Departments 92, 93 und 94)	58	39	152
Frankreich (Straßburg)	51	34	96
Frankreich (Rest)	44	29	115
Gabun	52	35	183
Gambia	30	20	125

Georgien	35	24	88
Ghana	46	31	148
Griechenland (Athen)	46	31	132
Griechenland (Rest)	36	24	135
Großbritannien (London)	62	41	224
Großbritannien (Rest)	45	30	115
Guatemala	34	23	90
Guinea	46	31	118
Guinea-Bissau	24	16	86
Haiti	58	39	130
Honduras	48	32	101
Indien (Bangalore)	42	28	155
Indien (Chennai)	32	21	85
Indien (Kalkutta)	35	24	145
Indien (Mumbai)	50	33	146
Indien (Neu Delhi)	38	25	185
Indien (Rest)	32	21	85
Indonesien	36	24	134
Iran	33	22	196
Irland	44	29	92
Island	47	32	108
Israel	66	44	190
Italien (Mailand)	45	30	158
Italien (Rom)	40	27	135
Italien (Rest)	40	27	135
Jamaika	57	38	138
Japan (Tokio)	66	44	233
Japan (Rest)	52	35	190
Jemen	24	16	95
Jordanien	46	31	126
Kambodscha	38	25	94
Kamerun	50	33	180
Kanada (Ottawa)	47	32	142
Kanada (Toronto)	51	34	161
Kanada (Vancouver)	50	33	140
Kanada (Rest)	47	32	134
Kap Verde	30	20	105
Kasachstan	45	30	111
Katar	56	37	149
Kenia	42	28	223
Kirgisistan	27	18	74
Kolumbien	46	31	115
Kongo (Republik)	50	33	200
Kongo (Demokratische Republik)	70	47	190
Korea (Demokratische Volksrepublik)	28	19	92
Korea (Republik)	58	39	112
Kosovo	23	16	57
Kroatien	35	24	107
Kuba	46	31	228
Kuwait	42	28	185
Laos	33	22	96
Lesotho	24	16	103
Lettland	35	24	76

Libanon	59	40	123
Libyen	63	42	135
Liechtenstein	53	36	180
Litauen	26	17	109
Luxemburg	47	32	130
Madagaskar	34	23	87
Malawi	47	32	123
Malaysia	34	23	88
Malediven	52	35	170
Mali	38	25	120
Malta	46	31	114
Marokko	42	28	129
Marshall Inseln	63	42	102
Mauretanien	39	26	105
Mauritius	54	36	220
Mazedonien	29	20	95
Mexiko	48	32	177
Moldau, Republik	24	16	88
Monaco	42	28	180
Mongolei	27	18	92
Montenegro	29	20	94
Mosambik	38	25	146
Myanmar	35	24	155
Namibia	30	20	112
Nepal	28	19	86
Neuseeland	56	37	153
Nicaragua	36	24	81
Niederlande	47	32	122
Niger	41	28	89
Nigeria	46	31	182
Norwegen	80	53	182
Österreich	40	27	108
Oman	60	40	200
Pakistan (Islamabad)	23	16	238
Pakistan (Rest)	34	23	122
Palau	51	34	179
Panama	39	26	111
Papua-Neuguinea	60	40	234
Paraguay	38	25	108
Peru	34	23	143
Philippinen	33	22	116
Polen (Breslau)	33	22	117
Polen (Danzig)	30	20	84
Polen (Krakau)	27	18	86
Polen (Warschau)	29	20	109
Polen (Rest)	29	20	60
Portugal	36	24	102
Ruanda	46	31	141
Rumänien (Bukarest)	32	21	100
Rumänien (Rest)	26	17	62
Russische Föderation (Jekatarinburg)	28	19	84
Russische Föderation (Moskau)	30	20	110
Russische Föderation (St. Petersburg)	26	17	114

Russische Föderation (Rest)	24	16	58
Sambia	36	24	130
Samoa	29	20	85
San Marino	34	23	75
São Tomé – Príncipe	47	32	80
Saudi-Arabien (Djidda)	38	25	234
Saudi-Arabien (Riad)	48	32	179
Saudi-Arabien (Rest)	48	32	80
Schweden	50	33	168
Schweiz (Genf)	64	43	195
Schweiz (Rest)	62	41	169
Senegal	45	30	128
Serbien	20	13	74
Sierra Leone	48	32	161
Simbabwe	45	30	140
Singapur	54	36	197
Slowakische Republik	24	16	85
Slowenien	33	22	95
Spanien (Barcelona)	34	23	118
Spanien (Kanarische Inseln)	40	27	115
Spanien (Madrid)	40	27	118
Spanien (Palma de Mallorca)	35	24	121
Spanien (Rest)	34	23	115
Sri Lanka	42	28	100
Sudan	33	22	195
Südafrika (Kapstadt)	27	18	112
Südafrika (Johannis-burg)	29	20	124
Südafrika (Rest)	22	15	94
Südsudan	34	23	150
Syrien	38	25	140
Tadschikistan	27	18	118
Taiwan	46	31	143
Tansania	47	32	201
Thailand	38	25	110
Togo	39	26	118
Tonga	39	26	94
Trinidad und Tobago	45	30	177
Tschad	64	43	163
Tschechische Republik	35	24	94
Türkei (Istanbul)	26	17	120
Türkei (Izmir)	29	20	55
Türkei (Rest)	17	12	95
Tunesien	40	27	115
Turkmenistan	33	22	108
Uganda	41	28	143
Ukraine	26	17	98
Ungarn	22	15	63
Uruguay	48	32	90
Usbekistan	34	23	104
Vatikanstaat	52	35	160
Venezuela	45	30	127
Vereinigte Arabische	65	44	156

Emirate			
USA (Atlanta)	62	41	175
USA (Boston)	58	39	265
USA (Chicago)	54	36	209
USA (Houston)	63	42	138
USA (Los Angeles)	56	37	274
USA (Miami)	64	43	151
USA (New York City)	58	39	282
USA (San Francisco)	51	34	314
USA (Washington D.C.)	62	41	276
USA (Rest)	51	34	138
Vietnam	41	28	86
Weißrussland	20	13	98
Zentralafrikanische Republik	46	31	74
Zypern	45	30	116

13.4 Reisekostenpauschalen 2019

2019	**Pauschbeträge für Verpflegungsmehraufwendungen**		**Pauschbetrag für Übernachtungskosten**
	bei einer Abwesenheitsdauer von mindestens 24 Stunden je Kalendertag	für den An- und Abreisetag sowie bei einer Abwesenheitsdauer von mehr als 8 Stunden je Kalendertag	
	in €	in €	in €
Afghanistan	30	20	95
Ägypten	41	28	125
Äthiopien	27	18	86
Äquatorialguinea	36	24	166
Albanien	29	20	113
Algerien	51	34	173
Andorra	34	23	45
Angola	77	52	265
Antigua und Barbuda	45	30	177
Argentinien	34	23	144
Armenien	23	16	63
Aserbaidschan	30	20	72
Australien (Canberra)	51	34	158
Australien (Sydney)	68	45	184
Australien (Rest)	51	34	158
Bahrain	45	30	180
Bangladesch	30	20	111
Barbados	52	35	165
Belgien	42	28	135
Benin	40	27	101
Bolivien	30	20	93
Bosnien + Herzegowina	18	12	73
Botsuana	40	27	102
Brasilien (Brasilia)	57	38	127
Brasilien (Rio de Janeiro)	57	38	145
Brasilien (Sao Paulo)	53	36	132
Brasilien (Rest)	51	34	84

Brunei	48	32	106
Bulgarien	22	15	90
Burkina Faso	44	29	84
Burundi	47	32	98
Chile	44	29	187
China (Chengdu)	35	24	105
China (Hongkong)	74	49	145
China (Kanton)	40	27	113
China (Peking)	46	31	142
China (Shanghai)	50	33	128
China (Rest)	50	33	78
Costa Rica	47	32	93
Côte d'Ivoire	51	34	146
Dänemark	58	39	143
Dominica	45	30	177
Dominikanische Republik	45	30	147
Dschibuti	65	44	305
Ecuador	44	29	97
El Salvador	44	29	119
Eritrea	50	33	91
Estland	27	18	71
Fidschi	34	23	69
Finnland	50	33	136
Frankreich (Lyon)	53	36	115
Frankreich (Marseille)	46	31	101
Frankreich (Paris)	58	39	152
Frankreich (Departements 92-94)	58	39	135
Frankreich (Straßburg)	51	34	96
Frankreich (Rest)	44	29	115
Gabun	62	41	278
Gambia	30	20	125
Georgien	35	24	88
Ghana	46	31	148
Grenada	45	30	177
Griechenland (Athen)	46	31	132
Griechenland (Rest)	36	24	135
Großbritannien (London)	62	41	224
Großbritannien + Nordirland (Rest)	45	30	115
Guatemala	34	23	90
Guinea	46	31	118
Guinea-Bissau	24	16	86
Guyana	45	30	177
Haiti	58	39	130
Honduras	48	32	101
Indien (Chennai)	32	21	85
Indien (Kalkutta)	35	24	145
Indien (Mumbai)	50	33	146
Indien (Neu Delhi)	38	25	185
Indien (Rest)	32	21	85
Indonesien	38	25	130
Iran	33	22	196
Irland	44	29	92
Island	47	32	108
Israel	56	37	191
Italien (Mailand)	45	30	158
Italien (Rom)	40	27	135
Italien (Rest)	40	27	135
Jamaika	57	38	138
Japan (Tokio)	66	44	233

Japan (Rest)	51	34	156
Jemen	24	16	95
Jordanien	46	31	126
Kambodscha	38	25	94
Kamerun	50	33	180
Kanada (Ottawa)	47	32	142
Kanada (Toronto)	51	34	161
Kanada (Vancouver)	50	33	140
Kanada (Rest)	47	32	134
Kap Verde	30	20	105
Kasachstan	45	30	111
Katar	56	37	170
Kenia	42	28	223
Kirgisistan	29	20	91
Kolumbien	41	28	126
Kongo (Republik)	50	33	200
Kongo (Demokratische Republik)	68	45	171
Korea (Demokratische Volksrepublik)	39	26	132
Korea (Republik)	58	39	112
Kosovo	23	16	57
Kroatien	28	19	75
Kuba	46	31	228
Kuwait	42	28	185
Laos	33	22	96
Lesotho	24	16	103
Lettland	30	20	80
Libanon	59	40	123
Libyen	63	42	135
Liechtenstein	53	36	180
Litauen	24	16	68
Luxemburg	47	32	130
Madagaskar	34	23	87
Malawi	47	32	123
Malaysia	34	23	88
Malediven	52	35	170
Mali	41	28	122
Malta	45	30	112
Marokko	42	28	129
Marshall Inseln	63	42	102
Mauretanien	39	26	105
Mauritius	54	36	220
Mazedonien	29	20	95
Mexiko	41	28	141
Mikronesien	33	22	116
Moldau (Republik)	24	16	88
Monaco	42	28	180
Mongolei	27	18	92
Montenegro	29	20	94
Mosambik	38	25	146
Myanmar	35	24	155
Namibia	23	16	77
Nepal	28	19	86
Neuseeland	56	37	153
Nicaragua	36	24	81
Niederlande	46	31	119
Niger	41	28	89
Nigeria	63	42	255
Norwegen	80	53	182
Österreich	40	27	108
Oman	60	40	200
Pakistan (Islamabad)	30	20	165

Pakistan (Rest)	27	18	68
Palau	51	34	179
Panama	39	26	111
Papua-Neuguinea	60	40	234
Paraguay	38	25	108
Peru	30	20	93
Philippinen	30	20	107
Polen (Breslau)	33	22	117
Polen (Danzig)	30	20	84
Polen (Krakau)	27	18	86
Polen (Warschau)	29	20	109
Polen (Rest)	29	20	60
Portugal	36	24	102
Ruanda	46	31	141
Rumänien (Bukarest)	32	21	100
Rumänien (Rest)	26	17	62
Russische Föderation (Jekatarinburg)	28	19	84
Russische Föderation (Moskau)	30	20	110
Russische Föderation (St. Petersburg)	26	17	114
Russische Föderation (Rest)	24	16	58
Sambia	36	24	130
Samoa	29	20	85
São Tomé (Príncipe)	47	32	80
San Marino	34	23	75
Saudi-Arabien (Djidda)	38	25	234
Saudi-Arabien (Riad)	48	32	179
Saudi-Arabien (Rest)	48	32	80
Schweden	50	33	168
Schweiz (Genf)	64	43	195
Schweiz (Rest)	62	41	169
Senegal	45	30	128
Serbien	20	13	74
Sierra Leone	48	32	161
Simbabwe	45	30	140
Singapur	54	36	197
Slowakische Republik	24	16	85
Slowenien	33	22	95
Spanien (Barcelona)	34	23	118
Spanien (Kanarische Inseln)	40	27	115
Spanien (Madrid)	40	27	118
Spanien (Palma de Mallorca)	35	24	121
Spanien (Rest)	34	23	115
Sri Lanka	42	28	100
St. Kitts + Nevis	45	30	177
St. Lucia	45	30	177
St. Vincent + Grenadinen	45	30	177
Sudan	35	24	115
Südafrika (Kapstadt)	27	18	112
Südafrika (Johannisburg)	29	20	124
Südafrika (Rest)	22	15	94
Südsudan	34	23	150
Suriname	45	30	177
Syrien	38	25	140
Tadschikistan	27	18	118
Taiwan	51	34	126

Tansania	47	32	201
Thailand	38	25	110
Togo	35	24	108
Tonga	39	26	94
Trinidad + Tobago	45	30	177
Tschad	64	43	163
Tschechische Republik	35	24	94
Türkei (Istanbul)	35	24	104
Türkei (Izmir)	42	28	80
Türkei (Rest)	40	27	78
Tunesien	40	27	115
Turkmenistan	33	22	108
Uganda	35	24	129
Ukraine	32	21	98
Ungarn	22	15	63
Uruguay	44	29	109
USA (Atlanta)	62	41	175
USA (Boston)	58	39	265
USA (Chicago)	54	36	209
USA (Houston)	63	42	138
USA (Los Angeles)	56	37	274
USA (Miami)	64	43	151
USA (New York City)	58	39	282
USA (San Francisco)	51	34	314
USA (Washington D.C.)	62	41	276
USA (Rest)	51	34	138
Usbekistan	34	23	123
Vatikanstaat	52	35	160
Venezuela	69	46	127
Vereinigte Arabische Emirate	45	30	155
Vietnam	41	28	86
Weißrussland	20	13	98
Zentralafrikanische Republik	46	31	74
Zypern	45	30	116

13.5 Reisekostenpauschalen 2018

2018	Pauschbeträge für Verpflegungsmehraufwendungen		Pauschbetrag für Übernachtungskosten
	bei einer Abwesenheitsdauer von mindestens 24 Stunden je Kalendertag	für den An- und Abreisetag sowie bei einer Abwesenheitsdauer von mehr als 8 Stunden je Kalendertag	
	in €	in €	in €
Afghanistan	30	20	95
Ägypten	41	28	125
Äthiopien	27	18	86
Äquatorialguinea	36	24	166
Albanien	29	20	113
Algerien	51	34	173
Andorra	34	23	45
Angola	77	52	265
Antigua und Barbuda	53	36	117
Argentinien	34	23	144

Armenien	23	16	63
Aserbaidschan	30	20	72
Australien (Canberra)	51	34	158
Australien (Sydney)	68	45	184
Australien (Rest)	51	34	158
Bahrain	45	30	180
Bangladesch	30	20	111
Barbados	58	39	179
Belgien	42	28	135
Benin	40	27	101
Bolivien	30	20	93
Bosnien + Herzegowina	18	12	73
Botsuana	40	27	102
Brasilien (Brasilia)	57	38	127
Brasilien (Rio de Janeiro)	57	38	145
Brasilien (Sao Paulo)	53	36	132
Brasilien (Rest)	51	34	84
Brunei	48	32	106
Bulgarien	22	15	90
Burkina Faso	44	29	84
Burundi	47	32	98
Chile	44	29	187
China (Chengdu)	35	24	105
China (Hongkong)	74	49	145
China (Kanton)	40	27	113
China (Peking)	46	31	142
China (Shanghai)	50	33	128
China (Rest)	50	33	78
Costa Rica	46	31	93
Côte d'Ivoire	51	34	146
Dänemark	58	39	143
Dominica	40	27	94
Dominikanische Republik	45	30	147
Dschibuti	65	44	305
Ecuador	44	29	97
El Salvador	44	29	119
Eritrea	46	31	81
Estland	27	18	71
Fidschi	34	23	69
Finnland	50	33	136
Frankreich (Lyon)	53	36	83
Frankreich (Marseille)	46	31	101
Frankreich (Paris)	58	39	152
Frankreich (Departements 92-94)	58	39	135
Frankreich (Straßburg)	51	34	96
Frankreich (Rest)	44	29	115
Gabun	62	41	278
Gambia	30	20	125
Georgien	35	24	88
Ghana	46	31	174
Grenada	51	34	121
Griechenland (Athen)	46	31	132

Griechenland (Rest)	36	24	89
Großbritannien (London)	62	41	224
Großbritannien + Nordirland (Rest)	45	30	115
Guatemala	28	19	96
Guinea	46	31	118
Guinea-Bissau	24	16	86
Guyana	41	28	81
Haiti	58	39	130
Honduras	48	32	101
Indien (Chennai)	34	23	87
Indien (Kalkutta)	41	28	117
Indien (Mumbai)	32	21	125
Indien (Neu Delhi)	50	33	144
Indien (Rest)	36	24	145
Indonesien	38	25	130
Iran	33	22	196
Irland	44	29	92
Island	47	32	108
Israel	56	37	191
Italien (Mailand)	39	26	156
Italien (Rom)	52	35	160
Italien (Rest)	34	23	126
Jamaika	54	36	135
Japan (Tokio)	66	44	233
Japan (Rest)	51	34	156
Jemen	24	16	95
Jordanien	46	31	126
Kambodscha	39	26	94
Kamerun	50	33	180
Kanada (Ottawa)	47	32	142
Kanada (Toronto)	51	34	161
Kanada (Vancouver)	50	33	140
Kanada (Rest)	47	32	134
Kap Verde	30	20	105
Kasachstan	39	26	109
Katar	56	37	170
Kenia	42	28	223
Kirgisistan	29	20	91
Kolumbien	41	28	126
Kongo (Republik)	50	33	200
Kongo (Demokratische Republik)	68	45	171
Korea (Demokratische Volksrepublik)	39	26	132
Korea (Republik)	58	39	112
Kosovo	23	16	57
Kroatien	28	19	75
Kuba	46	31	228
Kuwait	42	28	185
Laos	33	22	96
Lesotho	24	16	103
Lettland	30	20	80
Libanon	44	29	120
Libyen	45	30	100

Liechtenstein	53	36	180
Litauen	24	16	68
Luxemburg	47	32	130
Madagaskar	34	23	87
Malawi	47	32	123
Malaysia	34	23	88
Malediven	52	35	170
Mali	41	28	122
Malta	45	30	112
Marokko	42	28	129
Marshall Inseln	63	42	70
Mauretanien	39	26	105
Mauritius	54	36	220
Mazedonien	29	20	95
Mexiko	41	28	141
Mikronesien	56	37	74
Moldau (Republik)	24	16	88
Monaco	42	28	180
Mongolei	27	18	92
Montenegro	29	20	94
Mosambik	42	28	147
Myanmar	35	24	155
Namibia	23	16	77
Nepal	28	19	86
Neuseeland	56	37	153
Nicaragua	36	24	81
Niederlande	46	31	119
Niger	41	28	89
Nigeria	63	42	255
Norwegen	80	53	182
Österreich	36	24	104
Oman	60	40	200
Pakistan (Islamabad)	30	20	165
Pakistan (Rest)	27	18	68
Palau	51	34	166
Panama	39	26	111
Papua-Neuguinea	60	40	234
Paraguay	38	25	108
Peru	30	20	93
Philippinen	30	20	107
Polen (Breslau)	33	22	92
Polen (Danzig)	29	20	77
Polen (Krakau)	28	19	88
Polen (Warschau)	30	20	105
Polen (Rest)	27	18	50
Portugal	36	24	102
Ruanda	46	31	141
Rumänien (Bukarest)	32	21	100
Rumänien (Rest)	26	17	62
Russische Föderation (Jekatarinburg)	28	19	84
Russische Föderation (Moskau)	30	20	110
Russische Föderation (St. Petersburg)	26	17	114
Russische Föderation	24	16	58

(Rest)			
Sambia	36	24	130
Samoa	29	20	85
São Tomé (Príncipe)	47	32	80
San Marino	34	23	75
Saudi-Arabien (Djidda)	38	25	234
Saudi-Arabien (Riad)	48	32	179
Saudi-Arabien (Rest)	48	32	80
Schweden	50	33	168
Schweiz (Genf)	64	43	195
Schweiz (Rest)	62	41	169
Senegal	45	30	128
Serbien	20	13	74
Sierra Leone	39	26	82
Simbabwe	45	30	103
Singapur	53	36	188
Slowakische Republik	24	16	85
Slowenien	33	22	95
Spanien (Barcelona)	32	21	118
Spanien (Kanarische Inseln)	32	21	98
Spanien (Madrid)	41	28	113
Spanien (Palma de Mallorca)	32	21	110
Spanien (Rest)	29	20	88
Sri Lanka	42	28	100
St. Kitts + Nevis	45	30	99
St. Lucia	54	36	129
St. Vincent + Grenadinen	52	35	121
Sudan	35	24	115
Und Südafrika (Kapstadt)	27	18	112
Südafrika (Johannisburg)	29	20	124
Südafrika (Rest)	22	15	94
Südsudan	34	23	150
Suriname	41	28	108
Syrien	38	25	140
Tadschikistan	26	17	67
Taiwan	51	34	126
Tansania	47	32	201
Thailand	32	21	118
Togo	35	24	108
Tonga	39	26	94
Trinidad + Tobago	54	36	164
Tschad	64	43	163
Tschechische Republik	35	24	94
Türkei (Istanbul)	35	24	104
Türkei (Izmir)	42	28	80
Türkei (Rest)	40	27	78
Tunesien	40	27	115
Turkmenistan	33	22	108
Uganda	35	24	129
Ukraine	32	21	98
Ungarn	22	15	63

Uruguay	44	29	109
USA (Atlanta)	62	41	175
USA (Boston)	58	39	265
USA (Chicago)	54	36	209
USA (Houston)	63	42	138
USA (Los Angeles)	56	37	274
USA (Miami)	64	43	151
USA (New York City)	58	39	282
USA (San Francisco)	51	34	314
USA (Washington D.C.)	62	41	276
USA (Rest)	51	34	138
Usbekistan	34	23	123
Vatikanstaat	52	35	160
Venezuela	47	32	120
Vereinigte Arabische Emirate	45	30	155
Vietnam	38	25	86
Weißrussland	20	13	98
Zentralafrikanische Republik	46	31	74
Zypern	45	30	116

13.6 Reisekostenpauschalen 2017

2017	Pauschbeträge für Verpflegungsmehraufwendungen		Pauschbetrag für Übernachtungskosten
	bei einer Abwesenheitsdauer von mindestens 24 Stunden je Kalendertag	für den An- und Abreisetag sowie bei einer Abwesenheitsdauer von mehr als 8 Stunden je Kalendertag	
	in €	in €	in €
Afghanistan	30	20	95
Ägypten	40	27	113
Äthiopien	27	18	86
Äquatorialguinea	36	24	166
Albanien	29	20	113
Algerien	51	34	173
Andorra	34	23	45
Angola	77	52	265
Antigua und Barbuda	53	36	117
Argentinien	34	23	144
Armenien	23	16	63
Aserbaidschan	30	20	72
Australien (Canberra)	58	39	158
Australien (Sydney)	59	40	186
Australien (Rest)	56	37	133
Bahrain	45	30	180
Bangladesch	30	20	111
Barbados	58	39	179
Belgien	41	28	135
Benin	40	27	101

Bolivien	30	20	93
Bosnien + Herzegowina	18	12	73
Botsuana	40	27	102
Brasilien (Brasilia)	53	36	160
Brasilien (Rio de Janeiro)	47	32	145
Brasilien (Sao Paulo)	53	36	120
Brasilien (Rest)	54	36	110
Brunei	48	32	106
Bulgarien	22	15	90
Burkina Faso	44	29	84
Burundi	47	32	98
Chile	40	27	130
China (Chengdu)	35	24	105
China (Hongkong)	74	49	145
China (Kanton)	40	27	113
China (Peking)	46	31	142
China (Shanghai)	50	33	128
China (Rest)	50	33	78
Costa Rica	46	31	93
Côte d'Ivoire	51	34	146
Dänemark	60	40	150
Dominica	40	27	94
Dominikanische Republik	40	27	71
Dschibuti	48	32	160
Ecuador	44	29	97
El Salvador	44	29	119
Eritrea	46	31	81
Estland	27	18	71
Fidschi	34	23	69
Finnland	39	26	136
Frankreich (Lyon)	53	36	83
Frankreich (Marseille)	51	34	86
Frankreich (Paris)	58	39	135
Frankreich (Departements 92-94)	58	39	135
Frankreich (Straßburg)	48	32	89
Frankreich (Rest)	44	29	81
Gabun	62	41	278
Gambia	30	20	125
Georgien	30	20	80
Ghana	46	31	174
Grenada	51	34	121
Griechenland (Athen)	46	31	132
Griechenland (Rest)	36	24	89
Großbritannien (London)	62	41	224
Großbritannien + Nordirland (Rest)	45	30	115
Guatemala	28	19	96
Guinea	38	25	110
Guinea-Bissau	24	16	86
Guyana	41	28	81
Haiti	50	33	111

Honduras	48	32	101
Indien (Chennai)	34	23	87
Indien (Kalkutta)	41	28	117
Indien (Mumbai)	32	21	125
Indien (Neu Delhi)	50	33	144
Indien (Rest)	36	24	145
Indonesien	38	25	130
Iran	28	19	84
Irland	44	29	92
Island	47	32	108
Israel	56	37	191
Italien (Mailand)	39	26	156
Italien (Rom)	52	35	160
Italien (Rest)	34	23	126
Jamaika	54	36	135
Japan (Tokio)	53	36	153
Japan (Rest)	51	34	156
Jemen	24	16	95
Jordanien	46	31	126
Kambodscha	39	26	94
Kamerun	50	33	180
Kanada (Ottawa)	35	24	110
Kanada (Toronto)	52	35	142
Kanada (Vancouver)	48	32	106
Kanada (Rest)	44	29	111
Kap Verde	30	20	105
Kasachstan	39	26	109
Katar	56	37	170
Kenia	42	28	223
Kirgisistan	29	20	91
Kolumbien	41	28	126
Kongo (Republik)	50	33	200
Kongo (Demokratische Republik)	68	45	171
Korea (Demokratische Volksrepublik)	39	26	132
Korea (Republik)	58	39	112
Kosovo	23	16	57
Kroatien	28	19	75
Kuba	50	33	85
Kuwait	42	28	185
Laos	33	22	67
Lesotho	24	16	103
Lettland	30	20	80
Libanon	44	29	120
Libyen	45	30	100
Liechtenstein	53	36	180
Litauen	24	16	68
Luxemburg	47	32	102
Madagaskar	38	25	83
Malawi	47	32	123
Malaysia	34	23	88
Malediven	38	25	93
Mali	41	28	122
Malta	45	30	112
Marokko	42	28	129

Marshall Inseln	63	42	70
Mauretanien	39	26	105
Mauritius	48	32	140
Mazedonien	24	16	95
Mexiko	41	28	141
Mikronesien	56	37	74
Moldau (Republik)	24	16	88
Monaco	42	28	180
Mongolei	29	20	84
Montenegro	29	20	94
Mosambik	42	28	147
Myanmar	35	24	155
Namibia	23	16	77
Nepal	28	19	86
Neuseeland	47	32	98
Nicaragua	36	24	81
Niederlande	46	31	119
Niger	36	24	70
Nigeria	63	42	255
Norwegen	64	43	182
Österreich	36	24	104
Oman	60	40	200
Pakistan (Islamabad)	30	20	165
Pakistan (Rest)	27	18	68
Palau	51	34	166
Panama	39	26	111
Papua-Neuguinea	60	40	234
Paraguay	36	24	61
Peru	30	20	93
Philippinen	30	20	107
Polen (Breslau)	33	22	92
Polen (Danzig)	29	20	77
Polen (Krakau)	28	19	88
Polen (Warschau)	30	20	105
Polen (Rest)	27	18	50
Portugal	36	24	92
Ruanda	46	31	141
Rumänien (Bukarest)	32	21	100
Rumänien (Rest)	26	17	62
Russische Föderation (Jekatarinenburg)	28	19	84
Russische Föderation (Moskau)	30	20	110
Russische Föderation (St. Petersburg)	26	17	114
Russische Föderation (Rest)	24	16	58
Sambia	36	24	130
Samoa	29	20	85
São Tomé (Príncipe)	47	32	80
San Marino	34	23	75
Saudi-Arabien (Djidda)	38	25	234
Saudi-Arabien (Riad)	48	32	179
Saudi-Arabien (Rest)	48	32	80
Schweden	50	33	168
Schweiz (Genf)	64	43	195

Schweiz (Rest)	62	41	169
Senegal	45	30	128
Serbien	20	13	74
Sierra Leone	39	26	82
Simbabwe	45	30	103
Singapur	53	36	188
Slowakische Republik	24	16	85
Slowenien	33	22	95
Spanien (Barcelona)	32	21	118
Spanien (Kanarische Inseln)	32	21	98
Spanien (Madrid)	41	28	113
Spanien (Palma de Mallorca)	32	21	110
Spanien (Rest)	29	20	88
Sri Lanka	40	27	118
St. Kitts + Nevis	45	30	99
St. Lucia	54	36	129
St. Vincent + Grenadinen	52	35	121
Sudan	35	24	115
Südafrika (Kapstadt)	27	18	112
Südafrika (Johannisburg)	29	20	124
Südafrika (Rest)	22	15	94
Südsudan	34	23	150
Suriname	41	28	108
Syrien	38	25	140
Tadschikistan	26	17	67
Taiwan	51	34	126
Tansania	47	32	201
Thailand	32	21	118
Togo	35	24	108
Tonga	32	21	36
Trinidad + Tobago	54	36	164
Tschad	47	32	151
Tschechische Republik	35	24	94
Türkei (Istanbul)	35	24	104
Türkei (Izmir)	42	28	80
Türkei (Rest)	40	27	78
Tunesien	33	22	80
Turkmenistan	33	22	108
Uganda	35	24	129
Ukraine	32	21	98
Ungarn	22	15	63
Uruguay	44	29	109
USA (Atlanta)	62	41	175
USA (Boston)	58	39	265
USA (Chicago)	54	36	209
USA (Houston)	63	42	138
USA (Los Angeles)	56	37	274
USA (Miami)	64	43	151
USA (New York City)	58	39	282
USA (San Francisco)	51	34	314
USA (Washington D.C.)	62	41	276

USA (Rest)	51	34	138
Usbekistan	34	23	123
Vatikanstaat	52	35	160
Venezuela	48	32	207
Vereinigte Arabische Emirate	45	30	155
Vietnam	38	25	86
Weißrussland	27	18	109
Zentralafrikanische Republik	46	31	74
Zypern	45	30	116

13.7 Reisekostenpauschalen 2016

2016	**Pauschbeträge für Verpflegungsmehraufwendungen**		**Pauschbetrag für Übernachtungskosten**
	bei einer Abwesenheitsdauer von mindestens 24 Stunden je Kalendertag	für den An- und Abreisetag sowie bei einer Abwesenheitsdauer von mehr als 8 Stunden je Kalendertag	
	in €	in €	in €
Afghanistan	30	20	95
Ägypten	40	27	113
Äthiopien	27	18	86
Äquatorialguinea	36	24	166
Albanien	29	20	90
Algerien	39	26	190
Andorra	34	23	45
Angola	77	52	265
Antigua und Barbuda	53	36	117
Argentinien	34	23	144
Armenien	23	16	63
Aserbaidschan	40	27	120
Australien (Canberra)	58	39	158
Australien (Sydney)	59	40	186
Australien (Rest)	56	37	133
Bahrain	45	30	180
Bangladesch	30	20	111
Barbados	58	39	179
Belgien	41	28	135
Benin	40	27	101
Bolivien	24	16	70
Bosnien + Herzegowina	18	12	73
Botsuana	40	27	102
Brasilien (Brasilia)	53	36	160
Brasilien (Rio de Janeiro)	47	32	145
Brasilien (Sao Paulo)	53	36	120
Brasilien (Rest)	54	36	110
Brunei	48	32	106
Bulgarien	22	15	90
Burkina Faso	44	29	84

Burundi	47	32	98
Chile	40	27	130
China (Chengdu)	35	24	105
China (Hongkong)	74	49	145
China (Peking)	46	31	142
China (Shanghai)	50	33	128
China (Rest)	40	27	113
Costa Rica	36	24	69
Côte d'Ivoire	51	34	146
Dänemark	60	40	150
Dominica	40	27	94
Dominikanische Republik	40	27	71
Dschibuti	48	32	160
Ecuador	39	26	55
El Salvador	44	29	119
Eritrea	46	31	81
Estland	27	18	71
Fidschi	32	21	57
Finnland	39	26	136
Frankreich (Lyon)	53	36	83
Frankreich (Marseille)	51	34	86
Frankreich (Paris)	58	39	135
Frankreich (Departements 92-94: Hauts-de-Seine, Seine-Saint-Denis, Val-de-Marne)	58	39	135
Frankreich (Straßburg)	48	32	89
Frankreich (Rest)	44	29	81
Gabun	62	41	278
Gambia	30	20	125
Georgien	30	20	80
Ghana	46	31	174
Grenada	51	34	121
Griechenland (Athen)	57	38	125
Griechenland (Rest)	42	28	132
Großbritannien (London)	62	41	224
Großbritannien + Nordirland (Rest)	45	30	115
Guatemala	28	19	96
Guinea	38	25	110
Guinea-Bissau	24	16	86
Guyana	41	28	81
Haiti	50	33	111
Honduras	44	29	104
Indien (Chennai)	34	23	87
Indien (Kalkutta)	41	28	117
Indien (Mumbai)	32	21	125
Indien (Neu Delhi)	50	33	144
Indien (Rest)	36	24	145
Indonesien	38	25	130
Iran	28	19	84
Irland	44	29	92
Island	47	32	108
Israel	56	37	191

Italien (Mailand)	39	26	156
Italien (Rom)	52	35	160
Italien (Rest)	34	23	126
Jamaika	54	36	135
Japan (Tokio)	53	36	153
Japan (Rest)	51	34	156
Jemen	24	16	95
Jordanien	36	24	85
Kambodscha	36	24	85
Kamerun	40	27	130
Kanada (Ottawa)	35	24	110
Kanada (Toronto)	52	35	142
Kanada (Vancouver)	48	32	106
Kanada (Rest)	44	29	111
Kap Verde	30	20	105
Kasachstan	39	26	109
Katar	56	37	170
Kenia	42	28	223
Kirgisistan	29	20	91
Kolumbien	41	28	126
Kongo (Republik)	50	33	200
Kongo (Demokratische Republik)	68	45	171
Korea (Demokratische Volksrepublik)	39	26	132
Korea (Republik)	58	39	112
Kosovo	26	17	65
Kroatien	28	19	75
Kuba	50	33	85
Kuwait	42	28	185
Laos	33	22	67
Lesotho	24	16	103
Lettland	30	20	80
Libanon	44	29	120
Libyen	45	30	100
Liechtenstein	53	36	180
Litauen	24	16	68
Luxemburg	47	32	102
Madagaskar	38	25	83
Malawi	47	32	123
Malaysia	36	24	100
Malediven	38	25	93
Mali	41	28	122
Malta	45	30	112
Marokko	42	28	105
Marshall Inseln	63	42	70
Mauretanien	39	26	105
Mauritius	48	32	140
Mazedonien	24	16	95
Mexiko	41	28	141
Mikronesien	56	37	74
Moldau (Republik)	18	12	100
Monaco	41	28	52
Mongolei	29	20	84
Montenegro	29	20	95
Mosambik	42	28	147

Myanmar	46	31	45
Namibia	23	16	77
Nepal	28	19	86
Neuseeland	47	32	98
Nicaragua	36	24	81
Niederlande	46	31	119
Niger	36	24	70
Nigeria	63	42	255
Norwegen	64	43	182
Österreich	36	24	104
Oman	48	32	120
Pakistan (Islamabad)	30	20	165
Pakistan (Rest)	27	18	68
Palau	51	34	166
Panama	34	23	101
Papua-Neuguinea	36	24	90
Paraguay	36	24	61
Peru	30	20	93
Philippinen	30	20	107
Polen (Breslau)	33	22	92
Polen (Danzig)	29	20	77
Polen (Krakau)	28	19	88
Polen (Warschau)	30	20	105
Polen (Rest)	27	18	50
Portugal	36	24	92
Ruanda	46	31	141
Rumänien (Bukarest)	26	17	100
Rumänien (Rest)	27	18	80
Russische Föderation (Moskau)	30	20	118
Russische Föderation (St. Petersburg)	24	16	104
Russische Föderation (Rest)	21	14	78
Sambia	36	24	95
Samoa	29	20	57
São Tomé (Príncipe)	42	28	75
San Marino	41	28	77
Saudi-Arabien (Djidda)	38	25	234
Saudi-Arabien (Riad)	48	32	179
Saudi-Arabien (Rest)	48	32	80
Schweden	50	33	168
Schweiz (Genf)	64	43	195
Schweiz (Rest)	62	41	169
Senegal	45	30	128
Serbien	30	20	90
Sierra Leone	39	26	82
Simbabwe	45	30	103
Singapur	53	36	188
Slowakische Republik	24	16	130
Slowenien	30	20	95
Spanien (Barcelona)	32	21	118
Spanien (Kanarische Inseln)	32	21	98
Spanien (Madrid)	41	28	113
Spanien (Palma de	32	21	110

Mallorca)			
Spanien (Rest)	29	20	88
Sri Lanka	40	27	118
St. Kitts + Nevis	45	30	99
St. Lucia	54	36	129
St. Vincent + Grenadinen	52	35	121
Sudan	35	24	115
Südafrika (Kapstadt)	27	18	112
Südafrika (Johannisburg)	29	20	124
Südafrika (Rest)	22	15	94
Südsudan	53	36	114
Suriname	41	28	108
Syrien	38	25	140
Tadschikistan	26	17	67
Taiwan	39	26	110
Tansania	47	32	201
Thailand	32	21	120
Togo	35	24	108
Tonga	32	21	36
Trinidad + Tobago	54	36	164
Tschad	47	32	151
Tschechische Republik	24	16	97
Türkei (Istanbul)	35	24	104
Türkei (Izmir)	42	28	80
Türkei (Rest)	40	27	78
Tunesien	33	22	80
Turkmenistan	33	22	108
Uganda	35	24	129
Ukraine	36	24	85
Ungarn	30	20	75
Uruguay	44	29	109
USA (Atlanta)	57	38	122
USA (Boston)	48	32	206
USA (Chicago)	48	32	130
USA (Houston)	57	38	136
USA (Los Angeles)	48	32	153
USA (Miami)	57	38	102
USA (New York City)	48	32	215
USA (San Francisco)	48	32	110
USA (Washington D.C.)	57	38	205
USA (Rest)	48	32	102
Usbekistan	34	23	123
Vatikanstaat	52	35	160
Venezuela	48	32	207
Vereinigte Arabische Emirate	45	30	155
Vietnam	38	25	86
Weißrussland	27	18	109
Zentralafrikanische Republik	29	20	52
Zypern	39	26	90

14 LITERATURVERZEICHNIS

Aachener Zeitung: „Ab 2020 erhalten Arbeitnehmer mehr", 10.12.2019, unter: https://www.aachener-zeitung.de/ratgeber/bildung-beruf/aenderungen-beim-verpflegungsmehraufwand-ab-2020-gibt-es-mehr_aid-47749153 [15.02.2021].

BDO: „Doppelte Haushaltsführung – keine regelmäßige finanzielle Beteiligung notwendig", 29.01.2020, unter: https://www.bdo.de/de-de/insights-de/newsletter/steuern-recht_1_2020/doppelte-haushaltsfuhrung-keine-regelmaßige-finanzielle-beteiligung-erforderlich [15.02.2021].

Berger, Dr. Martin: „Werbungskosten bzw. Sonderausgaben bei Studierenden nach der Reisekostenreform" in NWB Steuer und Studium 2016, 630ff [15.02.2021].

Bundesfinanzministerium: „AfA-Tabelle für die allgemein verwendbaren Anlagegüter", unter: https://www.bundesfinanzministerium.de/Content/DE/Standardartikel/Themen/Steuern/Weitere_Steuerthemen/Betriebspruefung/AfA-Tabellen/Ergaenzende-AfA-Tabellen/AfA-Tabelle_AV.html [15.02.2021].

Handelsblatt: „So holst du dir die Kosten für dein Studium zurück" von Katharina Schneider, 08.03.2021, unter: https://orange.handelsblatt.com/artikel/50522 [15.02.2021].

Haufe: „Grenze für geringfügige Wirtschaftsgüter auf 800 Euro erhöht" von Dr. Ulf Dißars,Dr. U. Dißars, 11.12.2017, unter: https://www.haufe.de/finance/jahresabschluss-bilanzierung/grenze-fuer-geringwertige-wirtschaftsgueter-auf-800-eur-erhoeht_188_411044.html [15.02.2021].

Lohnsteuer-Kompakt: „Fahrten zur Arbeit" , Tilo Rudolph, 28.08.2015, unter: https://www.lohnsteuer-kompakt.de/steuerwissen/fahrten-zur-arbeit-was-bei-fahrten-mit-dem-fahrrad-absetzbar-ist/[15.02.2021].

NWD (2019), Wichtige Steuergesetze 2019 (2019).

NTV (2010): „Jeder fünfte Steuerbescheid falsch: Rüstzeug gegen den Fiskus", unter: https://www.n-tv.de/ratgeber/Ruestzeug-gegen-den-Fiskus-article935932.html [15.02.2021].

Schufa: „Umfrage zeigt: Jugendliche wollen mehr über Finanzthemen wissen", 19.07.2017 , unter: https://www.schufa.de/ueber-uns/presse/pressemitteilungen/pk-wirtschaftswerkstatt.jsp [15.02.2021].

Schwarz-Steuerberatung: „Definition Erstausbildung", Mario Schwarz, 02.07.2015, unter: https://www.schwarz-steuerberatung.de/aktuelles/definition-der-erstausbildung_142.php [15.02.2021].

Smartsteuer: „Kommt die Home-Office-Pauschale", von Mandy Pank, 07.08.2020, unter: https://www.smartsteuer.de/blog/2020/08/07/kommt-die-home-office-pauschale/

Steuertipps: „Einsprüche gegen Steuerbescheid: Fast zwei Drittel erfolgreich"; unter https://www.steuertipps.de/steuererklaerung-finanzamt/finanzamt/einsprueche-gegen-steuerbescheid-fast-zwei-drittel-erfolgreich [15.02.2021].

Tagesschau: „Studium nicht absetzbar", unter: https://www.tagesschau.de/wirtschaft/studium-steuer-101.html [15.02.2021].

VLH: „Diese Ausbildungskosten kannst du von der Steuer absetzen", 16.03.2021, unter: https://www.vlh.de/arbeiten-pendeln/ausbildung-studium/diese-ausbildungskosten-kannst-du-von-der-steuer-absetzen.html [15.02.2021].

VLH (2): „Student oder Azubi – Fahrtkosten richtig absetzen", 21.04.2021, unter: https://www.vlh.de/arbeiten-pendeln/ausbildung-studium/student-oder-azubi-fahrtkosten-richtig-absetzen.html [15.02.2021].

Watson: „So ködert ein Verein Studenten für einen Finanzvertrieb" von Lukas Weyell, 31.01.2020, unter: https://www.watson.de/deutschland/best%20of%20watson/306481128-mlp-wie-eine-hochschulinitiative-studenten-fuer-den-finanzdienstleister-koedert [15.02.2021].

Welt: „Die riskante Bildungslücke der jungen Generation", von Nina Bärschneider, 11.05.2019, unter: https://www.welt.de/wirtschaft/karriere/bildung/article193298551/Finanzwissen-Die-riskante-Bildungsluecke-der-jungen-Generation.html [15.02.2021].

Welt (2): „Muss das Gymnasium lebensnäher werden?", von Friederike Lübke, 07.06.2015, unter: https://www.welt.de/wirtschaft/karriere/bildung/article142069851/Muss-das-Gymnasium-lebensnaeher-werden.html [15.02.2021].

W

Z

Druck:
CPI Druckdienstleistungen GmbH
im Auftrag der
Zeitfracht GmbH
Ein Unternehmen der Zeitfracht - Gruppe
Ferdinand-Jühlke-Str. 7
99095 Erfurt